在以中国式现代化推进中华民族伟大复兴进程中，我们要完整、准确、全面贯彻新发展理念，始终聚焦提高企业核心竞争力和增强核心功能两个途径，大力推动治理体系和能力现代化建设，持续创新构筑和践行全面精益管理之策，以高质量精益管理支撑产业数字化转型突破，坚定不移地走高质量发展之路，加快推进制造强国、交通强国建设步伐，为我国制造业迈入世界一流贡献"中车方案""中车智慧"和"中车力量"！

孙永才

中国中车集团有限公司

党委书记、董事长

时速 600 公里高速磁悬浮交通系统成功下线

在世界范围内首次实现时速 350 公里自动驾驶

中国中车研制的"复兴号"在京沪高铁正式双向首发

立起来的高铁——中车风电机组

动车组规模化精益生产线

智轨生产线

城轨精益生产示范线

机车制造总组装线

全面精益管理之策

——装备制造企业价值创造管理模式

《全面精益管理之策——装备制造企业价值创造管理模式》编委会 编

主 编 孙永才 楼齐良

副主编 魏 岩

机械工业出版社

本书系统总结了大型装备制造企业推进以精益管理为主线的管理提升的实践经验，并从"道、法、术、器、行"五个维度介绍了具有企业特色的全面精益管理体系，为离散型制造企业的价值创造提供了可借鉴的系统管理解决方案。本书的主要内容包括：全面精益管理之道（价值引领的理念变革、客户至上的管理创新、全面协同的体系构建、臻于至善的文化塑造）、全面精益管理之法（全面精益管理体系的核心内涵、全面精益管理体系的主要内容）、全面精益管理之术（精益制造、精益运营、精益研发、精益供应链、"三全三对"过程方法）、全面精益管理之器（体系建设工具及载体、数字赋能全面精益管理）、全面精益管理之行（全面精益管理的策划实施、全面精益管理的机制保障、全面精益管理的文化生态、全面精益管理的未来展望）。

图书在版编目（CIP）数据

全面精益管理之策：装备制造企业价值创造管理模式/孙永才，楼齐良主编. —北京：机械工业出版社，2023.11（2024.5重印）
ISBN 978-7-111-74289-0

Ⅰ.①全⋯　Ⅱ.①孙⋯　②楼⋯　Ⅲ.①装备制造业-工业企业-企业创新-研究-中国　Ⅳ.①F426.4

中国国家版本馆 CIP 数据核字（2023）第 223530 号

机械工业出版社（北京市百万庄大街 22 号　邮政编码 100037）
策划编辑：宋学敏　　　　　　责任编辑：宋学敏　舒　宜
责任校对：张雨霏　李　婷　封面设计：张　静
责任印制：单爱军
保定市中画美凯印刷有限公司印刷
2024 年 5 月第 1 版第 2 次印刷
180mm×250mm·22.25 印张·3 插页·375 千字
标准书号：ISBN 978-7-111-74289-0
定价：98.00 元

电话服务　　　　　　　　　网络服务
客服电话：010-88361066　机 工 官 网：www.cmpbook.com
　　　　　010-88379833　机 工 官 博：weibo.com/cmp1952
　　　　　010-68326294　金 书 网：www.golden-book.com
封底无防伪标均为盗版　机工教育服务网：www.cmpedu.com

《全面精益管理之策——装备制造企业价值创造管理模式》编委会

序　一

　　改革开放以来，我国经济发展步入快车道，一跃成为世界第二大经济体，它的内涵是制造业的高速发展。如今，影响中国经济发展的国际国内环境正在发生重大变化，如：中外产业差距明显缩小，部分高端领域与国外直接形成竞争关系；国内要素成本大幅上升，人口红利、成本优势减弱。党的二十大提出"必须完整、准确、全面贯彻新发展理念，坚持社会主义市场经济改革方向，坚持高水平对外开放，加快构建以国内大循环为主体、国内国际双循环相互促进的新发展格局"，并明确"高质量发展是全面建设社会主义现代化国家的首要任务"，这是根据我国的发展阶段、发展环境、发展条件变化作出的科学判断，这就需要我们要重视量的发展，更要解决质的问题，在质的大幅度提升中实现量的有效增长。

　　纵观美、德、日等发达国家的世界一流企业的发展史，这些企业能够长期保持竞争优势，都离不开两种技术的应用，一种是工艺、设备等专业技术，一种是管理技术，两者就像一驾马车的两个轮子，两个轮子如果一大一小，马车必然跑不快，两者只有同样大，企业才能健康、快速、高质量、可持续地发展。管理技术的核心其实就是结合企业文化对工业工程（IE）的创新性应用。目前，在管理界中，主要有两大思想体系，一种是欧美思想体系，它的根源和理念源自泰勒和吉尔布雷斯的正向设计理念，它强调职能部门的作用，强调执行力的功能，通过各种管理方法、管理模式来解决效率、效益和质量等管理问题，这种管理体系效果更直接，更适用于企业初始阶段。另一种是以日本丰田公司为代表的丰田生产方式，它的核心是以人为中心，通过调动人的积极性，直接到现场去改善，体现为尊重人性和持续改善。事实表明，后者呈现出更大的优越性。丰田生产方式的创始人之一大野耐一说："什么是丰田生产方式？其实就是 IE 在企业的应用"。

　　科学技术可以简单地买进来，或复制进来，但是管理不可以。美国管理学专家德鲁克说过："管理者是不能进口的"。中国企业一定要把两种思想体系结合起来，创造中国式的精益管理模式，它的核心用一句话概括，就是对 IE 技术+企业文化的研究。因此，要想搞好精益管理，首先要把 IE 弄清楚，根据自己企业的模式把两者结合起来，发挥员工的创新性，这样才能实现精益管理的本土化。

中国中车是中国近代工业的先驱，已有 140 余年的发展历程，是我国高端装备制造业的典型代表，尤其是高铁，已成为中国在国际上高质量发展的靓丽"中国名片"。多年来，中国中车坚定不移地建设具有全球竞争力的世界一流企业，以"强基、赋能、攀高"为基本路径，持之以恒推进精益管理，夯实管理基础，促进管理提升，提升经营品质。中国中车立足客车、机车、货车、配件、城轨等产业板块业务，结合企业文化，运用精益思想、IE 等科学方法与工具，实施精益制造，开展精益管理，打造精益企业，通过自主创新，探索实践出一条适合自身发展的、特色鲜明的、本土化的精益管理之路，并以订单项目全生命周期管理为抓手，构建了以"6621 运营管理平台"为核心的全面精益管理体系，支撑并引领所属企业转变发展方式，推动轨道交通装备产业实现高质量发展。

本书立足全价值链视角，聚焦"价值创造"，从"道、法、术、器、行"五个层面对中国中车历时 15 年的全面精益管理的内涵和实践进行系统阐述。在"道"的层面，主要阐述全面精益管理的基本思想、管理逻辑和基本法则；在"法"的层面，主要阐述全面精益管理可遵守、可执行、可落地的理论方法和体系标准；在"术"的层面，主要阐述落实全面精益管理的基本技术、方法和具体做法；在"器"的层面，主要阐述立足自身实际，创新工具方法和实施抓手，按照点、线、面、体的顺序，循序渐进、稳步实施；在"行"的层面，主要阐述保证行动落地的各项行动策略和保障机制，这是践行全面精益管理的工作方法和根本保证。书中各章节内容详实、结构清晰、层次分明、案例丰富，引人入胜，很有吸引力。对中国企业实践精益管理具有重要的借鉴和推广意义。

随着物联网、大数据、智能制造、智慧工厂等概念的提出，越来越多的企业走上了数字化转型之路。不论是德国"工业 4.0"，还是美国工业互联网，它们除了强大的技术创新能力以外，也把精益作为至关重要的管理方法而列入构成未来智能工厂的四大基础模块之中。可见，数字化转型最核心的不是引进更多的智能装备或先进的工业软件，而是要夯实精益管理的根基，消除管理系统中存在的浪费，然后利用信息化技术将其固化，得到最佳的运营流程。我们期望越来越多的中国企业正

确认识精益管理与数字化转型、智能制造的关系，站在新的历史起点上，积极探索、努力拼搏，共同走出中国制造的高质量发展之路。

齐二石　教授

原教育部管理科学与工程本科教学指导委员会主任/

工业工程本科教学指导委员会主任

天津大学管理创新研究院院长

序　二

我们正处于一个具有颠覆性变革的新时代，在经济全球化的大趋势下，过去十多年中国经历了高速扩张的工业化过程，目前正迈向质效并重的高质量增长的新阶段。当前，全球产业链加速分化重构，发展逻辑正由效率优先转向效率与安全兼顾；国内经济发展则处于增长趋缓、调速换档的新常态，制造业的竞争越来越激烈。当下转型发展、全面满足客户需求及建立企业核心竞争优势是不同企业面临的共同挑战。从德国制造业的工业4.0、美国的制造业回归、欧盟的先锋行动到中国的"中国制造2025"，核心都是保持制造引领优势。受内外部环境交织和不确定性因素影响，企业面临的宏观环境、国际形势、市场需求、技术条件等都发生了重要变化，企业今天所做的经营和管理，可能比任何一个时代的挑战更大，影响更广。科学发明、技术创新、管理创新、经典理论的形成、管理软实力的打造，都是我们为了实现更好生活、应对生存压力和企业高质量可持续发展而进行的社会实践。企业管理是永恒主题，管理创新绝非一日之功，企业只有全面、系统地推进实施和持续地实践，才能真正形成具有全球竞争力的世界一流企业的软实力。

纵观世界一流企业的发展历程，技术创新和管理创新是企业获得持久竞争优势的关键因素，也是推动经济发展和社会进步的主要力量。世界一流企业在不断推动管理创新活动、提高企业管理效率的同时，逐步形成了具有自身特色的核心竞争能力。国内企业坚持以创新作为引领发展的第一动力，不断学习借鉴世界一流管理经验，激发高质量发展内生动力，以创新构建新的增长引擎，全面塑造发展新优势，创新管理取得长足进步。特别是制造企业，学习借鉴精益生产这种先进管理方式和方法，进行了大量的本土化实践，生产效率获得明显提升，产品质量得到大幅提升，管理效率增强明显，取得了很大成效。很多企业在由最初的在生产系统的管理实践成功，已经逐步延伸到企业的各项管理业务，也由最初的具体业务管理方法，

上升为战略管理理念。在很多企业取得成效的同时，也有很多困惑，部分企业走了不少弯路，要么成效难以持久保持，要么深化突破难点重重，导致管理创新活动不能发挥更大效能。究其根本，既有对管理创新认识的问题，也有管理执行过程中体系化设计、资源配置及管理基础等问题。

中国中车持续探寻卓越企业行稳致远的管理基因和运行法则，寻找企业成长密码，提炼管理创新之道，从技术的制高点，走向管理的新高地。亲历140多年中国轨道交通装备发展史的中国中车与时代同行，坚持创新驱动，已发展成为全球规模最大、产品最全、技术领先的轨道交通装备供应商，探索出中国装备制造业自主创新的特色模式，从"跟跑"到"领跑"，成为中国铁路装备制造业从"站起来"到"强起来"的缩影和"国家名片"，展现了中国中车在技术创新、管理创新双轮驱动的重器担当，持续跑出科技创新及管理创新的"加速度"。

追风逐梦让"复兴号"奔驰在祖国的广袤大地上，自主创新是中国高铁成功的"核心密码"。在"新中车"时代，始终坚持国家战略与企业发展有机融合，基于全面精益管理的全产业链、全价值链、全管理链的协同管理创新，聚合形成共同的价值追求、管理体系和管理文化，激活内生动力，推动了企业的质量变革、效率变革、动力变革，助力了中国中车全球范围内资源和要素的大聚合和大协同。

突破管理创新难题，获取持久创新优势，中国中车全面精益管理的实践和做法，给我们很多的启示和借鉴。中国中车启动学习借鉴丰田精益生产方式，到现在历经了15个年头，从它不断学习融合、不断管理创新中，我们或许可以找到管理创新活动取得更大效能的密码。按照"最佳实践—体系标准—贯标覆盖"的演进循环，探索出一条从"精益生产"到"精益管理"迈向"精益企业"的嬗变之路，构建了独具中国中车特色"6621精益运营管理体系"。目前，中国中车精益管理已由制造系统改善向研发设计、市场营销、生产制造、供应链、售后维保、数字化智能化转型等全系统、全产业链、全价值链延伸，拉动产品、制造、服务、资源、数据等方面管理的标准化与规范化。在制造资源高效利用、制度流程高效协同、指标体系高效运转、组织架构高效扁平、管理效率高效提升上，推动全价值链一体化协同管理效能。中国中车全面精益管理体系，不仅有统一的理念和管理目标，还有明确的战略和行动纲领，建立了具体的管理模板和评价标准，形成一套完整的操作方法和运行管控机制，形成了一套对中国大型装备制造企业具有普适意义的精益管理体系和实践方法论。结构化的管理标准、模块化的体系架构、标准化的

运营流程已成为中国中车行稳致远的管理基因和运行法则。

当前，我国正在由制造业大国向制造强国迈进，而这个"强"不仅体现在产品创新能力上，还体现在管理能力上。"对标世界一流管理提升""强基工程""国企三年改革行动"等基本都是以精益管理为主线。全面精益管理符合企业高质量发展和打造世界一流制造企业的管理趋势和逻辑，符合"精益、数字、智能"提升路径。

伴随新一轮科技革命和产业变革快速演进，以数字化、网络化、智能化为主要特征的新工业革命迅猛发展，以5G、云计算、大数据、人工智能等为代表的新一代信息通信技术加速创新迭代，数字经济新模式、新业态不断涌现。当前，业界已经公认，精益管理是一种先进的管理方法和体系，是数字化转型模式下智慧工厂、智能生产、智能物流、数字化车间打造的基础和前提。数字化转型已不是"选修课"，而是关乎产业长远发展的"必修课"。全面精益管理与数字化转型是企业发展的必由之路，它们相辅相成，不可割裂，是制造型企业应对当前和今后国际形势不确定性的战略选择。

本书从全面精益管理的"道、法、术、器、行"五个维度，系统地对精益管理创新活动进行了深度剖析。**"道"** 是将精益思想的价值观和哲学观植入企业管理与产业发展的全过程，体现完整、系统、改善永无止境的管理理念。全面精益管理是中国中车在新的发展阶段打造世界一流企业的又一次全局性、创新性的管理变革，为打造世界一流企业注入新动能，释放新活力。**"法"** 是将基本思想、基本法则具化为可遵守、可执行、可落地的理论方法和体系标准，依靠管理体系和管理能力不断迭代优化。打造世界一流企业，除了要有领先的产品、技术和服务，以及响亮的品牌和形象外，更需要建立强大的管理能力和先进完善的管理体系。**"术"** 是具体落实全面精益管理的基本技术和方法，是践行和实现全面精益管理之道的具体做法，也是企业对精益管理从破题到构建过程的行动路径和创新探索。**"器"** 是践行全面精益管理之道的过程中，立足自身实际，推动"点、线、面、体"精益化实施的工具方法和实施抓手。**"行"** 是企业推进全面精益管理的行动路径和取得成效的策略和机制。本书提供了大量中国中车全面精益管理的理论来源和鲜活案例，对全面精益管理进行了深刻阐释，可以为很多企业提供系统、完整的解决方案和经验借鉴。

扎实推动管理创新，加快培育具有全球竞争力的世界一流企业，努力开创企业

高质量发展的新局面，任务艰巨而紧迫。希望 IE 工程从业者、科研院校、管理研究等能从中获得更多的智慧和力量，为我国企业的创新发展增添更强动力。

陈 劲 教授

清华大学经济管理学院教授、博士生导师

教育部人文社会科学重点研究基地——清华大学技术创新研究中心主任

前　言

本书基于中国中车[⊖]15 年来在推行精益管理中取得高质量发展的经验和成果编写而成。

中国中车推行精益管理已经历了 15 个年头。15 年初心不忘，孜孜以求；15 年镜头不换，坚守始终；15 年焦点不散，聚心聚力。15 年来，中国中车在持续推进精益生产的过程中，坚持志存高远，把精益生产和精益管理作为企业的管理核心，形成具有本企业特色的可平移、可复制、可推广的管理体系，为打造国际一流企业提供管理支撑；坚持脚踏实地，将精益生产的理念、工具和方法，与企业实际紧密结合，依据产品特点、生产组织方式及管理需求，解决企业存在的突出问题和系统问题，在实践中积累经验，总结提炼，平移推广；坚持守正创新，在实践中坚守精益的核心理念不动摇，同时，又结合新时代现代企业治理的新要求，以及轨道交通装备行业发展的新趋势，不断创新，逐步形成了适合制造型企业且具有本企业特色的全面精益管理体系，有力地支撑和助推了企业的高质量发展，并成为未来打造世界一流企业的管理核心。

因此，我们成立了《全面精益管理之策——装备制造企业价值创造管理模式》编委会来组织本书的编写，希望本书能够达到以下目的。

（1）系统总结，为我所用。总结 15 年来的工作实践，提炼和积淀工作经验，凝练明晰工作路径，形成可平移、可复制、可输出的模式和标准，指导中国中车持续深化精益管理。

（2）交流共享，推广应用。向供应链企业及其他制造企业推介精益管理理念、

⊖ 中国中车股份有限公司的简称，由中国南车股份有限公司与中国北车股份有限公司于 2015 年 6 月合并而来，本书中不对上述两家企业进行区分，均为中国中车或中车。

方法、路径。

（3）促进提升，制造升级。开放性地交流中车的管理实践，为推动制造型企业管理升级提供借鉴。

本书由《全面精益管理之策——装备制造企业价值创造管理模式》编委会组织编写，由中国中车董事长孙永才、总裁楼齐良任编委会主任，中国中车副总裁魏岩任编委会副主任。本书的编写全部由中国中车的精益工作团队完成，由苗永纯、郭胜清任编委会执行编委，参加编写的还有丁亚军、张增良、李昕初、王洪业、徐广兵、贲立炜、张世鹏、赵竹英、闻海、魏江、杨旭、李翠娜、付莘、张腾飞。

本书涉及面广，疏漏之处在所难免，敬请广大读者批评指正。

编　者

目　录

第一篇
全面精益管理之道

第四篇

全面精益管理之器

第五篇

全面精益管理之行

绪论

　　精益思想源于20世纪50年代日本丰田生产方式（TPS），它在成本管理、效率改善、质量控制等方面创造了强大的竞争优势。20世纪，该生产方式曾助力日本的汽车工业超越美国，并为整个日本经济的腾飞做出了巨大贡献。20世纪80年代，美国麻省理工学院组织世界上17个国家的专家、学者对全球汽车行业进行了调查，通过大量调查和对比，发现丰田生产方式有其独到的优势，并在《改变世界的机器》一书中将其赞誉为精益生产（Lean Production，LP）。从此，精益生产不仅作为一种生产组织方式，也作为一种管理思想，迅速风靡全球，被世界各国企业，尤其是制造企业广泛应用，并取得了非常显著的效果，精益的思想也逐步拓展到各个领域的管理中。我国企业在改革开放过程中，引进吸收了大量国际先进的管理思想和管理方法，精益生产就是其中重要的管理思想和方法。我国企业结合实际情况对精益生产进行了融合和深化，并按照精益的基本原则"价值、价值流、流动、拉动、尽善尽美"进行系统改善，全面提升了企业管理水平。

　　中国中车自2008年导入精益生产理念及工具方法，15年来不断研学、研用各种精益典籍、案例，深刻理解精益的原旨、要义，坚持守正创新和实用主义，镜头不换、持之以恒地推行。中国中车多次组织企业高级管理、中层管理、骨干人员赴日本、德国、美国等先进企业研修，原汁原味地学，脚踏实地地用，在学、用中坚守精益"消除浪费、创造价值"核心理念不动摇。15年来，从集团到成员企业始终立足于客户体验及价值创造，结合新时代现代企业治理要求，以及轨道交通装备行业发展新趋势，探索创新精益生产、精益管理推进路径，从制造现场改善开始，将精益理念，与企业的制造组织、运营管理、产品研发、供应链紧密结合，高定

位、高目标、高强度推动制造、管理变革和价值文化塑造。通过建立工作规则和保障机制，构筑精益顶层战略规划，解决了企业制造现场和价值流程中存在的突出问题和系统问题，形成制造型企业精益生产、精益管理最佳实践案例。丰富的改善案例及价值协创，惠及企业、员工及相关方，推动各成员企业从精益生产，到精益管理，再到迈向全面精益管理的新阶段。

中国中车全面把握精益管理体系的先进性和适用性，总结提炼形成全面精益管理之策。全面精益管理之策是几代中车人治企经验、治企能力的继承，是"实践沉淀—理论体系—指导实践"的迭代过程。结构化的管理标准，模块化的体系架构，标准化的运营流程，引导和支撑企业不断挑战价值创造新高度。

全面精益管理之策突出了全要素管理。所谓"全要素"包括生产要素和管理要素。生产要素，即"人、机、料、法、环、测"，从制造过程资源需求识别，到生产要素配置、要素管理标准、要素管理方法、要素异常处置、要素变更控制等全过程都做了明确的规定和要求，并提供了具体的方法。管理要素，即从管理流程的梳理和优化，到流程节点的明确，流程接口的界定、输入及输出等，都提出了明确的标准，目的是提高管理效率和管理工作质量。

全面精益管理之策的内容涵盖了全价值链、全产品链、全供应链。全价值链就是从识别客户价值需求开始，到产品设计、材料采购、工艺策划、生产制造、产品交付到售后服务和货款回笼的全过程，突出价值创造能力提升。全产品链就是指从生产产品的原材料采购、零部件生产，到产品的组装、调试，以及产品的交付和售后服务过程，强调品质的保证和效率的提升。全供应链就是不仅关注本企业的改善，还要关注上下游企业及整个供应链，关注共同价值、共同利益和共同成长。

全面精益管理之策以价值创造为中心，以流程驱动为主线，以项目执行为抓手，特别强调精益管理体系的要求在企业的全产品线、全项目、全流程上得到全面落实，进而实现业务流程的高效化、管理过程的标准化和经营绩效的持续优化。为了便于读者更好地理解全面精益管理之策，本书从"道、法、术、器、行"五个维度，对全面精益管理体系进行了系统阐述。

全面精益管理之"道"是全面精益管理体系的核心理念和基本思想，是全面精益管理的价值观和哲学观，也是全面精益管理的基本遵循和本质追求，更是全面精益管理的基本管理逻辑和行稳致远的基本法则。它的核心就是价值引领的理念变革，客户至上的管理创新，全面协同的体系构建和臻于至善的文化塑造。

全面精益管理之"法"就是将无形的管理之"道"具化为有形、可执行、可实施的管理方针和原则，继而丰富系统的管理体系，并形成完整的管理体系标准。全面精益管理体系标准，既有管理体系标准、实施指南和工作指南，又有具体执行表单、评价方法和评价标准，是指导管理工作的基本法则、管理标准和行动指南。

全面精益管理之"术"就是践行管理之"道"和达成管理标准的基本技术和方法，是有效的流程及途径。全面精益管理之"术"包含精益制造、精益运营、精益研发、精益供应链的管理技术、实施内容、方法和手段。

全面精益管理之"器"就是落实"术"的具体抓手和工作载体，是看得见、摸得着的具体工作。既强调各项精益改善工具的合理应用，又创造性地将精益改善工具应用与具体制造过程和管理改善结合起来，由浅入深，从局部到整体，按"点、线、面、体"的路径，组织实施精益工位、精益产品线、精益工厂、精益企业建设，通过数字化升级，提升全面精益管理体系的执行效率和效果。

全面精益管理之"行"就是保证全面精益管理"道、法、术、器"各项要求能够得到有效落实的行动策略和保障机制，包括工作的系统策划和扎实推进，即从实施规划的编制，到分步分类实施的行动方案；从推进组织的建立，到交流沟通机制的不断健全；从评价监督机制的建立，到表彰激励的设立；从人才队伍建设，到文化生态的塑造。完整的行动策略和保障机制是全面精益管理行稳致远的重要保证，也是全面精益管理体系的重要组成部分。

如果把全面精益管理比作一件产品，全面精益管理之"道"就好比是产品的定位和设计思想，是产品的核心内涵；全面精益管理之"法"就是产品的设计方案，体现了产品的整体架构和具体要求；全面精益管理之"术"就是实现这一产品的具体工艺技术、方法和流程；全面精益管理之"器"就是落实工艺技术要求的具体工装工具和产品生产线；全面精益管理之"行"则是组织生产和实现产品的计划安排、生产组织方法和工作保障。

第一篇

全面精益管理之道

　　全面精益管理的无形之道，也就是全面精益管理遵循的基本思想，是全面精益管理的基本遵循和本质追求，也是全面精益管理体系的基本管理逻辑和行稳致远的基本法则。本篇介绍了全面精益管理的基本思想和理念。

世界一流企业除了要有领先的产品、技术和服务，以及响亮的品牌和形象，还需要建立强大的管理能力和先进完善的管理体系。"产品卓越、品牌卓著、创新领先、治理现代"已经成为世界一流企业的重要标志。中国中车精益管理已经走过15年，其中一个重要的里程碑是2015年9月28日，中车集团合并重组。作为肩负民族工业振兴重任的中央企业，中国中车以"实业兴邦，产业报国"为己任，以支撑引领轨道交通装备产业高质量发展为主线，承担着高铁装备走向世界和实现"制造强国"梦想的国家使命，努力成为全球高端装备"智造"的推动者和领跑者，矢志不渝地追求打造"世界一流企业"。中国高铁已经成为中国制造一张靓丽的"国家名片"，中国中车品牌越来越响亮，在行业中的竞争力、影响力越来越大，赢得了社会各界的高度赞誉。党的十八大以来，习近平总书记三次视察中国中车，多次点赞并亲自推介中国高铁装备"走出去"，特别是在乘坐京张高铁考察北京冬奥会、冬残奥会筹办工作时指出，我国自主创新的一个成功范例就是高铁。

15年来，中国中车基于制造型企业"全产线、全项目、全流程"的管理实践探索，初心不改，矢志不渝，志存高远，不断丰富和完善精益管理内涵，构筑精益顶层战略规划，建立工作规则和保障机制，探索创新精益管理推进路径和方法，逐步建立起以全面精益管理为核心的企业管理体系标准和工作指南，为全面提升现代企业的管理水平和治理能力提供了有力支撑。全面精益管理是中车在新的发展阶段打造受人尊敬世界一流企业的又一次全局性、创新性的管理变革，为中国中车2025年建成以"一核两商一流"（即以轨道交通装备为核心，打造具有全球竞争力的世界一流高端装备制造商和系统解决方案提供商）为标志的世界一流企业，2035年建成以"受人尊敬"为标志的世界一流企业注入新功能、释放新活力。

全面精益管理是将精益思想的价值观和哲学观植入企业管理与产业发展的全过程，体现完整、系统、改善永无止境的管理理念。全面精益管理之"道"是全面精益管理的基本遵循和本质追求，也是全面精益管理体系的基本管理逻辑和行稳致远的基本法则。本篇介绍了中国中车全面精益管理之道的"客户至上、价值引领、全员参与、臻于至善"的基本思想和"理念变革、管理创新、体系构建、文化塑造"的管理之道。全面理解和把握全面精益管理基本思想和管理之道，既有利于人们更好地理解和把握全面精益管理体系，又有利于各企业坚定持续推进全面精益管理的信心。

第一章
价值引领的理念变革

　　市场竞争归根结底是基于价值比较场景下投入与产出的竞争、效率的竞争，即价值链强度和效率之间的竞争。价值创造是企业生产、供应满足目标客户需要的产品或服务的一系列业务活动及其成本结构，需要基于价值创造、价值增值、价值共享推动生产要素、管理要素持续变革。这种价值引领的变革，需要以满足客户需求为目标，以获取价值为中心，推动企业内部管理的高效率、运营的高质量，需要从理念目标、业务布局、市场开拓、技术创新、管理提升上全要素、全流程、全价值链的全方位变革。价值引领的理念变革体现在价值创造系统的建立，它基于价值创造的解决方案，基于持续改善原则形成的运行法则，基于全面精益管理的迭代能力。

第一节　形成客户需求拉动的价值创造系统和解决方案

　　百年未有之大变局推动全球产业链、供应链进行深度调整。复杂的内外部环境和日益激烈的市场竞争使规模式增长实现产业跃升的赛道逐渐收窄，企业过度强调设备、资金、人力等有形要素带来的资源环境约束增大，企业成本压力骤升，盈利空间缩小，经营风险增大。市场端的客户个性化、高端化需求要求制造系统更具柔性；产品交期的紧迫性则要求制造系统具备更高的效率。中国中车的高速动车组、大功率机车、高端城轨车等系列产品技术含量高、运行速度快、运营成本高、使用环境复杂，任何细小的质量缺陷都可能酿成惨重灾难，任何微小的管理瑕疵都会造成成本激增和效率骤降，因此需要一整套系统化的精益管理体系来提供支撑和

保障。

"安全、可靠、绿色、准时"是新的社会经济发展条件下，客户对轨道交通装备的基本要求和价值诉求。多年来，中国中车基于客户价值需求期望，贴近市场，主动求变，在识别价值和价值流的基础上，以价值流梳理和优化为主要方法，实施"产品+""系统+"策略，拓展产业链、供应链、价值链，提升客户的产品价值体验。通过重塑产品设计理念，再造企业运营管理流程，构建绿色、开放、协同、包容及有创造力、竞争力的工位制节拍化流水生产制造模式，实施数字化、智能化产线建设，推动铁路机车、客车、动车组、货车等主产品，以及主要零部件生产单元、业务单元的精益化变革，挖掘并优化技术、产品、供应商、成本控制、系统集成等价值抑制要素，推动科技创新、管理创新和市场模式创新，提升企业的价值创造能力。通过制造端的模式变革、"智造"变革，提升了客户需求与企业战略资源的匹配能力，增强了客户的依赖度、信任感，满足战略客户、利润客户、潜力客户以及普通客户的产品价值、服务价值、递延价值需求。

中国中车通过创新驱动、高质量供给引领，坚持价值供给、共赢共享理念，布局全球资源，建立基于快速响应客户"低成本、高质量、高效率"需求的协同能力，为客户提供一流的产品和服务。在布局全球客户过程中，实现本土化生产、本地化采购、本地化用工、本地化售后服务和维修及本土化管理（以下简称为"五本"），推出"产品+"模式，担当四种角色，与全球供应商建立长期合作关系，产品和服务遍及六大洲112个国家和地区，展示着中国铁路、中国制造、中国装备的良好形象，为我国和世界提供更为安全、便捷、经济、高效、绿色、智慧的轨道交通系统解决方案，支撑企业自身的可持续发展。

第二节 探寻企业行稳致远的卓越管理基因和运行法则

"十二五"期间，中国中车以项目和订单实施为主线，围绕制造核心流程，从制造策划、管理支持、运行控制、评价改善等四个主要环节，推动以"工位制节拍化流水生产"为主要内涵的精益生产在制造型企业的本土化实践。

"十三五"期间，中国中车不断探寻、总结管理创新发展经验，持续寻找企业成长密码。按照"最佳实践—体系标准—贯标覆盖"的演进循环，探索出一条从"精益生产"到"精益管理"，再迈向"精益企业"的嬗变之路，构建了独具中车

特色"6621运营管理平台"。目前，中国中车精益管理已由制造系统改善向研发设计、市场营销、生产制造、供应链、售后维保、数字化智能化转型等全系统、全产业链、全价值链延伸，拉动产品、制造、服务、资源、数据等方面管理的标准化与规范化。在制造资源高效利用、制度流程高效协同、指标体系高效运转、组织架构高效扁平、管理效率高效提升上，推动全价值链一体化协同管理效能提升。中国中车全面精益管理体系，不仅有统一的理念和管理目标，还有明确的战略和行动纲领，建立了具体的管理模板和评价标准，形成一套完整的操作方法和运行管控机制，输出了一套对我国大型装备制造企业具有普适意义的精益管理体系和实践方法论。多年来，中国中车立足于价值创造和满足客户体验，坚持从战略高度推进精益管理，形成了具有特色的精益理念、精益体系、精益文化、精益品牌，已经成为集团上下矢志不渝、坚定力行的价值提升工程。结构化的管理标准，模块化的体系架构，标准化的运营流程已成为中国中车行稳致远的管理基因和运行法则。

第三节　锻造基于价值创造的精益管理基础和迭代能力

在中国中车成立以前，原中国南车和中国北车自2008年开始导入并推行精益生产。2015年南车、北车合并成立中国中车后，中国中车把全面构建协同高效的精益管理体系，作为打造具有全球竞争力的世界一流企业的一项重要战略举措，并从战略层面推动精益思想在各企业落地实施，持续高定位、高目标、高强度推动管理变革和价值文化塑造。中车及各下属子公司均制定了精益管理五年实施规划，统筹管理体系建设重点目标和项目，每年度制订精益管理年度工作计划，策划并安排年度重点管理任务和目标，调配资源力量，推进精益管理体系标准、工作目标要求达成。中国中车精益管理通过不断夯基垒台、立柱架梁、添砖加瓦、积厚成器，精益的领导力、聚合力、改善力、引领力日臻显现。全面精益管理遵循由浅入深、由点到面、由重点突破到系统优化，构建了推行精益生产、深化精益管理、打造精益企业"三阶段、三步走"的实施路径，按照"强基、赋能、攀高"的逻辑步步为营、循序渐进（见图1-1）。

"强基"阶段的目标任务包括强基工程、载体拉动、全员改善，该阶段重在围绕产品制造流程，变革大型轨道交通装备生产模式，建立高效率、低成本、高质量的生产作业方式，创新推行工位制节拍化流水生产方式，拉动价值网络建立和能力

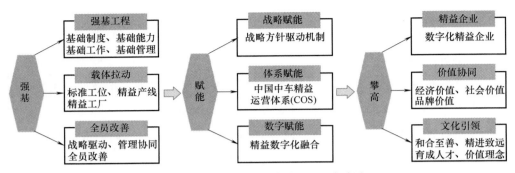

图 1-1　强基、赋能、攀高路径的目标任务

提升，在动车组、机车、客车、货车等主产品线全面实施，形成了基于工位、生产线（以下简称为产线）的精益生产最佳实践。

"赋能"阶段的目标任务包括战略赋能、体系赋能、数字赋能，该阶段致力企业基于战略驱动下的运营全流程的价值拓展，建立一体协同的精益管理体系，形成一整套较好平移、复制实施的工作标准和指南。精益与信息化、数字化深度融合，推进产线和工厂数字化、智能化建设，打造数智化精益产线和数字化精益工厂。

"攀高"阶段的目标任务包括精益企业、价值协同、文化引领，该阶段围绕产业链条源头的价值提升，聚焦研发源头改善，推动产品研发平台化、系列化和模块化；聚焦供应链能力协同提升，把价值链条延伸到供应源头企业；聚焦客户价值，形成基于快速响应客户需求的协同能力；在价值拓展和延伸上，深度融合数字化、网络化、智能化技术，打造数字化精益企业。

第二章
客户至上的管理创新

创新强则企业强，企业强则国家兴。纵观世界一流企业的发展历程，技术创新和管理创新是企业获得持久竞争优势的关键因素，也是推动经济发展和社会进步的主要力量。中国中车的管理创新不是管理活动的简单叠加，而是围绕高效率地满足市场需求赢得客户，建立起面向客户、流程驱动、高效协同的流程和组织。就组织外部而言，客户就是购买组织的产品或服务的外部组织或个人；就组织内部而言，下一道工序或流程的部门或个人就是其内部顾客。因此，企业在全面响应或满足客户需求的同时，要更加注重企业运营系统和各管理职能模块之间的联动性、协调性、同步性的有效统一，使企业内部运营活动更具效率和效益，实现运营过程的价值增量最大化。

第一节 构建新时代管理创新"新模式"

一、打造中国高端装备制造的"管理名片"

但凡世界一流企业，基本都在不断推动管理创新活动，在提高企业管理效率的同时，逐步形成了企业独特的核心竞争能力。中国高铁从过去的引进吸收再创新，到如今的推动原始创新、自主创新、集成创新，以及技术、管理双轮驱动创新，印证着我国制造业的发展动力正向创新驱动切换。在全面精益管理模式下，着力推动发展方式由要素驱动向创新驱动转变。在创新实践中，瞄准基础产业高端化方向，不仅打造"中国制造"的"产品名片"，还向国内外优秀企业学习先进、成熟的管

理经验，结合国情、企业实际情况探索创建了体现自身特点的制造模式、管理模式、经营模式、发展模式，形成了可借鉴、可复制、可推广的央企改革和管理创新范式。中国中车致力于价值链、供应链与产业链的生态系统协同创新，切实把构建管理核心竞争力转化为企业的发展优势，推动装备制造业由"中国制造"向"中国创造"迈进，推进管理体系和管理能力现代化，打造中国高端装备制造的"管理名片"。

二、构建凸显价值增值的精益制造模式

制造现场是价值创造的场所，中国中车基于轨道交通高端装备离散型制造特点，将制造现场的管理水平、价值创造能力提升作为重点和主战场，在全集团范围打造以"工位制节拍化流水生产"为主要内涵的精益制造模式。中车工位制节拍化流水生产方式的主要特点是以丰田拉动式生产为指导，以工位为作业组织单元，将管理流程指向制造现场工位，管控对象聚焦生产节拍，按照节拍化均衡生产的方式，实现制造过程资源配置和运行管控的最优组合。中国中车建立了基于价值流分析的工厂级、产线级和工位级"三级"制造资源标准，产品制造全过程的实物流、信息流、资金流、管理流高度同步。聚焦产线、工位的全口径材料成本、人工成本、制造费用等成本费用管控体系进一步完善，长期制约产线均衡连续生产的深层次问题逐步得以解决，高效率、低成本、高质量的精益制造体系逐步成熟，生产制造的标准化、柔性化、数字化、智能化水平不断提高。全面精益管理所倡导工位制节拍化流水生产得到了普及和推广，企业的项目订单交付能力、产品质量保证能力、成本管控能力和客户满意度持续提升。

三、建立基于价值驱动的指标改善系统

中国中车按照"管理指向工位、要素落地工位、数据源于工位、成果基于工位"的原则，围绕企业主营业务核心指标，从指标体系的构建、运行、保障和提升四个维度，解构公司经营层面到现场操作层面的数据链。通过建立结构化的指标体系来拉动过程管理，建立了安全（S）、质量（Q）、交付周期（D）、成本（C）、库存（I）和士气（M）等六大类精益制造过程的指标体系，覆盖了订单的输入到产品和服务交付的全过程。指标改善系统按职能管理、作业管理要求划分出相应的层级，按条线、层级对主要过程的管理目标进行量化分解，有明晰的指标体系落地

方式和运行模式，由指标承担主体对责任范围内的指标进行维持和改善。指标改善系统是全面精益管理体系运行的重要组成部分，在经营目标与决策层、管理层、作业层之间建立起紧密的层层保障关系，引导各级管理者及全体员工持续关注和解决现场问题，持续强化制造过程的安全、质量、交期、成本绩效管控，激励企业通过持续改善取得可量化的效益，追求理想的经营结果。

四、推动价值创造范畴的模式延伸

中国中车在持续拓展精益制造、精益运营的价值创造水平基础上，致力推动体系向产品研发源头拓展，向客户价值和供应商两端延伸，努力建设基于数据驱动型精益数字化企业。

一是建立产品谱系化、模块化、标准化、数字化的精益研发平台、管理机制及运行准则，将精益管理思想从制造环节向设计环节倒推和延伸，基于产品全生命周期价值最大化理念，建设研发、制造和服务一体化产品研发体系，实现设计、工艺、采购、质量、生产等一体策划和运行，最大限度地发挥企业资源价值，不断提升研发效率、质量，缩短研发周期、降低研发成本。二是在组织维度由企业内部向客户和供应商延伸，在客户和供应链两端建立快速响应的运行系统，提高价值网络整体能力和水平。三是聚焦产品全寿命周期数字化网络化智能化，建设"数字孪生协同研制能力、贯穿全价值链的精准管控能力、自动化与信息化集成的准时柔性生产能力、数据驱动的客户全生命周期精准服务能力、大数据支撑的科学决策能力"等新型能力，打造"数字化创新驱动"高质量发展引擎，建设数字化精益企业。

第二节　聚合新发展管理生态"新特质"

精益管理的核心思想是以最少的资源创造最大的价值，这在装备制造企业尤其具有普适性。中国中车多年来的最佳实践、经验成果、提升路径，坚定了中国中车实施精益管理理念，深度协同的精益实践，契合世界一流企业成长路径。

一、全面精益管理具有"五化"特征

管理是一门科学，需要不断的探索、实践和创新。中国中车精益管理涉及各产

业领域、各管理要素、各管理层级，既要打造科学高效的生产制造模式，也要形成清晰固化的过程管理，更要通过研发引领、供应链支撑、服务保障，向前端对接市场客户需求，向后端协同供应商资源，实现中国中车精益管理生态系统的动态平衡，推动生态系统中各主体运营协同、价值协同。中国中车特色精益管理体系，是日本丰田生产模式在中国情境下本土化的创新实践，是精益管理的"中国模式"，中国中车始终探寻建立以"五化"为特征的精益生态系统，具体如下：

特征一：标准化。中国中车精益管理中的各管理要素都有明确的流程标准，保证各管理线和管理平台都有明确的工作指向，即对外指向客户，对内指向工位，通过管理要素标准化及职能部室对生产工位支撑的标准化，保证体系标准的先进性。

特征二：专业化。中国中车把"精益+专业"的融合思维作为运营协同的重要方式，规范从研发、供应链、生产制造到服务保障等各个环节的专业管理，保证运营管控要素集成受控。

特征三：动态化。中国中车把握体系的持续改进和先进性，构建阶段提升、层级提升、成熟度提升的"三阶九级二十七个成熟度"评价模型，引导企业不断挑战精益管理的新高度，使精益研发、精益制造、精益运营、精益供应链4个模块与管理平台、管理线、模拟线、生产线之间的管理要素动态联动。

特征四：生态化。中国中车把运营管理体系涉及的各管理要素进行有机整合，形成要素齐全完整、接口清晰明确、关联协同有序的有机整体，在发展过程中不断协同演进，在管理实践中不断自我更新与发展升级。

特征五：统领化。精益管理是对传统专业管理的一种系统性改善提升，中国中车将价值协同思维融入战略、计划、流程、组织、文化中，以流程驱动突破职能化管理分工局限，系统集成全价值链的要素和资源，在不断改进的管理模式下，形成协同运行的有机整体。

二、打造精益管理的"三维驱动"引擎

中国中车从"强基、赋能、攀高"三个维度，推进精益管理重点工作进阶提升、落地见效。

"强基"引擎：中国中车持续打造世界一流企业的管理基石，推动强基工程、精益载体建设和管理改善提升，持续夯实精益制造能力和水平，推动生产经营目标达成。

"赋能"引擎：中国中车持续推动战略赋能、体系赋能、数字赋能，围绕精益战略举措落实和目标实现，推动专业协同和管理融合，助力企业效率、效益核心经营指标实现改善提升，助力中车数字化、智能化全面转型释放管理效能。

"攀高"引擎：中国中车持续推动精益管理的目标牵引、管理协同和文化塑造，推动企业治理能力、运营能力全面提升。其中，推动价值管理最大化、流程管理精益化、基础管理现代化，提升全价值链的成本精准管控能力，是建设数字中车、实现"中车智造2025"不可逾越的过程，更是中国中车构建新发展格局，打造高质量发展新引擎的必要前提。

三、精益管理助力"五类"发展目标实现新突破

知之深，信之笃，行之实。中国中车以精益设计为源头，以流程驱动为主线，以项目执行为抓手，以价值获取为中心，聚焦全价值链各业务环节，在业务布局、市场拓展、科技创新、管理提升、产融结合等方面实现新突破，推动战略、运营、财务等核心指标取得突破性改善。中国中车的企业盈利能力、运营效率、创新能力、品牌形象、员工发展等五类经营发展指标，以及效率、效益核心经营指标实现持续改善提升。"十三五"期间，中国中车累计营业收入、利润总额与前五年相比分别提高27%和44%，规模效益指标位居全球轨道交通装备制造业前列，连续五年位列世界500强；中央企业负责人经营业绩考核中获得"10连A"，连续三个任期获评"业绩优秀企业"。

第三节 践行新时代管理提升"新方法"

一、突出"三个重点工程"

打造价值生态协同的精益管理体系是一项系统工程。中国中车在构建全面精益管理体系过程中，始终注重以工程化的方法，推动价值理念在企业经营过程的创新实践，促进管理体系持续走深、走实。

一是突出生产现场，实施"工位制节拍化流水生产线"重点工程，实现产品的精益制造。

二是突出专业管理，实施"6621运营管理平台"重点工程，实现专业管理的

精益化。

三是突出系统协同，实施"供应链、产业链、价值链一体化管理体系"重点工程，建设"双效"（高效率、高效益）精益企业。

二、体现"五个维度效果"

企业管理的核心目标就是要实现高效率、高品质的制造，实现低成本、高效益的运营。精益管理同样要回归管理的本源，重点从以下五个维度评价实际效果：

一是现场管理的改善和生产组织的效率。

二是安全质量的控制和劳动效率的改善。

三是项目管理的组织和产品技术的集成。

四是专业管理的协同和企业管理的规范。

五是经营指标的改善和精益文化的建立。

五个维度效果评价是中车精益管理体系持续完善和持续提升管理水平的标尺和方向。

三、解决"五个管理难点"

实施精益管理是一场管理变革，具有系统性和持久性。"行百里者半九十"，为了应对挑战，需着力解决好以下五个方面的管理难点：

一是不解决好"定力"的问题，精益将难以行稳。定力体现在对精益的忠实信仰，不怀疑、不放松、不泄气，持之以恒地落实好"一把手"工程，坚守精益初心，道术相济，步步为营。

二是不解决好"动力"的问题，精益将难以致远。解决止步不前、工作反复等精益"天花板"现象，需要遵循管理逻辑和事物规律，解决好思想和认识上的偏差，解决好要素匹配和协同联动的关系；要实现由精英推动向战略需求拉动转换，由精益牵头部门推动向职能部门合力转换，由组织的力量牵动向全员高度参与转换。

三是不关注"人本"的问题，精益将失之根本。全员对精益的认知度、参与度和改善力，是打造精益人本文化的重要基础。要持续打造精益人才高地，培养"精益+专业"的综合管理人才，用内生动力牵动全员的改善文化，让员工"真信、真干、真为"，体验成就感的同时，因精益而获益。

16

四是不注重"基础"的夯实，精益将难以深化。当精益"有没有"不再是问题时，"好不好"就是我们向精益管理要价值的关键，这个关键就是要夯实基础。需要按照精益体系标准，注重项目拉动，突出对标改善，完善激励约束机制，整合好内部资源，本着基础要实、指标要实、成效要实的思路，实现流程的高效化和指标的精益化。

五是不倡导"融合"的思维，精益将难以突破。企业在目标引领和差异化推进的基础上，推进"系统+精益"协同；在方法与手段上，要融合信息化、数字化、智能制造；在精益价值链建设上，要融合相关方的管理诉求，实现协同发展、共同进步，推动和促进企业的质量变革、效率变革、动力变革。

四、用好"三全三对"过程方法

中国中车全面精益管理是以价值创造为中心，以流程驱动为主线，以项目执行为抓手，实现"全产线、全项目、全流程"（简称为"三全"）精益全覆盖。"三全"就是聚焦业务效率，推动全产线、全项目、全流程的精益化，侧重对照精益管理体系标准，重点是补齐精益设计这个短板。"三对"是指对生产效率指标、对资产使用效率指标和对人力资源效率指标，它侧重指标引领提升，就是聚焦产品价值实现的过程，对"在厂停时""人员投入""资产占用"等核心指标进行对标提升，提高生产效率、人均产值和资源利用率。

一是全产线价值创造。突出标准工位、精益产线和精益车间的载体作用，提高精益载体覆盖的广度和建设的深度，全面提升生产制造价值创造的能力和水平。在覆盖广度上，标准工位达标率，精益产线覆盖率，精益车间覆盖面要达到目标值。在建设深度上，要全面对标精益制造体系标准和要求，推动产线资源要素标准化，围绕"S、Q、D、C、I、M"等制造指标的持续改善，实现生产制造的高效率、低成本、高质量。

二是全项目体系覆盖。以订单项目实施为抓手，以模拟生产线、模拟配送线为载体，加强订单和项目实施的策划、运行、监控和改善，强化实施过程的资源配置和保障，完善项目实施流程和标准，实现模拟线在项目实施的全覆盖，达到生产均衡化、准时化和高效化目标，持续健全基于全产品、全项目精益制造的模板库。

三是全流程价值挖掘。体现在原材料到实物产品交付的制造过程、获取订单到服务回款的运营过程、概念到投产的设计过程、内部物流到外部供应链的采购供应

过程。四个过程既要突出设计的经济性，实现源头降本创效，又要突出工艺的经济性，实现工艺优化创效，还要突出管理的经济性，实现管理创新创效。

四是实施"三对"对标改善。运用标杆四法，从"对标、达标"向"立标、创标"奋进。开展指标对标、业务横向对标、全级次纵向对标，建立对标体系，从"点、线、面"三个维度，全方位提升企业的管理运行质量和核心竞争力，不断提高生产效率、人均产值和资源利用率，把提升结果体现到经营成效上、体现到价值创造上，直至成为行业标杆。

第四节　构筑新征程管理创效"新优势"

一、强基工程积能"蓄"势

"基础不牢，地动山摇"。中国中车始终坚持从根本制度抓起，从源头治理发力，深入实施以精益管理为主线的"强基工程"。围绕"聚同管理理念，树立价值意识""优化组织架构，精简管理流程""完善制度体系，强化落实执行""致力协同运营，形成业务规范""突出风险管控，补短板强弱项""构建特色体系，营建管理文化"六个方面的重点任务，强化"基本制度、基础工作、基本能力、基层管理"，聚焦"无死角、无漏洞、无隐患、无事故、无风险"管理目标的达成。在集团和所属企业两个层面，每年度组织系统梳理，进一步优化管理流程、完善管理制度、创建管理范式，持续构建科学规范、系统完备、运行高效的管理体系，持续提升管理水平和价值创造能力，共建全价值链系统。

二、数智融合赋能"乘"势

智能制造已经成为装备制造业转型升级的主攻方向，数字化转型已经成为中央企业改造提升传统动能，培育发展新动能的重要手段。产品制造是中国中车的核心业务，也是价值流程的核心环节。中国中车以产品实现过程作为主要管理对象，以打造高水平的精益工位、精益产线和精益工厂作为载体，深度应用数字化、网络化、智能化技术，推动现场管理安全、品质、生产、成本、设备、人事、信息（以下简称为"七大任务"）、"人、机、料、法、环、测"（以下简称为"六要素"）的标准化、流程化、信息化，进一步挖掘和提升制造过程价值创造的空间，

打造了一批高质量、高效率的数字化精益制造典范。

三、标杆工程攀高"强"势

中国中车聚焦央企集团核心主业和价值创造核心流程，深化对标提升行动，瞄准世界一流企业找差距、补短板、强弱项，解决"大而不强""大而不优"等突出问题，以精益为基，实施全系统、全流程、全要素协同创新，全面增强企业的竞争力、创新力、控制力、影响力和抗风险能力。中国中车入选中央企业 11 家创建世界一流示范企业试点名单；"中国高铁自主创新管理模式"入选"国有重点企业管理标杆创建行动"10 大标杆模式；"基于 6621 核心逻辑的精益管理体系"入选"国有重点企业管理标杆创建行动"100 个标杆项目名单；12 家子公司入选国企改革专项工程。数字化中车建设步伐加快，信息化和工业化的高层次深度融合（以下简称为两化融合）指数位列中央企业装备制造业前列。目前，中国中车在持续拓展精益制造、精益运营的价值创造水平基础上，持续推动体系向产品研发源头拓展，向客户价值和供应商两端延伸，努力建设基于数据驱动型数字化精益企业，成为综合竞争力强、市场吸引力大、品牌知名度优、全球影响力高、社会美誉度好的受人尊敬的世界一流企业。

第三章
全面协同的体系构建

中国中车基于制造型企业"全产线、全项目、全流程"的管理实践探索，不断丰富和完善精益管理的内涵，遵循价值创造过程，探索创新精益管理的推进路径和方法，建立起以全面精益管理为核心、可迭代臻优的生态化精益管理体系，为全面提升现代企业的管理水平和治理能力提供了有力支撑。

第一节　全面优化价值流程

一、全价值链的精益管理

中国中车的全面精益管理从识别客户价值需求开始，实现全价值链、全产品链、全供应链精益管理的过程延展，涵盖了客户需求线索及订单获取、产品设计、材料采购、工艺策划、生产制造、产品交付、售后服务和货款回笼的全过程。即中国中车的全面精益管理不仅关注本企业产品实物流、管理流、资金流的改善，还关注上下游企业及整个供应链、价值链的改善，关注共同价值、共同利益和共同成长。中国中车的全面精益管理是以全价值链的视角系统挖掘产业价值，以精益设计为源头，以流程驱动为主线，以项目执行为抓手，以获取价值为中心，突出设计、工艺、生产和管理的全员、全面、全要素经济性。在具体落实和推进过程中，以"三全""三对"为实施重点，并将"三全""三对"工作贯穿于整个精益管理体系标准的执行和落实中，确保企业价值创造能力和经营绩效的持续改善提升。

二、全流程的协同再造

流程再造的核心思想就是打破职能化管理分工局限，代之以业务流程为中心，重新架构和优化企业管理过程。企业制造环节价值挖掘和拓展，很大程度上取决于管理流程协同创造价值的能力和水平。为满足客户需求和市场变化要求，企业的运营模式要随之变革，管理流程就必须协同再造。

中国中车流程再造以产品制造的价值流程为主线，在持续夯实精益制造平台的同时，对原有相对分散和割裂的职能管理进行系统集成和协同。流程再造以制造实物流为管理对象，立足全产线、全项目，抓住设计、工艺、采购物流、生产计划、市场营销、人力资源、资产管理、安全环境、售后服务和信息化等核心管理流程，识别出企业的核心过程（COP）、支持过程（SP）、管理过程（MP），运用精益思想对过程进行价值分析，强化管理流程的逻辑性、管理要素的完整性，优化管理流程，切分管理工位，关注管理接口，建立管理标准，控制管理节拍，提升执行层面的有效性。中国中车所属成员企业全力打通与流程关联的信息流、人流、物流、价值流，横向形成支撑标准工位运行的协同系统，纵向形成专业管理由职能部门到工位（班组）贯通的管理链，建立了管理流程与制造流程高度协同、双节拍拉动的运营模式。

流程再造过程中，中国中车突出龙头和优势企业的管理先行作用，组织推进精益运营管理平台建设"雁行工程"，分批次、分领域推动职能管理流程的优化重构。经过十余年的努力，坚持价值创造主流程的管理逻辑，形成了运营管理体系和流程对精益制造过程的支撑，打通价值流程中不畅通、不增值、不高效的环节，建立以生产制造为核心的协同精益运营模式。

三、全系统协同的能力改善

中国中车不仅侧重于制造系统的优化，更侧重于系统运营能力的改善。中国中车以订单产品项目实施为载体，对设计、工艺、采购、生产计划、质量、成本和市场、人力、安全环境、资产、信息、售后等12项管理职能和流程进行重组，将管理流直接指向产品增值的制造工位，通过节拍协同管理流程，推动管理方法和流程的标准化，提升运营系统与制造流程的匹配能力，实现运营流程的高效率和高效益。中国中车把这种管理逻辑具化为中车特色的运营管理模式，即"6621运营管理平台"。

"6621 运营管理平台"以保证项目高效、安全、经济执行为目标，即以流程协同为特征的 6 条管理线，以保障支撑为特征的 6 大管理平台，以预先策划为特征的 2 条模拟线，以工位化、节拍化、单件化、流水化、连续化和柔性化（以下简称为"六化"）为特征的 1 条工位制节拍化生产流水线。

"6 条管理线"是指设计、工艺、生产计划、采购物流、质量和成本管理线；"6 个管理平台"是指市场、资产、人力、环境安全、信息和售后管理平台；"2 条模拟线"是指模拟生产线和模拟配送线；"1 条工位制节拍化流水生产线"是核心，是"662"的管理指向和对象。"6621 运营管理平台"的核心内涵是把握"同心、同步、工位、节拍"。同心化作战是指所有管理工作的开展都要以满足客户需求为目标，以生产现场的工位制节拍化流水生产线为核心；同步化运作就是要强调各个管理部门在项目开展过程中，各项管理准备工作必须同步，以保证生产线的正常运行；工位制管理是指不仅生产线要以工位化管理，各管理条线也要梳理和优化流程，实现管理工位化，进而实现管理标准化；节拍化控制，节拍是工位制节拍化流水生产线运行管控的核心，也是运营管理系统协同的核心，一切工作都要围绕节拍来管控，不断提高节拍兑现率，实现平稳运营和有序协同。在实施层面，"6 个管理平台"是相关资源和管理要素的集合，重在从要素完整、要素明确、要素标准、要素接口和要素分工等维度，实现对工位制节拍化流水生产资源的配置和运行保障；"6 条管理线"的建设围绕提高流程效率，保证流程高效运转而展开，重在把控管理流程、切分管理工位、关注管理接口、建立管理标准和控制管理节拍。在具体工作层面，强调管理责任回归业务职能主体，12 个专业职能各负其责开展专业流程的建设和优化，围绕价值主流程输出专业管理的管控标准和规范，形成协同高效的运营管理模式。

第二节　系统架构运营体系

与许多企业一样，中国中车在推进精益管理的过程中，遇到了诸多问题和困惑。例如，现场改善的成果难以维持，精益改善成果难以在财务指标上体现，企业战略难以落地，管理融合协同难，以及系统改善、精益文化、人才育成、领导力等支撑要素与企业发展不匹配等问题。为了解决问题和困惑，中国中车多领域、多维度组织集团及成员企业领导和专业人员到世界先进企业考察调研和对标学习，结合自身实际，策划和构建了具有自身特色的精益运营管理新模式，并进行了大胆的探

索和实践，取得了良好的效果。中车精益运营管理新模式，从企业战略愿景和发展目标出发，聚焦业务持续竞争优势的构建，把满足并超越客户期待、实现卓越的运营绩效作为总体目标来实施，持续提升系统运营能力。

中国中车精益运营管理新模式的核心，即"一纵一横一平台两支柱六支撑"（简称为"11126"）。

"一纵"，即经营目标拉动的收益性改善系统。收益性改善运营管理上承战略方针，下接订单项目运营，承担着自上而下的纵向经营目标制定与运营管控任务，是"以战略方针为指引，以全面预算管理为主线，以收益性改善课题为抓手"的经营目标制定与运营管控过程。

"一横"，即订单项目价值实现的项目管理系统。订单项目管理系统是价值创造的重要载体。聚焦项目执行全流程，向上承接企业经营管理分解的订单项目利润、成本等指标，面向客户承接项目交期、质量管控要求，针对管理对象和支撑要素下达交期、质量、成本等管理指标。通过优化研、产、供、销衔接流程，统筹协同管理对象与支撑要素，建立"市场—设计—制造—交付"的准时化反应机制，将订单项目运营的交期、质量、成本管控目标贯彻落实到工位制节拍化生产线，最终实现价值最大化产出。

"一平台"，即流程驱动的价值协同运营管理平台，也称为"6621运营管理平台"。它是实现订单项目高效运营的基础平台，是以提升组织系统运营能力为目标，以订单项目为载体，通过对企业全价值链上的设计、工艺、采购、生产、质量、成本和市场、人力、安全环境、资产、信息、售后等12项管理职能、流程和管理动作进行梳理和重组，将管理流直接指向产品增值的制造工位，通过节拍协同管理流程，推动管理流程和管理动作的标准化，提升运营系统与制造流程的匹配能力，实现订单项目运营管理的高效率、低成本。

"一纵一横一平台"是精益运营管理的核心内容。"一纵"重点是要围绕企业发展战略，聚焦年度经营目标，具体分解落实到订单和项目、职能管理和管理要素中，建立一整套指标拉动的管理改善系统；"一横"重点是承接"一纵"分解指标和任务，围绕订单项目的实现，完善订单项目管理流程，提升订单项目的高效运行和多项目的协同管理能力，实现订单和项目的价值最大化；"一平台"重点要支撑"一横"的价值实现，突出流程协同和资源配置，所有订单和项目都要在"6621"的整体架构下高效运行，确保年度经营目标的实现。

"两支柱"，即标准化与协同化。"两支柱"是中国中车精益运营管理的基本遵循和管理原则，是对企业内部所有与运营管理相关的职能部门和业务单位提出的管理准则和工作要求。

"六支撑"，即数字化、精益组织、精益领导力、人才育成、方法与工具、持续改善的精益文化。其中，数字化是实现数据驱动的一体化柔性运营管理和智能辅助决策的重要手段；精益组织是组织价值是否顺畅实现的重要保障；精益领导力对落地"一纵一横一平台"的精益运营管理体系具有决定性作用；人才育成是精益运营体系有效运行的基本保障；方法与工具是实现精益运营的有力支撑；持续改善的精益文化是成功实现精益管理由理念认同向行为转变的驱动力。

第三节　打造价值协创模式

站在全球产业链的视角，打造基于价值创造能力提升的管理体系，推动中国中车迈向产品一流、管理一流、品牌一流，建设与世界一流企业匹配的一流管理体系，是中国中车实现更宏伟的发展目标而做出的重大战略抉择。

管理体系构建与实施是一个持续演进和迭代的过程。中国中车在持续多年的精益实践中，将精益管理体系覆盖维度由制造系统向企业经营全过程纵向拓展，2018年颁布了《中国中车精益管理体系标准　第1部分　总则》《中国中车精益管理体系标准　第2部分　精益制造》《中国中车精益管理体系评价标准指引》，标志着中国中车精益管理迈向了体系化、生态化构建的新阶段，形成了具有大型轨道装备企业集团特色的基于价值协创的精益管理体系（见图3-1）。精益体系标准作为中国中车打造精益生态的纲领性文件，确立了"客户至上、价值引领、全员参与、臻于至善"的精益管理方针，确定了以打造价值生态为主基调，基于协同高效的精益管理系统方法论。从发展战略、业务运营和基础支撑三个层面全面规划，构建了"精益制造、精益运营、精益研发、精益供应链"四大核心模块。在构建精益管理体系过程中，充分借鉴了 ISO 9001 和国际铁路行业标准（IRIS）等先进管理体系的建设思路和方法，统筹价值战略、管理架构、组织流程和机制建设等，在方针目标、指标体系、过程管控、结果评价、激励考核等方面，坚持全系统、全链条、全过程的思想观点，以"三可"（可量化、可评价、可考核）、"三重"（重效率、重效益、重效果）为度量标准，形成了一整套工程化的实践方法论和工具。

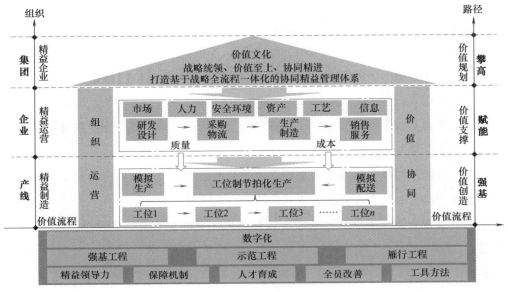

图 3-1 基于价值协创的精益管理体系架构

全面精益管理体系明确了"三步走"的基本路径、"差异化"的精益企业推进策略、"数字化"的阶段目标和"体系化"的考核保障等框架，形成了可执行、可评估、可衡量、可推广的"体系标准要求+模块系列标准+专项工作指南+综合评价体系"的管理构型。

中国中车遵循全面精益管理的思想和理念，坚持循序渐进、稳步深入，点、线、面、体由浅入深，从局部突破到系统优化，按照"战略统领、价值至上、协同精进"的指导原则，制定"精益制造、精益运营、精益企业"三步走的实施战略，遵循"强基、赋能、攀高"的三阶段迭代路径，按照"最佳实践—体系标准—贯标覆盖"的演进循环，将精益管理体系覆盖维度由制造系统向研发设计、企业经营、数字化转型全过程纵向拓展，构建了适合大型轨道交通装备产品特点的精益制造模式，形成了具有大型轨道装备企业集团特色的精益管理体系。

在发展战略层面，坚持战略统领，加强全价值链掌控，不断升华精益改善文化，做好精益体系建设的顶层设计。

在管理基础层面，注重以工程化的方法推动价值理念在企业经营过程的创新实践，着力实施"强基工程""示范工程""雁行工程"，注重精益领导力、工具方法、保障机制、人才育成、全员改善、工具方法等的系统支撑。

在生产运营层面，把握目标导向，强化系统主导，不断提升业务协同能力。以制造实物流为管理对象，基于轨道交通高端装备离散型制造特点，全面打通与之关联资金流、信息流和管理流，遵循精益生产"准时化"和"自働化"两大基本原则，建立了轨道交通装备特色的"工位制节拍化流水生产"精益制造模式及精益制造管理体系。在价值创造组织维度上，按照"点、线、面、体"逐步覆盖贯通原则，推动精益体系由精益工位、精益产线，向精益工厂、精益企业拓展，建设了一批精益生产现场的示范工程。

在价值协同层面，始终坚持系统思维和价值逻辑，持续夯实精益制造平台，不断打造大型装备制造企业集团的精益运营平台，统筹企业系统资源、管理要素和价值流程，抓住企业与用户最紧密贴近的系统，以项目实施为载体，对设计、工艺、采购、生产计划、质量、成本和市场、人力、安全环境、资产、信息、售后等管理职能和流程进行重构，建立与精益制造流程高度匹配的运营系统，即中车特色的"6621运营管理平台"，实现集团化的运营流程高效率和高效益。

第四章
臻于至善的文化塑造

精益管理是一项长期性的系统工程，不可能一蹴而就。中国中车始终坚持国家战略与企业发展有机融合，高定位、高目标、高强度推动管理变革和价值文化塑造，不断深化组织、资产、市场、业务、品牌、人员等的整合，聚合形成共同的价值追求、管理体系和管理文化。精益的落地见效，需要多层级、多维度地大力推动，需要从战略管控、组织策划、系统改善、全员改善和文化引领上持续发力，需要重视基础支撑，完善体制机制，突出评价激励的导向作用，建立全方位、立体式的精益改善机制和保障平台。

第一节　构筑精益改善系统

一、搭建组织保障平台，提升精益组织领导力

中国中车建立了一套涵盖企业决策层、推进层和执行层的三级组织架构，提供必要的组织保障和支持。一是组建精益管理委员会，提升精益战略管控力，完善精益管理委员会例会制度及决策层工作机制，保证委员会决策层次和业务覆盖面。二是建立独立的精益推进机构，在推进过程中侧重于整体策划、平台搭建、机制完善、执行监控、评价督导、考核激励等方面工作。三是强化各级企业"一把手"作为精益管理的"倡导者"和"领路人"的角色定位，在思想上能够达到高度共识，把精益管理作为管理提升的核心抓手，工作中坚决推动，资源上统筹安排，实现工作常态化。

全面精益管理之策

二、加强督导和推动，建立常态化工作机制

建立评价和考核激励机制，促进管理体系建设持续深化。坚持年初计划、过程跟踪、半年小结、评价改善的工作机制，加强对子公司工作的推动和督导。建立过程评价与认证定级联动、企业内审与外部评价互动的工作机制，按照精益管理"三步走"总体路径，贯彻精益管理体系标准和要求。建立中车精益管理"三阶九级二十七个成熟度"评价模型，按年度对全级次企业实施全覆盖精益管理评价。加强评价结果的考核激励，评价结果纳入企业效绩评价体系。坚持正向激励引导，反向考核鞭策，推动各企业精益成熟度全面提升，推动各企业不断挑战精益管理新高度，为企业管理体系和能力建设提供持续动力。

第二节　聚合全员改善合力

一、不断升华精益改善文化，提高价值创造能力

以尽善尽美为追求，实施全员改善。中车聚焦品质、效率、效益提升，组织开展战略领导层、职能协同层、全员改善层三个层面的全面管理改善，以全流程"改善不良、杜绝浪费"专项活动为抓手，在强化目标成本管理、降低应收账款及存货（以下简称为"两金"）占用、提高产品毛利润水平、提高资金周转效率、供应链协同降本、提升产业链和供应链能力等领域，凝聚全员智慧，拉动全体员工参与精益、实践精益、落实精益，持续提升和彰显精益管理实效，突出向管理要效益、要效率，控制成本，堵塞管理漏洞，改善财务绩效，提高价值创造能力。

二、完善人才育成机制，打造精益人才高地

中国中车持续完善精益人才培育机制，不断创新精益实践方法，加强人才育成，打造聚智共享的精益人才平台，推动精益人才培养体系化、平台化。按照"专业融合、梯次培养、示范带动"路径，实施"百、千、万"精益人才工程，锻造一批精益理念的"倡导者""理论家"和"实践家"，努力培养"精益+专业"的复合型人才。建立精益人才共建、共享成长机制，搭建知识共享平台，建立精益管理培训课程体系，持续加强对子公司的培训指导。融入实践经验，运用行动学习

法，培养一批懂精益、讲精益、传播精益的内训师队伍。建立中车精益顾问、精益管理专家、精益内训师、精益改善能手人才库，使中车精益管理领军人才梯队不断完备，核心骨干人才队伍不断拓展。

第三节　营建价值改善文化

一、融合新一代信息技术，助力数智转型发展

应用信息化、智能化等手段提升持续改善能力。中国中车按照标准化、信息化、数字化、智能化的迭代路径，打造了一批高水平的数字化、智能化产线和制造单元。建设融合对标、改善与提升为一体的精益管理协同化管控信息平台，实施设计制造一体化工程和企业资源计划（ERP）工程，建设经营管理数据驾驶舱、生产指挥数据驾驶舱和全生命周期数据驾驶舱，打通了从市场、设计、工艺到生产、采购、销售等一体化的产品链，实现了信息化、数字化覆盖集成应用。深化高级排程系统（APS）、物资需求计划（MRP）、生产执行系统（MES）、仓库管理系统（WMS）、质量管理系统（QMS）等生产、仓储、质量等管理信息系统集成应用，实现生产制造全过程产品质量、设备状态、生产节拍等的动态监控和协同管理。

二、推进精益文化和品牌建设，全力营建先进管理文化

中国中车注重精益文化的培育，将精益与企业文化建设结合起来，使精益成为企业文化的灵魂，精益之道已成为中国中车核心价值观"正心正道，善为善成"的重要组成部分。外化于行，已经融入企业品牌形象建设中；内化于心，已进入企业员工的行为规范中；固化于治，已渗透到企业精益管理的全过程中；根植于魂，企业党政工团合力营造了良好的改善氛围。

第二篇

全面精益管理之法

　　上一篇阐述的是全面精益管理之道，是全面精益管理的基本思想、基本逻辑和基本法则，是全面精益管理的基本遵循和本质追求，本篇是对"道"的承接，是将基本思想、基本法则具体化为可遵守、可执行、可落地的理论方法和体系标准，为下一篇全面精益管理之"术"提供行动指引。

第五章
全面精益管理体系的核心内涵

中国中车聚焦主责主业和价值创造核心流程，持续推动精益管理创新实践，探索建立符合大型轨道交通装备制造业特色的全面精益管理体系。中国中车通过将精益思想和精益方法与企业的业务场景相结合，在实践中不断探索，在探索中不断总结提炼，逐步形成了具有特色的管理标准和推进方法，进而构筑了一套完整的精益管理体系，成为指导和促进集团及各子公司持续深化精益管理的理论依据和行动指南，不断提升企业价值创造的能力和水平，为中国中车持续、健康、高质量发展注入新动能。

第一节　体系概述

一、全面精益管理体系标准建设的总体定位

一是高目标、高标准。中国中车站在战略规划目标的高度去统筹、建立、支撑离散型制造业资源有效配置和高效利用的系统运营模式、管理标准及解决方案，并能够在组织内部、供方和客户端实现全链条复制、平移和推广。**二是有特色、有特点。**中国中车系统提炼多年实践经验，把工位制节拍化的精益制造模式、系统运营的流程和平台、高效的组织和机制等，形成科学的理论体系、执行流程和工作规范，并聚合为中车特色的管理解决方案。**三是重统筹、重融合。**凸显精益管理的价值逻辑，注重标准体系之间的协同，注重引领性、整体性和可操作性，避免多体系运行的"多张皮"现象。对于体系建设，不仅形成标准，统一规范，还注重客户

价值、企业价值的协调统一，在贯彻的流程、路径、载体、方法上各有侧重，兼顾系统融合。

综上，在精益管理体系标准建设之初，中国中车就确立了体系建设的总体定位，即以中国中车发展战略为统领，在有效实践的基础上，提炼形成一套具有中车特色的可借鉴、可复制、可推广的，能够支撑以离散型制造业务为主的高效资源配置和应用的系统解决方案。

二、全面精益管理体系建设的管理需求

（一）打造与世界一流企业匹配的一流管理体系的要求

对标世界一流企业，对照"三个领军""三个领先""三个典范"要求，中国中车依然存在制度不完备、体系不健全、机制不完善、执行不到位等诸多问题，一定程度上成为制约企业做强做优、持续健康发展的瓶颈。为建设世界一流企业，要求中国中车必须站在全球产业链的高度，立足全价值链的视角，致力于中车人共同的价值追求，构建提升价值创造能力的管理体系，推动中车迈向技术一流、产品一流、管理一流、品牌一流，建设与世界一流企业匹配的一流的管理体系。这也是中国中车实现更宏伟发展目标而实施的重大战略抉择。

（二）打造中国高端装备制造"金名片"的客观要求

中国中车从诞生之日起就以"实业兴邦，产业报国"为己任，承担着高铁装备走向世界和实现"制造强国"梦想的国家使命。站在新的历史起点上，中国中车矢志成为全球高端装备的推动者和领跑者，为实现中华民族伟大复兴的中国梦贡献力量。而要实现这一宏伟目标，瞄准基础产业高端化方向，在以"引进、消化、吸收再创新"为主要途径的创新实践中，不仅要打造"中国制造"的"产品名片"，还要向国内外优秀企业学习先进成熟的管理经验，形成可借鉴、可复制、可推广的央企改革和管理创新范式，致力于价值链和产业链协同创新，推动由"中国制造"向"中国创造"迈进，推进管理体系和管理能力现代化建设，打造中国高端装备制造的"管理名片"，成为世界一流企业的典范和标杆。

（三）最佳管理实践升华发展的需要

中国中车从2008年开始系统推进精益管理变革，历经十五年，已初步形成以价值创造为核心的精益管理体系框架。总结过去的成功经验，提炼最佳实践，上升到标准层次，并逐步推向集团、行业乃至全社会，是中车精益管理实践的必然发展

之路。

（四）企业自身管理提升的内在需求

《〈中国制造 2025〉中国中车行动纲要　中车智造 2025》确立要以"标准化、精益化、数字化、网络化、智能化"作为"中车智造 2025"的实施路径，按照"夯实标准化基础、强化精益化管理、加快数字化进程、创新网络化模式、探索智能化转型"的策略稳步推进。通过持续的精益实践，将精益理念贯彻到企业经营活动的各个环节，推进中车在产品、制造、服务、资源、数据等方面的标准化与规范化，推动价值创造最大化、流程管理精益化、基础管理现代化，提升全价值链的成本精准管控能力。全面精益管理是建设数字中车、实现中车智造 2025 不可逾越的过程，更是中车构建新发展格局，打造高质量发展新引擎的必要前提。

（五）统一管理语言和标准的需要

中国中车由原中国南车和中国北车重组而成，它们的下属子公司都是独立经营主体，且分布在全国各地，所处地理环境和文化背景不同，长期以来，形成了各自独特的管理风格，也形成了自己的管理语言。集团重组成立后，为了便于内部交流和沟通，必须统一内部管理语言。中国中车精益管理体系标准对相关管理术语进行了统一定义和解释，对精益管理的本质和含义进行了统一的诠释，对中国中车精益管理的内容和标准做了统一规范和明确，便于各子公司在同一个平台上，用同一种语言更好地进行交流和沟通。

第二节　方针原则

一、全面精益管理体系的基本方针

基本方针由企业最高管理者正式发布，代表了一定时间段内企业的主要工作宗旨和方向，也是高层意志的一种表现形式。企业根据这个预定的方向分解制定能够达到目标的具体办法和政策措施。

中国中车在构建全面精益管理体系之初就充分考虑了精益管理方针的引领与指导作用，从"全面+精益"的视角确立了以"客户至上、价值引领、全员参与、臻于至善"为核心的 16 字精益管理基本方针，以聚焦目标、统一行动。

客户至上。它就是强调在全价值链的业务活动过程中要始终以客户为关注焦

点，站在客户角度看待问题，最大限度地满足顾客需求，能够更好地使顾客满意。这里的客户不仅是指外部客户，就组织内部而言，下一道工序或下一个流程的部门或个人就是其内部客户，也要站在内部客户的视角来审视我们传递给下工序的产品和服务的质量。客户至上是中车精益行动的纲领。

价值引领。满足"任何改变材料或信息形式、适用性或功能来满足顾客需求，是客户愿意付钱的，且在第一次就做对"三大特性的活动才是有价值的活动。除此之外，若其他活动和不必要的特性或者尽管是产生附加价值的活动，但所用的资源已经超过了"绝对最少"的界限，则都是浪费。"价值引领"强调企业管理的一切活动都必须立足于为客户创造价值，而优化流程和减少浪费是可以提升价值创造的能力。价值引领是中车精益行动的目标。

全员参与。员工是企业精益文化建设的主体，任何管理活动离开员工的参与都不会达到预期的效果。只有最大限度地发挥所有员工的创造力和智慧，通过专业培训、会议宣讲、会议论坛、精益知识竞赛等方式，引导全员积极参与精益文化的实践与塑造，引导全体员工积极参与到"精益管理"中来，逐渐形成全员了解精益、掌握精益、实践精益的文化氛围，才能真正把精益文化建立起来，提高组织创造价值的能力。全员参与是实现精益企业的基石。

臻于至善。它是指要不断探索、持续改善、追求卓越，最终达到完美的境界。企业生存的目的就是为客户创造价值，这就要求我们在为顾客提供产品和服务的过程中，想客户之所想，深入了解客户、了解市场。要求我们通过全员无止境地不断减少时间、场地、成本和错误，达到前所未有的新境界，让客户从对产品满意到对公司认可，从而成为公司最忠诚的客户。臻于至善是中国中车矢志不渝的永恒追求。

二、全面精益管理体系遵循的基本原则

中国中车全面精益管理遵循五大原则：聚焦客户的价值观；持续优化价值链；创新变革；拉动与高度协同；全员参与，追求尽善尽美。

（一）聚焦客户的价值观

组织的一切活动必须从客户价值出发，并努力实现客户价值，只有这样才能在成就客户价值的同时成就组织自身的成长。价值是生产者创造的，但只能由最终客户来确定。价值只有在由具有特定价格、能在特定时间内满足客户需求的特定产品来表达时才具有意义。我们能提供优于竞争对手的产品和服务，这就是我们的价值

所在。中国中车提倡在全价值链的活动中，首先要站在客户的立场来识别价值，第一次就把事情做对，用最少的资源为客户创造最大的价值。

（二）持续优化价值链

客户价值是由一连串增值活动创造出来的，价值链就是企业提供产品或服务的一连串增值活动，该活动将特定的产品或服务送给特定的客户。价值链的范围包括产品设计、物料供应、生产制造等过程赋予价值的全部活动，客户愿意支付的是全价值链条中有附加价值的部分，而不是那些没有附加价值的部分。因此，中车精益管理体系建设始终致力于持续优化价值链，减少过程浪费和不增值环节，持续提高全价值链的效率和效益。

（三）创新变革

创新是企业获得持久竞争优势的关键因素；管理的特点就是持续优化与变革。全面精益管理体系建设就是对企业固有管理理念、管理方式、管理组织、管理流程的创新变革，是对既有的战略资源、管理资源、制造资源、供应链资源等进行超越和革新。通过创新对企业管理中的生产要素、管理要素进行优化调整、重构整合，激发企业内生动力。中国中车的管理创新不是管理活动的简单叠加，而是高效率地满足市场需求，从而赢得客户，建立起面向客户、流程驱动、高效协同的战略、流程、组织、机制和文化，重构以价值链为特点的端到端流程贯通的管理模式，提升企业的经营效率和治理能力，促进企业健康持续发展。

（四）拉动与高度协同

詹姆斯·沃麦克（James Womack）和丹尼尔·琼斯（Daniel Jones）在《精益思想》一书中写道，拉动就是除非下游的客户有要求，否则上游的人员就不生产产品或提供服务。中车精益管理体系的拉动原则旨在通过拉动系统将企业所有生产经营活动与实际需求关联起来，企业系统中的所有工作都是为了响应客户的实际订单。通过构建拉动系统，避免了单个节点上盲目追求局部效率最大化，拉动系统是一个完整的系统，健康的张力使得其中的每个人都在围绕着真正的价值开展工作。

协同是同步、和谐、协调、协作、合作的意思，是指协调两个或者两个以上的不同资源或者个体，协同一致地完成某一目标的过程或能力。中车精益管理体系以订单项目执行全过程为抓手，覆盖范围包括了产品和服务实现的全过程，贯穿了设计、工艺、采购、生产、售后服务等各个部门，并通过现场标准工位和节拍有效拉动各部门高度协同，共同为客户创造价值。

（五）全员参与，追求尽善尽美

每一位员工既是精益管理的对象、载体和参与者，也是精益管理的主体和实施者。全员对精益的认知度、参与度和改善力是实现价值引领的源泉动力，也是打造精益人本文化的重要基础。

尽善尽美结果的出现是前面四个原则相互作用的结果。中车精益管理体系建设的目的是"通过尽善尽美的价值创造过程，为用户提供尽善尽美的价值"。这就需要运用精益思想和方法不断地找出更多隐藏的浪费，并进一步改进。这样的良性循环成为趋于尽善尽美的过程。外在市场环境处于不断变化之中，企业内部也要不断进行转变适应，通过尽善尽美的管理追求，推动企业充满活力、不断进步。

第三节 体系特点

全面精益管理体系以价值增值为核心，聚焦"全面+精益"，以客户需求为拉动力，以人才育成和持续改善为基础，以造就战略一体化的、覆盖全产品链、全供应链的精益企业为目标，围绕全价值链协同、高效运行开展的策划、支持、运行、评价及持续改善。

一、聚焦"精益+"的全价值链管理

精益管理体系主要作用于产品形成过程的价值链，通过应用"精益+"的管理思维，在全价值链上实现精益与业务的深度融合，不断消除各环节的浪费，以实现价值最大化。

对于制造型企业而言，所有有价值的活动最终都会体现在精益制造环节，体现在产线及现场的工位上。在精益制造阶段体系要求建立以"工位制节拍化流水生产"为核心的精益制造模式，实现高品质、高效率、低成本的精益制造。支撑精益制造的是标准工位、精益示范区（线）、精益车间等工作载体建设，以及以现场工位为圆心的快速响应机制、保障产线高效运行的管理机制、指标体系和评价标准等内容。

在精益运营管理过程中，以"一纵一横一平台"为核心内容，以"标准化"与"协同化"为两大支柱，在突出纵向"绩效拉动"、横向"流程驱动"、强化"6621"管理协同的同时，深度融合数字赋能，全面夯实基础保障，系统构建具有

中车特色的精益运营管理模式，提升价值创造能力，实现企业高质量运营。

在精益研发阶段要求建立产品标准化、模块化、谱系化、数字化的精益研发管理机制及运行准则，通过建立研发流水作业模式、建立产品平台库、工位模块化设计技术运用、研发与信息化手段的集成运用等措施，缩短研发周期，提高产品设计的可靠性，降低产品设计成本。

在精益供应链建设过程中，建立供应链管理机制及运行准则，通过以客户为中心的供应商战略协同、协作双赢模式建立，快速响应机制建立，基于工位、工序的产品物料储运一体化工装的运用、供应商业务及信息流程优化、信息化平台的共享运用，以及供应链绩效指标的建立与运用等措施，提高供应链的响应速度与运行效率，实现物料供应的准时化。

二、强调精益管理的"一把手"工程属性

精益管理对企业而言是一场深度的管理变革，既离不开高层的强力推进，也离不开中层及基层管理人员的积极践行。在体系标准中的"领导作用"及"支持"条款中，要求各企业要建立精益推进的责任机制，明确精益管理工作的"一把手工程"属性。这里的"一把手工程"属性，不仅指董事长、总经理，还指企业各级组织的第一管理者。例如，职能部室、事业部、生产车间的第一管理者，甚至工段长、工区长、工位长都是第一管理者，他们承担在其责任区域（组织）内落地实施精益管理的责任。

三、强调业务全流程的高效协同

精益管理体系对高效协同的基本要求是：将管理起点前移，将管理流程向市场延伸，建立从市场开拓到售后服务的端到端的管理主线。各管理平台、管理线以流程为核心构筑协同平台，共同为生产工位提供高效、优质的服务。高效协同主要体现在以下几个方面：

（一）客户导向的同心化

企业所有的业务流程和管理活动，都应围绕客户需求开展，以客户需求为导向，以最快、最大限度地满足客户需求为目标，形成管理合力，实现管理效率的整体提升。

（二）运营流程的同步化

提高企业的整体运营效能，需要实现三个方面的同步：一是职能部门内部的相互协同；二是整体运营流程之间相互协同；三是部门内部资源匹配均衡。各职能部门、专业管理之间，由于职能分工和管理流程交叉，存在许多管理接口。因此，企业各职能部门内部以及职能部门之间应全面梳理流程接口，明确输入、输出标准和时间要求，匹配相应的资源，实现整体协同和高效。

（三）流程时间的节拍化

将企业价值链视作一个整体，所有的管理平台、管理线和生产现场都要按产品实现的节拍运行，实现生产实物流的节拍化和业务流程的节拍化。

（四）信息化支持

信息化手段是企业实现管理规范化和标准化的重要保证。通过全流程信息系统的建设，整合产品设计、制造过程、运营管理、供应链管理的相关业务，消除信息孤岛，提升管理效率。

四、强调业务过程的标准化

标准化是一切管理活动的基础，是保证工作结果稳定性和一致性的基础，是团队协作的基础，是持续改善的基础，是企业实现信息化和数字化的前提。没有标准化，管理改善很难有序和持久。

在全面精益管理体系建设过程中，通过管理要素标准化、职能部室对生产工位支撑标准化和工位标准化三方面建设，来实现全流程的标准化管理。

（一）管理要素标准化

管理要素标准化是实现业务过程标准化的前提。管理要素标准化要求企业在全价值链上对产品实现过程的管理要素进行识别，厘清要素之间的相互关系，明晰接口关系，制定相应的输入输出标准，防止管理的随意性。同时，强化管理协同，落实管理责任，做到事事有人管，件件有落实。

（二）职能部室对生产工位支撑标准化

工位是构成产线的基本单元，也是企业最基本的作业管理单元。工位是企业价值创造的平台，也是企业管理的服务对象，企业的职能管理都应围绕生产工位展开。

职能部室对生产工位支撑标准化体现在：一是指导服务生产工位的人员、内

容、方式、频次要标准化，以支撑工位的有效运行；二是需要建立职能部室和生产工位之间持续、畅通、有效的双向信息通道，职能部门要根据管理要素标准，对生产现场的管理数据进行采集、汇总、分析、反馈，并提出优化完善的对策。

（三）工位的标准化

工位的标准化是产线稳定化、运行高效化和管理标准化的保证。如果工位数量及工位构成要素经常发生变化，则会导致管理的变化无常，无所适从，生产过程无序失控，效率低下。工位的标准化包括生产工位的标准化和管理工位的标准化。

生产工位的标准化包括基础管理和作业管理两个方面。首先是基础管理，要实现工位资源配置的标准化，即工位的资源配置必须是满足在规定时间（节拍）内完成固定作业内容的最小需求数量，配置的资源都有明确的管理标准；其次是作业管理，使工位所有的资源都能符合标准要求的状态，所有的行为都满足标准要求。

管理工位的标准化是指把支撑现场生产工位的管理流程看成管理流水线，将管理过程切分成若干个工位，以实现管理工位化、流水化、节拍化。把每个工位的输入、输出及转换过程都进行标准化，并规定管理时间，确定节拍，可以实现管理流程的平稳化、标准化、节拍化，从而提高管理效率。管理工位化可以保证让专业的人干专业的事，提升管理质量和效率，又可避免因同一件事由不同人员策划和执行造成的流程和标准的不统一，有利于管理的统一化、标准化，更有利于制造执行过程的简单、有序、稳定和高效。

管理工位与生产工位应高度协同，即业务与管理融合，实现管理节拍与生产节拍的同步，管理内容与生产需求的统一，防止为管理而管理，管理与现场脱节等现象。

第六章
全面精益管理体系的主要内容

第一节　总体架构

　　全面精益管理体系由精益管理体系要求、工作指南及评价体系标准三个部分构成，其中精益管理体系要求由一个总则标准和四个核心模块标准共同构成。全面精益管理体系架构如图 6-1 所示。

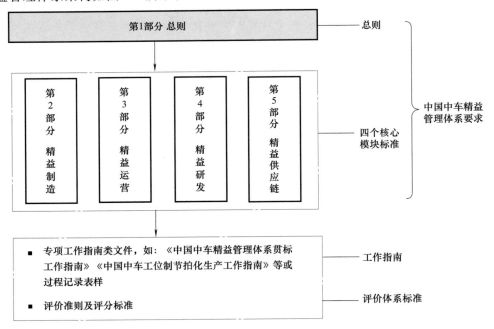

图 6-1　中国中车全面精益管理体系架构

第二节　体系组成

中国中车精益管理体系是以价值增值为核心，基于协同、高效的精益管理系统论和方法论，以构建高效运行的"11126"运营管理体系为主要内容，强化管理流程的逻辑性、管理要素的完整性和可执行性，实现资源高效配置和利用，提高运营效率和效益，推动企业可持续发展。制定体系是为了统一推进思路和工作标准，实现全过程、全系统的精益改善，搭建起可平移、可复制、可输出的管理模式和标准体系。

中国中车精益管理体系由五个部分共同构成，具体如下：

《中国中车精益管理体系要求：第 1 部分　总则》。

《中国中车精益管理体系要求：第 2 部分　精益制造》。

《中国中车精益管理体系要求：第 3 部分　精益运营》。

《中国中车精益管理体系要求：第 4 部分　精益研发》。

《中国中车精益管理体系要求：第 5 部分　精益供应链》。

不同企业可根据产品特点和实际管理需要，选择采用适宜的标准和条款。

一、《中国中车精益管理体系要求：第 1 部分　总则》

《中国中车精益管理体系要求：第 1 部分　总则》（以下简称"总则"）是整个体系要求的纲领和框架，规定了中国中车精益管理体系的范围、规范性引用、术语和定义、组织环境、领导作用、策划、支持、运行、绩效评价和改善等方面的内容（见图6-2）。

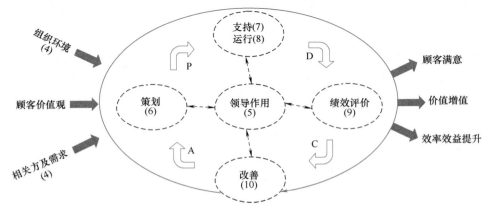

图 6-2　基于 PDCA 循环的精益管理体系逻辑架构图

体系标准条款的设置遵从 PDCA 的管理原则。

计划（P）。"第 4 章　组织环境""第 5 章　领导作用""第 6 章　策划""第 7 章　支持"，均为计划环节，强调组织在领导作用下，通过充分识别内外部环境及相关方的要求，确定体系运行的范围。从发展战略、业务运营和基础支撑三个层面进行体系的策划，并按照策划的内容提供支持、配置资源，以确保体系能够按照策划的流程与管理要求实现既定的战略目标。策划阶段要求利用精益管理的理念、方法及工具开展不同层面的改善工作，保证各层面的工作定位清晰、工作目标明确、工作流程标准、工作输出规范，形成逐级分解、逐级反馈、相互印证、协同改善的统一整体。

运行（D）。"第 8 章　运行"是体系管理的核心章节。标准要求从精益制造、精益运营、精益研发及精益供应链 4 个管理过程，通过应用"精益+业务"的方式对价值链的优化措施及要求进行了原则性的规定，并通过制定四个子标准分别对总则"8.2 价值链的优化"中的 8.2.1～8.2.4 条款进行支撑和细化。标准的 8.3 和 8.4 分别从高效协同的实现和标准化两个维度对全价值链的优化及价值增值提出更为明确的要求。

检查（C）。"第 9 章　绩效评价"从监视、测量、分析和评价以及内审和管理评审活动对体系的检查环节提出管理要求。"绩效评价"的核心目的是通过对组织内部运行的绩效进行定期的监视、测量、分析和评价，及时发现目标与实际之间的偏差，采取必要的干预和改进活动，以驱动绩效的持续改进和目标的达成。内部审核是组织对体系运行结果进行评价的方法之一，是为了证实组织精益管理体系的符合性和有效性，并针对发现问题采取纠正措施，以确保体系的有效性和持续改进。管理评审是组织对精益管理体系进行评价的方法之一，是最高管理者的一项职责，是最高管理者系统全面地了解和掌握体系运行状况的机会，它的目的在于评审有关体系绩效的信息，以便确定体系的适宜性、充分性和有效性，帮助识别薄弱环节和改进方向，并为改进活动提供资源支撑。

改善（A）。精益的核心思想是持续改善，没有最好、只有更好。"改"即"改变"，"善"即"良好""更好""令人满意"。对于营利性组织而言，"善"的具体含义是指更高的客户满意度、更好的产品或服务的品质、更高的工作效率、更低的经营成本等。改善，简言之，就是改变原来的做法，使结果更好一些。"第 10 章　改善"从改善的目标、能力、组织、方法、评价、固化、意识、环境等多个

维度对改善工作提出要求，要求企业应按"内化于心"的要求，形成具有企业特点的精益改善文化。

二、《中国中车精益管理体系要求：第2部分　精益制造》

"第2部分　精益制造"是总则中8.2.1节要求的支撑与细化。它是中国中车精益管理体系的核心标准，是通过对中国中车精益制造实践经验进行总结提炼后形成的一种指导性文件，适用于指导和规范制造企业从接单到交付过程中与生产制造有关的活动。标准对精益制造过程中涉及的工位、节拍、七大任务、作业写实等与精益制造密切相关的22项术语进行了定义，同时从制造过程策划、制造过程控制、绩效评价及持续改善等四个方面对精益制造全过程提出了管理要求。

通过标准的有效运行，识别并消除制造过程中存在的浪费，构建"精简、高效、流动、拉动"的制造系统，以工业化的速度满足市场多样化、个性化需求，确保企业有限的制造资源得到高效利用，促进"效率、效益、品质"持续提升，同时为实现智能制造奠定管理基础。

三、《中国中车精益管理体系要求：第3部分　精益运营》

"第3部分　精益运营"是总则中8.2.2节要求的支撑与细化。中国中车精益运营管理是以"标准化"与"协同化"为两大管理支柱，通过纵向"经营目标拉动的收益性改善系统"横向"订单项目价值实现的项目管理系统"和流程驱动的价值协同运营管理平台以及六大管理支撑的共同作用，构建形成以"一纵一横一平台两支柱六支撑"为核心的"11126"精益运营管理体系，实现以价值创造与持续改善为核心的高质量运营。

四、《中国中车精益管理体系要求：第4部分　精益研发》

"第4部分　精益研发"是总则中8.2.3节要求的支撑与细化。标准对精益研发工作如何开展进行了原则性的规定，要求企业建立产品谱系化、模块化、标准化、数字化的精益研发平台、管理机制及运行准则，以缩短研发周期，提高产品设计的可靠性，降低产品设计成本。精益研发是一项系统工作，研发体系建设应从以下方面着手开展工作：

一是建立产品平台库，实现产品的谱系化、通用化、标准化，提高研发效率，

提高产品的可靠性、可制造性和产品制造过程的经济性、稳定性。

二是以生产现场工位为基础，依据现有工位设计和资源配置，运用系统设计、区域设计、位置设计、数字化设计和结构设计等方法手段，开展模块化设计、工位化出图，缩短工艺准备、管理准备时间，最大限度地利用现有制造资源。既可加快项目进度，保证按期交付，又可降低制造成本，提高经济效益。

三是优化研发流程，打造工位化、流水化的研发作业流程，让合适的人干合适的事，做到专人专事，最大限度地发挥研发人员的作用，关注设计作业的节拍化、准时化，提高流程效率，缩短研发周期。要建立研发流程的管控准则，设置相应的评价指标和评价标准，建立评价机制与评价方法。

四是运用信息化手段，打造信息化研发平台，提高研发效率，实现与工艺、制造和其他信息化平台的集成和融合。

五、《中国中车精益管理体系要求：第5部分　精益供应链》

"第5部分　精益供应链"是总则中8.2.4节要求的支撑与细化。标准对精益供应链进行了原则性的规定，要求企业应建立供应链管理机制及运行准则，提高供应链的响应速度与运行效率，实现物料供应的准时化。精益供应链体系建设应从以下方面开展工作：

一是以满足客户需求为中心，协同所有供应商资源，与供应商建立战略合作关系，和供应商成为利益共同体和命运共同体。不能一味追求低价，损害供应商的利益，也不能迁就供应商的要求而损害企业利益。应建立双赢的合作模式，提升供应链的整体竞争能力。

二是从客户需求出发，以客户订单需求为导向，同步企业与供应商的行动，建立快速响应和联动机制。优化与供应商之间的业务流程和信息传递流程，建立共享的信息平台，以最可靠的产品和服务和最快的速度满足客户需求。

三是优化物流供应环节和物流配送方式，按工位、工序物料物料清单（BOM）打包储运，使用储运一体化工装，加强产品搬运过程中的防护，提高配送和交接效率，从而提高制造过程的稳定性和高效性。

四是对供应链的各个环节，从可靠性、响应速度、柔性及成本等方面，建立相关指标，以衡量其绩效，定期、适时进行评价，以发现改善机会，持续优化供应链。

第三节　工作指南

为确保精益管理体系要求落地实施，中国中车发布了一系列实施指南，以指导精益管理体系标准要求在各企业平移、复制和推广。指南的根本作用就是帮助理解体系标准要求，提供落地实施方案。指南根据推进的难点和要点进行选择性编制。目前发布的指南包括：《中国中车精益管理体系贯标工作指南》《基于精益制造的指标体系建设指南》《中国中车精益运营管理体系建设指南》，以及其他载体建设指南。

一、《中国中车精益管理体系贯标工作指南》

中国中车发布《中国中车精益管理体系要求：第1部分　总则》和《中国中车精益管理体系要求：第2部分　精益制造》标准后，结合体系贯标过程中存在的标准理解不透彻、标准执行不统一、体系落地形式化等问题，编写下发了《中国中车精益管理体系贯标工作指南（V1.0）》。《中国中车精益管理体系贯标工作指南（V1.0）》在编制的过程中，遵循理论和实际相结合的原则，在讲究系统性、规范性的同时，更为关注操作性和实用性。该指南在帮助各企业正确理解、贯彻和落实标准要求的基础上，指导各企业构建既满足标准要求，又符合自身实际的价值创造体系。

二、《基于精益制造的指标体系建设指南》

中国中车推进精益制造一直是以标准工位、精益示范区（线）、精益车间、模拟线等载体建设为重点。这些载体建设的不断深化对提高产线运行效率、夯实工位管理基础和精益现场建设水平起到了强劲的推动作用。从精益制造推广的整体效果上看，部分企业精益制造缺乏系统性精益思想、工具方法应用，存在重结果轻过程、重局部轻全局问题；制造过程的相关指标策划不系统，指标设置对制造过程的价值导向不明确；产线指标的分解和动态管控不到位，改善成效难以准确衡量；价值流持续改进机制动力不足，不能有效支撑企业经营目标实现。《基于精益制造的指标体系建设指南》旨在为各子公司在推进精益制造体系贯标和精益全价值链改善过程中，提供指导和借鉴。指南从指标体系的构建、运行机制、保障机制和持续

提升机制四个方面引导各企业通过系统建立可测量、可跟踪、可评价的指标改善体系，实现自上而下的指标牵引与自下而上的指标支撑，持续提升制造过程的安全、质量、交期、成本管控绩效。

三、其他载体建设指南

其他载体建设指南主要包括《中国中车工位制节拍化生产工作指南》《中国中车计划管理线建设工作指南》《中国中车工艺管理线建设工作指南》等，通过载体建设指南，分别对各类载体建设目标、建设步骤、输出物等进行了详细说明，通过载体建设指南有效指导各类载体建设。

第四节 评价标准

为进一步统一中国中车精益管理体系贯彻标准工作标准和模式，推动精益管理体系建设和落实，引导企业把精益管理体系持续改善的理念全面渗透和拓展到企业全价值链的每一个管理环节，中国中车建立《中国中车精益管理体系评价标准指引》，系统推进以精益管理体系贯彻标准为主体内容的精益评价工作。

评价体系由评价标准和评价准则两部分共同构成。

一、评价标准

精益管理体系评价标准分为体系要求评价标准和体系指标评价标准两部分。

（一）体系要求评价标准

中国中车精益管理体系标准包括《中国中车精益管理体系评审标准（总则）》《中国中车精益管理体系评审标准（精益制造）》《中国中车精益管理体系评审标准（精益研发）》等五个体系评审标准。评审标准中的检查项点用于评价体系实际运行与标准要求之间的差距。检查项点达标档级分为 A、B、C、D、E 五档，对应得分率为 100%、90%、70%、50% 和 30%。A 档表示该项点运行水平卓越，改善绩效显著，达到子公司同类企业标杆水平；B 档表示该项点运行质量较高，改善绩效明显；C 档表示该项点运行得到有效管控，并能持续改善；D 档表示该项点运行得到正常维持，无明显异常；E 档表示该项点运行基本正常，偶发异常，但无明显失控。评价项点评为 A 档、E 档时，原则上需要说明理由。

（二）体系指标评价标准

中国中车聚焦产品实现全过程，建立以"对生产效率指标、对资产使用效率指标、对人力资源使用效率指标"（简称"三对"）为核心的符合精益管理要求的指标体系，并通过《中国中车精益管理体系评审标准（指标）》对标落地实施。

二、评价准则

在《中国中车精益管理体系评价标准指引》中，明确了中车精益管理的评价准则，规定了评价的原则、目的、方法、层级设定、评价程序、结果认定及表彰等管理要求。

（一）企业精益管理成熟度层级设定

基于精益管理体系五个标准要求，中国中车系统策划并建立了体系成熟度评价标准。标准包括总则、精益制造、精益运营、精益研发、精益供应链、体系指标等模块。

中车精益管理体系评价采用 1000 分制。其中，体系要求部分满分为 738 分，包括总则、精益运营、精益研发、精益供应链、精益制造等内容；体系指标部分满分为 262 分。

按照现场评价分值由低到高，将成熟度分为"三阶九级二十七个成熟度"。其中，"三阶"是指精益制造、精益管理、精益企业三个阶段，每个阶段分为一、二、三级，每一级分为高、中、低三档，并赋予每个层级相应的分值。中国中车精益管理体系成熟度层级与分值对应表见表 6-1。

表 6-1　中国中车精益管理体系成熟度层级与分值对应表

阶段	子公司称号（层级）	成熟度	分数线
精益企业	中国中车精益企业一级单位（M9）	M9-1	950
		M9-2	935
		M9-3	920
	中国中车精益企业二级单位（M8）	M8-1	900
		M8-2	885
		M8-3	870
	中国中车精益企业三级单位（M7）	M7-1	850
		M7-2	835
		M7-3	820

（续）

阶段	子公司称号（层级）	成熟度	分数线
精益管理	中国中车精益管理一级单位（M6）	M6-1	800
		M6-2	785
		M6-3	770
	中国中车精益管理二级单位（M5）	M5-1	750
		M5-2	735
		M5-3	720
	中国中车精益管理三级单位（M4）	M4-1	700
		M4-2	685
		M4-3	670
精益制造	中国中车精益生产一级单位（M3）	M3-1	650
		M3-2	635
		M3-3	620
	中国中车精益生产二级单位（M2）	M2-1	600
		M2-2	585
		M2-3	570
	中国中车精益生产三级单位（M1）	M1-1	550
		M1-2	535
		M1-3	520

（二）载体项目评价层级的设定

精益管理的推进成效是理念、方法、工具与业务过程融合的结果，需要通过一定的载体呈现。在中国中车的精益评价体系管理标准中设置了精益载体项目，包括精益车间、模拟线、精益示范线和标准工位等四项。其中，精益示范线和标准工位由企业内部组织评价认定（见表 6-2）。

精益车间、模拟线由企业在内部评价的基础上推荐，由中国中车统一组织评价审定。其中，精益车间为一级、二级、三级三个等级，模拟线由中车认定"××优秀模拟线项目"。载体项目评级与得分对应表见表 6-2。

表 6-2　载体项目评级与得分对应表

载体项目	荣誉称号	分数线	相关项点
精益车间	一级精益车间	85	体系要求部分：《中国中车精益管理体系评审标准》精益制造中 5.1.1、5.1.2、5.2、5.3.1、5.3.1.1、5.3.2、5.3.3、5.4、5.5、6.1.2；总则中 10.1、10.2、10.3、10.4、10.4.1.1、10.4.1.2、10.4.1.3、10.4.1.4、10.4.1.5、10.4.1.6、10.4.1.7、10.4.1.8、10.4.1.9、10.4.1.10、10.4.1.11、10.5、10.6、10.7.1、10.7.2、10.7.3 共 30 条，标准分合计 170 分 体系指标部分：精益车间建设，3 条，标准分合计 20 分
	二级精益车间	80	
	三级精益车间	75	

（续）

载体项目	荣誉称号	分数线	相关项点
模拟线	××优秀模拟线项目	—	体系要求部分:《中国中车精益管理体系评审标准》精益制造中, 4.1、4.2.1.1、4.2.1.2、4.2.1.3、4.2.1.2、4.2.1.3、4.2.1.4、4.2.1.5、4.2.2.1、4.2.2.2、4.2.2.3、4.2.3.2、4.2.3.3、4.2.3.4、4.2.4.2、4.2.4.3、4.2.4.4、4.2.4.5、4.2.4.6、
	企业命名	—	4.2.4.7、4.2.5.2、4.2.5.3、4.2.5.4、4.2.5.5、4.2.5.6、4.2.5.7、4.2.5.8、4.2.6.2、4.2.6.3、4.3.1、4.3.2、4.3.3、4.3.4、4.3.5、4.3.6、5.6 共 36 条,标准分合计 166 分 体系指标部分:模拟线建设,标准分合计 20 分
精益示范线	企业命名	—	由各子公司在精益车间适用标准条文中,根据生产线特点自行制定评审标准
标准工位	企业命名	—	由各子公司在精益车间适用标准条文中,自行制定评审标准
优秀改善案例	中国中车优秀改善案例	—	适用于精益运营、精益研发、精益供应链等评价条款。对管理实践中的优秀改善案例进行表彰和发布

（三）评价程序

评价分为企业内部自评和企业外部评价。

（1）企业内部自评。内部自评由企业自行组织,根据公司体系内审相关文件的要求,按照体系标准开展评价工作,每年至少组织一次全面的内部审核,并依据中国中车精益管理体系评审标准和指标评审标准进行系统打分,全面评价自身体系运行情况。

（2）企业外部评价。外部评价是指由中国中车公司组织的,针对下属各企业精益管理体系运行情况开展的年度集中评价工作,每年一次。要求企业在自评的基础上,依据自评价结果,申报企业的精益管理体系层级和载体项目层级,并填写《中国中车精益管理体系层级申报表》《中国中车精益项目申报表》。评价组成员由中车精益专家组人员组成,评价组下设若干评价小组,评价小组成员不参与对本单位的精益评价。

（四）评价结果的应用

对子公司评价全部结束后,评价组召开精益管理体系评审会,听取各评价小组组长的评审报告,确定推荐企业精益管理体系层级、精益载体项目（如精益车间、模拟线等）的等级或奖项名单,经集团精益管理委员会批准后公布名单并予以表彰。

（1）中国中车对企业精益管理层级实行动态管理,精益管理体系层级、载体

项目等级的评审结果仅代表当年水平。

（2）发生重特大安全、质量、设备、火灾和经济损失事故的企业当年体系层级不得升级；精益工作推进不力，受到点名批评或通报的，酌情降级。

（3）对于连续三年未提升层级或连续两年未提升成熟度等级的企业，在企业年度效绩评价中进行考核。

（4）对首次获得中国中车精益车间称号和当年实现等级提升的单位予以奖励。

第三篇

全面精益管理之术

　　本篇主要阐述中国中车为实现全面精益管理之道的基本思想和本质追求，依据全面精益管理之法——精益管理体系的要求，具体落实全面精益管理的基本技术和方法，是践行和实现中车全面精益管理之道的具体做法，也是中车全面精益管理最具特色的核心内容。

第七章
精益制造

中国中车精益制造是以工位制和节拍化为核心要素，是在实施模拟生产线、模拟配送线，推行工位制节拍化流水生产模式，拉动管理平台和管理线对生产制造有效支撑过程中形成的最佳实践。

精益制造涵盖了订单项目进入制造现场前的"两条模拟线"策划准备、工位的"六要素"配置，以及产线的"七大任务"运行等阶段。通过运用模拟线建设方法将管理流与实物流融合衔接，辅以精益制造指标体系的监视与测量，确保在要素配置齐备的制造产线上，实现"产品制造"与"物流配送"两大环节的高效运行。中国中车通过多年的探索、大胆实践，在追求精益的道路上孜孜不倦，特别是各子公司，积极实施以精益生产为主线的理念变革及模式创新，遵循精益生产两大支柱"准时化"和"自働化"理念，结合轨道交通装备生产管理实际，取得了一系列富有成效的应用成果。例如，围绕满足客户需求而建立的基于精益制造的指标体系，围绕制造过程策划准备的模拟生产线、模拟配送线建设，围绕制造过程的工位制节拍化流水生产线建设和聚焦最小作业单元的标准工位建设，均已成为中车所属各子公司精益制造常态化的特色管理方式。其中，以工位制节拍化流水生产为主要特征的生产组织方式，在中国中车主产品（包括机车、客车、货车、动车组、重要零部件等）生产方面得到广泛应用，并在提升产品品质、提高生产效率、优化管理效益等方面取得显著成效。

第一节　变革生产方式

工位制节拍化流水生产方式是中国中车精益管理体系中最具特色的创新，它既

是适合轨道交通装备制造的生产组织方式，也是中国中车精益管理体系的基础和核心。

在导入工位制节拍化流水生产组织方式前，大型装备制造组装现场管控难度大，在传统的台位式作业模式下，异常响应效率不高，准时化配送难以保障，制造现场普遍存在搬运、等待、在制品多等浪费现象。工位制节拍化流水生产方式恰似一剂良药，精准对症原作业模式下存在的管理短板，消除生产组织过程中的瓶颈和难点，逐步以工位制、节拍化、连续流的拉动式生产方式，通过精益改善，达到提高效率、提升品质、稳定作业、有序生产的管理效果。

一、工位制节拍化流水生产方式的特点

工位制节拍化流水生产方式以实现客户需求目标为导向，围绕品质、效率和效益，通过节拍拉动式生产，从作业单元、人员配置、作业分割、生产管理等方面，运用精益生产的工具方法，发现浪费，持续改善，不断追求尽善尽美。工位制节拍化流水生产有以下特点：

1）工位化管理。

2）标准化作业。

3）平准化生产。

4）准时化物流。

5）拉动式运行。

二、工位制节拍化流水生产方式的效果

工位制节拍化流水生产方式的效果如下：

1）生产组织有序，工作目标明确。

2）易于发现、消除浪费，提升作业效率。

3）能够暴露问题，有助于快速解决生产异常。

4）生产管理简化、高效。

5）实施标准化作业，有利于提高品质。

三、工位制节拍化流水生产方式的内涵

工位是指产品在生产线上流动时，员工在一个节拍内完成规定作业内容，产品

相对停留的区域位置。工位是最小的作业管理单元，是工位制节拍化流水生产线的基础。一条生产线由若干工位连接组成。

节拍是以客户需求为依据确定的产品在工位间流动的间隔时间。节拍就是可用生产时间与需求量之比。节拍是相对生产线而言的，是指某条生产线的生产节拍。节拍是工位制节拍化流水生产线的灵魂。

流动是工位节拍化流水生产线的生产组织方式。产品是在流动中实现完整的制造过程和价值增值，流动的速度就是生产效率和价值创造速度。实现连续的流动生产，可以减少在制品和资源占用，单件流是最佳的流动。流动可以是连续的流水方式，也可以是脉动方式。

工位制节拍化流水生产线的建设过程应遵循"切""削""琢""磨"管理工法。

切：导入工位制节拍化流水生产方式后做的第一件事就是"切"，它将复杂的事情简单化。"切"是指将集体劳动切成个体劳动，将作业人员与配送人员切开，按专人专事的原则确定工位数量、工位作业内容、作业人员和装备，根据工位内工作内容编制作业指导书、物料清单、检验指导书、工位节拍计划等工位运行标准。"切"出工位后，将整台的 BOM 切分成工位 BOM，物流配送的清晰度、便利性随之而来，现场每个工位旁的线边货店变得整洁、有序，现场物料的种类、数量大大降低，作业区域的切分让现场管理难度降低，整个制造现场的"5S"管理状态大幅改善。

削：在切分工位的基础上，将简单的事情标准化。"削"是指将很多人干很多事改变为一个人干固定的几件事，进一步专人专事，通过工作写实，运用山积图、工序推移图等工具，优化作业工序内容和节拍，消除瓶颈工序，最后将作业标准和时间标准固化到作业指导书中进行标准化。工序的标准化、规范化、平衡化，让作业现场进一步发生变化。员工在不同作业工位来回走动的现象明显减少，那些因作业工序先后导致的返工、争抢天车导致的作业等待等现象，在工序推移图的规范应用下，都得到了有效控制，不再成为制约生产、影响节点的瓶颈。

琢：将标准的事情常态化，是优化现场管理模式的保障举措。"琢"是指从原有的制度管理、班组管理向工位七大任务、六要素表单管理进行转变，形成统计、诊断、对策、评价的 PDCA 循环，主要围绕安全、品质、成本、人事、生产、设备和环境七个方面展开。在生产线每一个作业工位，统一标准的工位管理看板清晰地

呈现员工作业管理信息和基础管理信息（如：工位员工组织结构图、工序推移图、安全地图、"5S"管理点检表、工位异常信息记录表、安全点检等要素表单），承载员工在日常作业开工前后的基础管理规范和要求。

磨：将常态的事情信息化，是工位的平台化支撑。"磨"是指通过模拟生产线、模拟配送线建设，为现场输出有序、标准、有效的工位六要素配置与运行标准。通过工位的数据化、信息化、数字化驱动，厘清职能部室、车间、工区、工位各层级的流程和接口，将生产要素、管理行为固化，为产品模块工位化分解和固化提供基础。

工位制节拍化流水生产组织模式的落地实施，依托于对整个制造环节的目标管理、试制环节的预先策划，以及对制造过程的有效管控，即涵盖制造过程的目标策划、制造过程策划和制造过程控制三个方面。

第二节　目标策划

为了保障整个产品制造过程的安全、质量、成本、交期等关键指标能持续满足客户需求，产线能够按工位制节拍化的运行模式高效流动运转，应建立可量化的安全（S）、质量（Q）、交付周期（D）、成本（C）、库存（I）和士气（M）目标和指标，按管理层级分解落实到具体的职能部室、管理岗位、车间、产线和工位，并作为关键绩效指标（KPI）进行统筹管理。

精益制造指标体系是指以实现制造过程的价值增值最大化为目标，应用精益的思想、方法和工具，对制造过程相关指标进行系统的策划、实施、维持及改进，以保障企业战略和经营目标的全面达成。精益制造指标体系由指标承担主体对责任范围内的指标进行维持和改善，以最小的投入实现指标的目标值。精益制造指标体系的建立明晰了指标体系落地方式和运行模式，为指标改善提供了有效的工具和方法，是全面精益管理体系运行的重要组成部分。

一、精益指标体系构成及运行保障机制

制造过程指标体系的构建重点关注的是安全（S）、质量（Q）、交付周期（D）、成本（C）、库存（I）和士气（M）六大类目标，其中存货管理可分解到交付周期和成本等指标中。整个指标体系覆盖了订单的输入到产品和服务交付的全过

程，按职能管理、作业管理要求划分出相应的层级，并对相关指标进行定义，并按既定原则、方法及统计方式等进行层层分解。

精益制造指标体系的有效实施需要完备的运行机制，主要分为指标的维持和指标的改善两大部分。以成本改善为例，将单位消耗量维持在基准的管理幅度内，这个基准的设立就是标准化的过程。它是一切指标改善的基础，在运行管理中应根据不同管理要求设定不同的指标基准。指标基准示意图如图 7-1 所示。

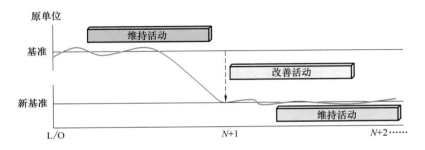

图 7-1　指标基准示意图

通过异常管理可以达到指标维持的目的。基于指标的实际完成值，对比指标基准，发现异常并进行分析，查找真因，从而实施对策。越早发现异常，越早处理，对指标的影响就越小。同时应根据指标的重要程度、发生频次等确定合适的统计周期，并针对重大异常建立单独的反馈、响应机制。

如果只进行维持活动，很难实现指标的提升改善。只有不断更新指标管控基准并持续开展改善活动，才能实现指标持续改善提升。

在指标基准改善方面，可以通过技术进步、效率提升、减少消耗和降低采购价格等改善的实施，彻底地排除浪费，实现指标提升改善。在指标水平得到良好维持，并在标准化、常态化运行的基础上，适时对基准进行修订，形成新的基准。

精益制造指标体系的运行需要相应的保障机制，主要分为制度保障和方法保障两个方面。其中，制度保障是要将指标改善结果与组织绩效指标等进行紧密的挂钩，形成协同机制；方法保障是指要灵活运用管理者督查、管理者标准作业、异常管理等措施和方法，有效保证指标目标的达成。

精益制造指标体系的建立与实施是一个持续改善的过程，一方面精益制造指标体系的运行需要与日常管理相结合，并建立相应的支撑体系；另一方面要注重精益

工具的活用、精益文化的营造，提升精益制造指标体系的生命力，实现持续改善的目标。

二、精益制造指标体系的架构

根据一般企业组织管理层次的划分，指标体系可分为四层，自上而下分别为 T1~T4，T4 是子公司（事业部）级指标；T3 是子公司专项（车间）或职能管理级指标；T2 是子公司项目组或产线（机加工类工段）级指标；T1 是班组、工位（作业岗位）级指标（见表 7-1）。

三、精益制造指标体系的构建及应用原则

精益制造指标体系构建及应用要遵循精益的理念和原则，并具备相对完整的组织体系架构，确保工作有效落实。

指标的设定要面向客户需求，要基于客户的价值导向来设计指标体系，清晰定义客户需求，提升面向制造过程要素配置和使用的合理性和有效性，增加投入产出比。

指标体系的设计要聚焦经营目标，指标体系要基于企业主营业务的核心指标进行构建，各层级指标自上而下贯通，逐层分解，形成从公司经营层面到现场操作层面的数据链，理顺逻辑关系。

指标要可跟踪、可测量、可评价，统计、收集要简单易行，减少管理成本。公司经营层和现场操作层首末两端的指标不宜过多。所有的指标要进行规范定义，明确统计周期等数据字典属性。指标的目标值通过分解经营目标、历史水平和外部对标等方式确定。

精益制造指标体系必须建立联动机制，各子公司下属的实体公司、事业部、车间和职能部门等可根据精益制造指标体系的机制对本部门的指标体系进行优化、重构，以满足精益制造的要求。要形成上下贯通、联动改善的机制。

精益制造指标体系要提高运用精益方法论的能力，在指标的维持和改善方面，要充分应用精益的工具、理念和方法，明确指标改善的做法和相关精益工具、方法之间的关系，促进改善成果的固化和长效化，加强精益相关理念和工具的导入及培训，持续提升全员改善能力。

表 7-1　某企业 T1～T4 层级的结果（过程）性指标

指标维度＼组织层级	安全（S）	质量（Q）	交付周期（D）	成本（C）	库存（I）	士气（M）
子公司（事业部）级指标（T4）	零死亡 零重大事故 零新增职业病 零火灾火警	项目质量损失率 交检交验不符合项数 在线运行故障点数	订单准时交付率/月 订单计划节点对标/月 生产交付计划达成率/月	直接人工成本占比/月 制造费用占比/月 成本偏差率 外协率	存货总额 产成品/在制品金额 一年以上存货应收账款	改善提案数 提案改善效益 多能工数量
子公司专项（车间）或职能管理级指标（T3）	x起轻伤 全员安全培训合格率 职业病危害检测合格率	内部质量损失率/周 一次交验合格率/周 无返修返工	订单计划节点对标/周 生产交付计划达成率/周	直接人工成本占比/月 制造费用占比/月 标准成本下降率	产成品/在制品金额 异常采购差异率	改善提案数 多能工数量
子公司项目组或产线（机加工类工段）级指标（T2）	危险源点检率 安全自查次数 消防设施完好率	产品质量缺陷数/日 一次交验合格率/日 报废损失金额 无让步接收	生产交付计划达成率/日 产线节拍达成率/日	工时利用率/日 原材料、辅助材料、消耗材料、工位器具符合标准 加班比率	在制品数量 产成品数量 账物一致率	改善提案数 多能工数量
班组、工位（作业岗位）级指标（T1）　结果性指标	安全隐患发现数 无隐患 无违章	产品质量缺陷数/日 一次交验合格率/日 首检通过率	生产交付计划达成率/日 工位节拍达成率/日	工时利用率/日 原材料、辅助材料、消耗材料、工位器具符合标准 加班工时	在制品数量 产成品数量	改善提案数 多能工数量
班组、工位（作业岗位）级指标（T1）　过程性指标	危险源识别和消除 无未识别危险源 员工安全培训率	直通率 不合格数量 报废数量	每日工序节拍达成	作业时间符合标准 工时 工时效率	原材料、在制品、产成品品种（数量上限和下限）	提案参与率 多能工培养率 计划完成率

第三节 流程策划

在订单项目的执行过程中，无论在设计、工艺、采购流程本身，还是在流程间的衔接点，各类管理流、信息流均存在孤岛及各部门进度与项目计划脱节的现象，大量的问题在实物量产过程中才被发现，伴随着大量的设计变更、工艺变更，批量性质量问题的发生，造成生产周期滞后及生产成本增加。因此，在产品进入批量生产制造之前，需要对可能影响整个制造过程的相关内容进行策划，如生产节拍策划、生产工位策划、作业岗位策划、制造资源策划、管理项点识别、管理流程策划等内容，以保证产品在批量生产制造时，能按照"六化"安全、经济、高效地运行。

我们将制造过程的预先策划及验证工作称之为模拟生产线建设，其中对物料供应及配送过程的预先策划及验证工作称之为模拟配送线建设。

一、节拍设计与工位策划

生产节拍是由客户的需求决定的，但在开展生产节拍策划时，应充分评估分析客户需求、当前企业内部的制造资源能力、项目风险等因素，然后进行生产节拍设计，以此满足客户对产品交付的要求。

在对生产节拍设计好之后，需对产线与工位进行设计与布置，保证产线的经济性、柔性，以使产品按照"六化"要求进行生产。工位设计过程应充分考虑作业安全性、物料定置、作业空间、员工作业路径的合理性、人机工效性、作业经济性等因素。

在生产制造策划时，需要将作业的组织方式和要素标准细化到作业岗位上。通过对工位实际工作量的测量和分析，在保证节拍的前提下，将作业细化到各个岗位，结合岗位对作业内容的再组合和再平衡，实现工位作业效率的提升。作业岗位应是生产作业的最小执行单元，作业岗位化则是实现管理精细化、定量分析作业细节、促进作业改善的基础。工位策划与作业岗位设计是企业实现智能制造的必要步骤，是实现智能制造的基石，也是优化产品制造平台的前提之一。

二、制造资源的策划

制造资源策划是基于整体最优，运用科学的方法，它对企业的各种制造资源和企业生产经营各环节进行合理有效的计划、组织、控制和协调，达到既能连续均衡生产，又能最大限度地降低在制品和库存量，进而提高企业经济效益的管理方法。

在制造资源策划过程，企业需要对生产现场各生产要素（人、机、料、法、环、测）进行合理有效的计划、组织、协调、控制和检测。同时，要充分考虑要素之间的交叉与干涉，识别管理项点，将安全、品质、生产、成本、设备、人事、信息等七大任务，转换为具体的、可操作的管理动作。对识别输出的七大任务管理项点，按照精益管理、工位制节拍化流水生产等相关的要求，制定各管理项点的管理标准、管理流程和评价标准，确保产品制造过程有序、高效、经济，逐步实现生产制造管理过程的规范化、标准化和自働化。

三、产品的试制

在产品批量生产之前，选取一个较小容量的产品样本（例如一列或者两列车，一百个成品部件等）进行试制，编制试制大纲，制订试制计划，贯穿试制准备、试制实施和试制总结验证三个阶段，通过问题评估改善，使试制过程中暴露的问题得到解决，避免在批量生产时重复发生。整个产品试制阶段是对工位六要素配置及运行标准有效性的检验和验证，并对验证出的问题进行改善，将结果进行标准化。

第四节　过程控制

制造现场的高效、有序运转，建立在对整个产品制造过程有效控制的基础上。过程控制的目的是确保产品能够按照客户的需求按期交付，产品质量能够满足客户的要求和期望，同时降低企业制造成本，提升企业的生产制造效率和效益。

一、生产计划管理与节拍控制

企业要对所有生产任务做出统筹安排，具体拟定每个生产工位的生产计划，计划内容包括但不限于品种、数量、质量和进度等内容，同时要确保生产计划与客户交付需求同步。也就是说，在满足客户要求的三要素"交期、品质、成本"的基

础上，需要对生产六要素"人、机、料、法、环、测"制造资源进行必要的统筹安排、综合平衡和整体规划，确保生产计划均衡；同时，也需借助制造管理信息化系统（如 MES 等），将计划、节拍指令清晰、快速地下达到产线及工位，高效地拉动生产系统运行。

在按照生产计划执行工位制节拍化流水生产过程中，为了预防异常情况发生或者在异常发生后能够得到快速处置，需要对生产节拍进行有效控制，即平准化生产，目的就是减少节拍化生产的影响因素，确保工位制节拍化流水生产正常运行。通过开展现场节拍写实、节拍兑现率、生产计划达成率分析等相关工作，识别并消除生产过程中存在的问题与瓶颈，实现制造资源利用最大化，逐步提升产线平衡率，从而提升企业的整体生产效率。

二、物流配送管理

物流配送管理是企业的物料管理单位按照生产计划的要求，将物料从库房或本地供应商库房按节拍、按工位，准时、准确、高效地配送至生产工位的一种物料管理方式。物流配送管理的目的就是物料能够得到准时、准确、高效的供应，保证工位制节拍化流水生产不受物料因素影响。它包括运输、存储、包装、装卸、配送、流通加工、信息处理等活动，强调在必要的时间，供应必要数量的必要产品。

因此，企业要建立物流管理制度，制定物流时刻表，按照"时量"原则，确保物料在供应商运输、交货、中转、库存、分拣、配送等各个环节有序受控，确保物料能够准时、准确地配送至生产工位，并且要建立异常物料的应急预案，通过对物料配送过程进行实时监控，对于物料出现异常时能够立即启动应急预案，做好物料的补送、退库工作，确保工位制节拍化流水生产按节拍和计划兑现；同时在生产组织过程要开展异常的统计、分析及改善工作，持续提升配送作业效率和质量。

在配送过程中，为减少搬运次数，消除库房分拣物料的动作，储运一体化工装的应用必不可少。储运一体化工装是根据物料的大小、形状、规格等特性制作的单一物料或多个物料转运的配送工装，它既是供应商至库房、库房至生产现场的运输工装，也是库房的存储工装，真正实现在物流配送全过程的有效应用。

物流配送环节的持续改善，离不开对物流配送指标的监视与测量，需要做好物料齐套率、配送及时率等指标的应用改善。齐套率是衡量物料是否齐全的指标，配送及时率是衡量物料配送是否按工位、按节拍准时、准确配送的指标。通过对以上指标的持续统计、分析和改善，实现物料管理效率的持续提升。

三、工位作业管理

作业标准是在对作业系统调查分析的基础上，以工序为依据，将现行作业方法的每一个操作程序和每一个动作进行分解，以科学技术、规章制度和实践经验为依据，以安全、质量、效益为目标，以作业岗位的人员动作为顺序，对作业过程进行改善，从而形成一种优化作业程序。

企业要对作业标准进行不断优化，在策划阶段完成作业标准的编制工作，在试制阶段通过产品试制过程验证作业标准的符合性并开展作业标准的优化工作；作业员工按照作业标准文件执行节拍化生产，实行标准作业。在产品量产阶段，工艺部门需运用视频法或者秒表法等写实方式，定期开展节拍作业写实工作。依据写实结果应用工序能力表、标准作业票、标准作业组合票、山积图等方式实现，不断优化生产节拍及资源配置，帮助不断提升产线的线平衡率，同时不断优化作业标准，逐步达到安全、准确、高效、省力的作业效果。

在产线的日常运行过程中，逐步建立作业员工执行作业标准的相关管理制度，定期对生产工位作业员工执行作业标准的情况开展工艺纪律检查，将检查结果通报，并落实奖惩措施，确保标准作业得到落实，取得实效。

四、"七大任务"管理

开展"七大任务"管理的目的主要是能够持续消除现场的各项浪费，对工位管理进行持续优化，使生产高效、质量可靠，满足企业、客户和员工的需求和诉求。"七大任务"管理是生产工位上的所有管理项点及管理内容的统称，它按照职能可以分为安全、品质、生产、成本、设备、人事、信息管理等。每项管理工作并不是独立存在的，单独开展其中一项管理工作是无法取得理想中的整体成效的，所以"七大任务"之间要实现联动和协同。

首先，要建立以生产工位为管理对象的生产组织模式。明确每个工位上各职能管理的支撑人员，搭建职能管理的支撑系统。同时要建立异常管理制度，明确异常拉动、响应、处置、改善的流程，并严格执行。其次，设立生产工位安东系统。当工位发生异常时，异常能快速传递至相应支撑人员，确保生产异常能够得到快速的响应和有效处置，最大限度地减少异常对工位制节拍化流水生产的影响。同时，要

对工位上的各类异常信息进行统计分析、制定再发防止措施，减少或消除工位上异常的发生。

企业要将生产工位上的管理内容和管理项点，按照"标准化、流程化、表单化、信息化"的思路，在工位上设立目视化的工位管理看板或建立信息化的表单管理系统，实现"七大任务"表单化、信息化，坚持开展日常点检，且要留有记录。

通过持续开展5S、全员生产保全（TPM）、目视化、班组管理、标准作业、改善提案、异常管理、精益物流、快速切换、防错技术、价值流等精益工具的运用，持续识别并逐步消除现场工位的各种浪费，对工位管理进行持续优化。

工位制节拍化流水生产方式在中国中车各子公司制造现场得到了广泛的应用和推广，生产作业模式的科学性、合理性、高效性得到了有效的验证，其清晰的工位切分、精确的节拍控制、高效的产品流动，确保了标准作业、准时化配送等精益工具在整个制造现场的落地实施，为制造单元的人机协同、智能化升级、数字化转型奠定了坚实基础。

案例一　模拟生产线建设

一、现状分析

2013年，中国中车旗下某子公司承接了大量的城轨车辆市场订单，在手订单多达13个整车项目，其中城轨市场首列车交付期要由18个月短至13个月，原有的项目执行能力面临严峻挑战。

如何缩短试制周期，按照工位生产需求按期兑现试制计划，提早进入节拍式量产，是对企业项目管理提出的新挑战。该公司作为集团公司首批推行精益生产的子公司之一，为能够在项目执行中有效地将管理流向实物流转换，尽早实现节拍化流水生产，根据集团公司统一部署，承担了模拟线建设试点工作，并在2017年成功建立、固化两条模拟线建设机制。通过建设模拟生产线，一方面使管理前移，为制造端提供服务，提前暴露问题；另一方面拉动前端管理信息流有效、准确运作，不断优化管理职能，成功应用于南京3号线、南京10号线等诸多项目，效果明显。试制周期由之前的6个月缩短为3个月，大幅节约了项目成本，并且为其他项目的生产争取了试制时间。

随着市场环境的逐步发展，市场对产品交付周期、产品种类、产品质量等方面提出了更高的要求，进而对模拟线建设的有效性、柔性、准确性也提出了更高要求，需要结合数字化模拟仿真、大数据、AI等技术升级模拟线的场景应用。2020年后，该公司结合数字化转型及信息化平台建设，以模拟生产线建设机制为基础，开展模拟生产线信息系统升级建设。

二、目标设定

1）以数字结构化工艺设计为基础，助推制造舱建设。

2）以模拟生产线为管理基础，推动产线资源匹配模拟。

三、具体做法

1. 以工艺设计为基础，助推制造舱建设

1）车体焊接数字化建设：通过车体焊接数字化模块开发，实现了车体组装、焊接、探伤工艺文件在不同项目、工位的协同工艺设计。通过焊接系统模块实现焊接接头自动匹配焊接工艺、焊工资质，自动下达现场焊机。焊接监控系统及时报警并记录现场异常焊接参数，大幅提升了焊接标准及质量，避免批量质量事故发生。

2）车体涂装自动化产线建设：形成打砂、底漆、打磨、中涂、面漆等自动化智能化制造单元，实现节能、环保、安全、高效的车辆涂装全流程作业。信息管理系统与现场自动化装备数据互联，形成集计划管理、远程协同、设备管控、质量控制、数字孪生三维动态展示、可视化监控、碳排放数字化管理、决策支持等生产全要素、全过程管控的数字化产线。

3）车辆侧窗玻璃涂胶及装配自动化建设：建成了全自动玻璃粘接生产线，已在64辆地铁生产中应用，生产节拍在2h/辆以内。生产人员减员50%，检验效率提高60%。通过产线中控与MES系统数据联通，实现从工艺设计、生产计划下达，到生产过程数据实时采集、产品质量追溯管理的全流程数字化应用。

4）总装数字化产线建设：基于"6621"中车精益管理模型，打造基于工位制节拍流水线的数字制造运营平台，形成制造工位与模拟线之间的数据互联互通，实现设计工艺制造数据一体化，全产线管理无纸化，可提供制造过程成本分析及智能终端数据自动化采集和追溯，有力支撑公司产品全生命周期管理。

5）数字化调试建设：实现设计—MES—二级平台与智能装备的数据传输，将

调试工艺设计到制造的全流程数据予以贯通，达成了工艺设计数据直接指挥生产现场智能设备操作的目标，为调试车辆"全产线""全项目"和"全流程"的数字化管理打下坚实基础。

2. 以模拟生产线为管理基础，推动产线资源匹配模拟

基于"全项目"的工艺管理流程、结构化工艺文件及工艺技术管理模块，分别形成了"工艺项目管理驾驶舱""工艺设计驾驶舱""工艺技术驾驶舱"。模拟生产线建设实现全流程工艺设计，并在全项目上应用，工艺管理线内全功能模块均可复制、平移。

1）基于"全项目"的工艺管理流程，深化数字化工艺管理线建设，形成了"工艺项目管理驾驶舱"。实现了项目工艺管理九大阶段的工作项执行全流程管理。建立工艺技术管理模块，规范业务流程，基于项目数据，建成"模拟生产线驾驶舱"。数字化精益工艺管理线的建设，将精益制造理念和工艺设计进行了有效衔接，实现了工艺模式创新。突出数据驱动，将工艺管理数字化，提升工艺管理质量，缩短工艺设计周期。降低生产成本，减少碳排放，形成知识产权，建成了可平移、可复制、可推广的数字化精益工艺管理线，起到了行业示范作用，增强企业核心竞争力。

2）创建结构化工艺设计方式，通过策划层与执行层数据交互，实现工艺数据驱动现场执行，工艺设计方面，建立电气线束 EPLAN 版的功能开发、应用。

3）模拟生产线模块优化改造。建设模拟生产线，将数字工艺系统内的工艺资源以工位六要素的形式体现，通过接口程序将数据推送给现场 MES 端。每个要素的数据均来源于数字工艺系统，其中，"人""机""环"取自工位制文件，"料"取自工艺 BOM，"法"取自作业指导书，"测"取自质量检验文件及检验记录表。数据根据工位信息，自动汇总至六要素管理框，总体工艺师在"模拟推演"阶段需要对每个要素的信息进行确认，无误后将数据推送至现场 MES 端进行数据评估，当评估出现问题时，现场反馈实时状态及详细信息，工艺修正后以增量的形式继续推送至现场 MES 端，直到评估完成；在杭四 2 期、宁句城际、杭快线上实际应用。

四、效果描述

1. 形成工艺数据"三全"覆盖应用场景

初步完成车体焊接、车体涂装、玻璃粘接、车辆总装及整车调试等精益数字化工位及产线应用场景，实现工艺数据在车辆生产过程的"全产线""全项目""全流程"覆盖。各产线产能已可满足市场订单需求，按照公司数字化转型规划，数字工艺设计及数字化产线建设已初具成效，形成制造工位与工艺系统之间的数据互联互通，实现设计工艺生产数据一体化，全产线管理无纸化，可提供制造过程成本分析及智能终端数据自动化采集和追溯，有力支撑公司产品全生命周期管理。

2. 项目准备标准化程度提升

数字化精益工艺管理线建设已经完成了标准化转型升级，工艺准备周期由3个月缩短至1.5个月。形成了一套具有可复制、可平移、可推广的综合工艺管理系统，已在公司转向架研发部、服务技术部推广使用，起到了行业示范作用，增强了企业核心竞争力。

3. 提升项目完成效率与质量

通过数字化精益工艺管理线的搭建，实现了基于数字化的项目管理、工艺设计、工装工具管理、虚拟验证、技术变更等各个环节的数据互联互通，同时借助数字化和智能化手段，进行大量的智能判断和决策，在多项目的复杂工况下，不增加人员等资源的投入情况下，将技术问题闭环周期由15天缩短至7天，试制技术问题数量降低约30%，转段前技术问题闭环率提高至99.7%。项目由试制转批量后，由工艺三新引起的生产异常为零。

案例二　330t电动轮总成订单项目模拟生产线建设

一、现状分析

330t矿用自卸车项目为国家强基工程项目，中国中车某子公司作为重要部件——330t电动轮的供应商参与矿用自卸车国产化。该项目是公司主机新造市场的首个批量项目，对公司由检修市场向新造市场拓展，提高市场份额具有重要战略意义。同时，作为开发的最大吨位的矿卡电动轮集成系统，它包含电驱动系统、湿式行车制动系统、干式驻车制动系统和多级行星传动系统四大系统，具有集成度高、结构复杂的特点，生产制造难度大，是国内首款完全自主知识产权300t以上电动轮产品。

2021年2月，该公司接到订单，要求当年8月5日完成样机试制和型式试验，8月15日交付首批两台，11月30日前交付完。项目交期短、困难大。只有要求从

技术攻关到生产制造，从样机试制到批量交付，均做到无缝衔接，才能实现产品的顺利交付。面对困难，该公司项目团队迎难而上，结合模拟线建设，完善工位制节拍化流水线，系统解决交付问题。

二、目标设定

1）质量目标：一次性通过客户首件检验（FAI），一次性交检合格率为100%。

2）成本目标：单台成本不低于××万元。

3）进度目标：实现1.5天/台的产出，实现20台电动轮订单顺利交付。

三、具体做法

具体做法见模拟生产线工作表（见表7-2）。

表7-2 模拟生产线工作表

序号	工作阶段	工作内容	精益工具
1	模拟策划	（1）结合项目需求，通过模拟产品制造平台评审，选定以290t电动轮为典型产品的制造平台，对标分析330t电动轮与290t电动轮的相同和差异 （2）做好"三新"与"三旧"识别，"三新"方面如330t电动轮的机架较290t机架长，总长达到了2322mm，超出了目前使用的2.5m立车的高度行程，另外330t机架大端增加了2处通风罩焊接，其轴承档直径也较290t机架增大了87mm，需要提前制订应对措施。同时，在"三旧"方面发现其中有铸造缺陷的质量异常，涉及机架、二级架及轮毂等。基于客户和项目需求，以及制造平台的能力要素，初步确定目标生产节拍以及目标成本	SMART
2	模拟启动	召开项目启动会，明确模拟线项目成员分工、目标、管控侧重点，评定模拟线策划方案和里程碑节点的可实施性，项目组内部达成共识	价值流分析
3	模拟准备	（1）设计准备，通过工艺性审查反馈，设计源头开展第一轮优化工作。设计完成风险识别、图样受控、零件重要度识别以及数字样机的落地，在设计图样、"三新""三旧"识别等输入文件的基础上，完成工艺路线、失效模式识别的输出 （2）工艺准备，以工艺管理线为指导，重点输出六要素配置的清单，传递至各管理平台及管理线进行同步准备工作，以工艺BOM触发模拟配送线的准备工作 （3）计划准备，基于交付计划、工艺规程以及节拍设计方案，对项目计划进行分解，分析评估核心制造资源，并输出资源配置计划及生产线建设方案 （4）质量准备，围绕"三新""三旧"识别出的项点，进行专项改善工作 （5）采购准备，关注内外部物流，外部通过在地图上标注主要供应商的地理位置，方便取送货时选取合理的物流路线	节拍拉动价值流分析、标准作业

（续）

序号	工作阶段	工作内容	精益工具
4	模拟推演	形成问题清单31项	头脑风暴、防错技术
5	模拟评估	逐项评估问题,制定对策措施和验证计划,逐条闭环。调整合并工序,减少流转;落实降本对策,重点开展机架加工降本,分别从刀具、切削参数、工装三个维度进行优化	ECRS分析法
6	模拟验证	通过型式试验+装车考核,指标达成率、成本核算结果等实现全要素验证。以首套试组装为载体,根据模拟准备文件,在模拟推演和模拟评估的基础上,发现问题和异常,并将产生的问题及异常点及时反馈,问题整改后固化成标准作业文件,为正式批量生产做好准备。	标准作业

四、效果描述

1）项目质量方面：通过项目实施，提升了产品的质量稳定性，最终一次性通过客户FAI，一次性交检合格率为100%（组装），质量损失低于项目预期目标。

2）项目成本方面：结合模拟线实施，采用价值流分析和工艺改善等工具方法，有效降低产品制造成本，控制电动轮总成成本在××W/台以内。

3）项目进度方面：有效缩短产品生产周期，实现1.5天/台的电动轮出产，完成项目范围内20台电动轮顺利交付。

4）管理提升方面：建立了基于典型产品，涵盖"人、机、料、法、环、测"六要素及"节拍、成本、产能"等能力要素的模拟产品制造平台，加速了模拟线的建设和提升。

五、推广应用

通过该项目实施，不仅提升了产品质量稳定性，降低制造成本，缩短生产周期，还完善了基于典型产品，涵盖"人、机、料、法、环、测"六要素及"节拍、成本、产能"等能力要素的模拟线建设工作。通过明确各管理线、管理平台在模拟线建设各阶段的输出内容，架构出一个完整、协同、高效的精益屋模型，在流程细化和管理提升方面取得较好效果，为该公司后续其他产品开发提供了参考。

案例三　动车组转向架装配数字化精益产线建设项目

一、现状分析

该项目以国家"十四五"规划及中车"十四五"发展战略为导向，以具备良

好精益管理基础的转向架装配产线为试点，开展数字化精益产线的数据驱动生产、质量自动检测、现场自动监控、风险识别及预警、数据增值应用等关键技术研究与应用，构建工位制节拍化标准生产线，深化应用 MOM 等生产制造运营管理系统，推动工厂数字孪生平台建设，打造以数据驱动的、具备显著智能制造特征的数字化精益产线。

二、目标设定

1. 项目背景

随着市场对产品质量、运营等方面需求的日益提升，对产品制造过程的质量控制、快速交付、成本控制提出更高要求，需要通过数字化技术实现工艺策划、生产制造过程的模式变化，实现生产效率、制造周期与成本管控等方面的改善。

2. 改善方向

设备智能化：加速推进设备升级改造，提升设备数据交互能力，构建数据模型，初步形成数据业务化的分析机制。

资源网络化：建设安全可靠的车间级工业网络，实现产线各类资源的互联互通，实现制造过程的可视化管理。

业务数据化：通过公司各业务系统的集成应用，形成各类数据向生产过程的投射及生产过程数据向业务系统的回填，有效支撑精准决策。

生产数字化：深化 APS、制造运营管理（MOM）等系统应用，向上拉动物料精准配送，向下驱动生产作业执行，实现数字化高效生产。

3. 改善目标

改善目标表（见表7-3）。

表 7-3　改善目标表

	数字化产线建设指标	数字化产线运营指标
目标 效果	工艺文件结构化推送率为95%	生产效率提升5%
	工艺资源策划覆盖率为100%	设备利用率提升10%，设备故障停机率降低10%
	虚拟仿真工位覆盖率为100%	质量履历无纸化率为95%，一次性交检合格率为98.5%
	关键设备联网率为100%	现场减员10人
	技术数据贯通率为100%	能源利用率提升10%
	实现产线生产数据的可视化	管理成本降低10%

三、具体做法

1. 深化应用 MOM 等生产制造运营管理系统

深化应用生产制造运营管理系统（MOM）及高级排程系统，固化工位制节拍化管理模式，集成产品数据管理（PDM）、供应商关系管理（SRM）、QMS、ERP系统数据。通过数字化系统建设，打造基于有限产能约束条件，建立强计划管理模式；推动物料追溯，管理物料在仓库与产线的所有物流执行过程；匹配多种典型产品制造管理过程中的制造资源，满足实体资源日常的领用、调拨等业务流程的固化。

2. 结构化数据驱动产线运行技术开发应用

基于现有的新造工艺和检修工艺功能，扩展开发结构化工艺文件、质量文件的策划功能；规范建立标准工艺知识库、工艺资源库。基于 MOM 系统进行现场执行端的功能开发，显示结构化指导文件，对操作人员进行工步级指导与控制。与物联网（IoT）平台、QMS 等系统进行数据互通，实现设备执行数据的自动采集，便于产品制造过程质量数据的追溯与分析。

3. 设备互联互通技术开发应用

构建安全稳定的工业网络，在 MOM 系统和具体硬件资源之间建立一套标准化的工业互联网平台（见图 7-2），向上承接 MOM 系统的工单、物料、资源需求等数据，向下连接现场制造资源。

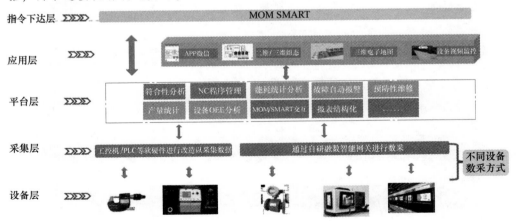

图 7-2　IoT 系统架构

自主开发基于 5G 技术的智能网关（融数智能网关），与 IoT 平台进行数据贯通，针对数控设备、智能扭矩设备开发程序管理系统，实现作业程序自动调取、自动管理功能。建立以 MOM、SMART 系统为指令下达层，以数据驱动设备运行与过程数据高效回传的动车组全制造过程的数字化精益产线运行机制。

4. 产品质量及现场安全视觉监测技术开发应用

对现场人员、质量、物料、安全等进行监控和识别，实现人员、物料、设备的实时位置结算与显示，产线现场及关键工位异常信息的智能捕捉和预警推送，并与其他平台进行数据交互，实现自动考勤、自动工时计算、产品质量控制、异常预警等自动化功能。

5. 大数据增值技术开发应用

构建生产制造过程大数据分析平台，通过 MOM、SMART、IoT 等系统平台进行数据抽取，同时构建不同业务需求的数据分析模型，经过分析运算，推送至现场可视化终端，数字化、直观地展现"人、机、料、法、环、测"的实时状态，实时反映产线生产过程的各项指标状态。

6. 建设工厂数字孪生平台

构建数字工厂平台框架，推动工厂数字孪生技术应用。通过空间地理信息技术、虚拟现实技术、模拟仿真技术、计算机图形技术、大数据技术等新一代信息技术手段的应用，建设与物理工厂同步映射的三维虚拟工厂，实现工厂全要素孪生，从而辅助整个生产制造的过程管控，赋能传统制造，通过数字工厂平台建设，实现生产过程透明化，信息从操作层、管理层、决策层同步传递。

四、效果描述

1. 实现以数据驱动的生产模式转变

以转向架制造中心总成产线组为标杆，完成该公司首条数字化产线建设工作。在生产模式方面，将传统模式向数字化模式转变，通过对生产过程的结构化驱动，打通策划端与执行端的数据链条，已完成多个产品项目的上线验证并基本具备新造、检修项目一体化上线应用的能力。

2. 建立数据驱动的产线管控模式

在管理创新方面，通过工业互联网、5G 信息技术、机器视觉识别技术、UWB 无线定位技术、大数据分析等技术集成应用，推进生产管控模式的全面革新，提高

了产线人员、设备的工作效率。通过生产数据平台"人、机、料、法、环、测"全要素指标分析、成本绩效分析及推送功能，提升产线数据透明度，大幅提升了产线管理效率和决策质量。

3. 基于数据信息同步映射，建立三维智慧工厂

在产线可视化方面，建立与物理工厂实时同步孪生的虚拟工厂，集成 MOM、IoT 系统数据，在三维场景中实时查看现场各个工位的生产任务与执行进度等。在虚拟仿真应用方面，三维模型场景（见图 7-3）可支撑主流仿真平台调用，实现物流布局仿真、装配人机仿真分析，助力企业数字化转型升级。

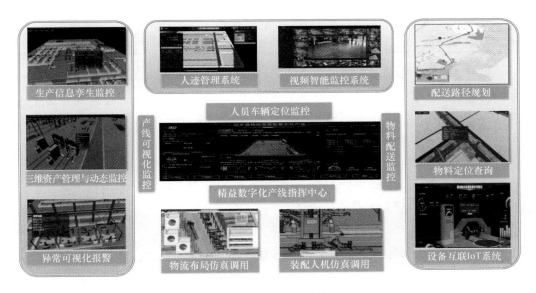

图 7-3　三维模型场景

该项目产品质量实现大幅提升，一次性交检合格率达 99%；人均劳产率提高 10%；生产效率提高 20%；产品不良率降低 20%；生产运营成本降低 20%；单位产值能耗降低 10%；生产计划兑现率达到 95% 以上；节拍兑现率达到 95%。

案例四　机车新造工位制节拍化流水生产线建设

一、现状分析

中国中车某子公司主要承担各种型号机车、城铁的新造和检修任务，其中机车

新造产线长期以来生产组织模式较为粗放，在产品交付、质量提升、成本管控等环节存在诸多问题，已无法适应企业发展的要求，具体如下：

一是产品制造周期难以控制。由于缺少节拍概念，对生产进度把控不够，经常采用加班方式抢生产进度。

二是过程质量问题反复出现。由于人员作业岗位不完全固定，因此变化点管理较为困难，导致质量问题较多。

三是生产制造成本居高不下。由于各产线多采用批量生产、台位式生产，造成存货较多，生产现场浪费严重。

二、目标设定

以机车总装产线为拉动力，实施全产线工位制节拍化流水线生产模式，实现制造周期缩短、质量水平提升、人员投入降低的目的。其中，主型产品制造周期缩短5%，平均质量提票降低10%，作业人员减少10%。

三、具体做法

1. 确定生产节拍，切分生产工位

坚持"全产线一个节拍"的理念，在对市场订单、客户需求进行分析研判的基础上，结合公司发展规划，以6轴货运电力机车为主型产品，确定主生产节拍为210min，并按该节拍对全部产线进行工位切分，形成产线工位清单，为制造资源的细化管理奠定基础。取消原来的工区、班组设置，将产线和工位作为管理层级直接纳入组织架构中，建立分厂、产线、工位（班组）三级组织，将过去通过管人来管生产的粗放式管理模式转变为以产品交付为目标、以节拍达成为准绳、以标准作业为支撑的精益生产模式。

2. 完善产线规划，推广物流配送

在明确节拍、工位的基础上，应用精益工具对各产线开展工艺流程及价值流分析，从工艺改进、布局调整、作业组合等方面对产线进行优化，消除瓶颈工序，提高作业效率，保障节拍达成。优化物流配送模式，取消各生产单位原有的二级库房，将作业人员领料制转变为物流人员送料制，推广按节拍、按工位、按BOM配送，进一步释放作业人员能力，让专业的人做专业的事，支撑

准时化生产。此外，通过准时化配送拉动采购端实施准时化采购，减少库存和资金占用。

3. 细化管理标准，强化职能支撑

在完善作业标准的同时，细化管理标准，通过强化现场 5S 管理、完善目视化标准、优化工位管理表单等手段，将工位六要素（人、机、料、法、环、测）的管理要求进行标准化、目视化，保障标准作业的有效落地。以产线长为牵头组建职能支撑团队，包括工艺、质量、设备、物流等相关职能，通过建立产线标识板、价值流图看板、产线运行看板以及导入每日层级职责会议等，建立完善产线运行机制，拉动各职能管理聚焦节拍，实现对现场进行服务的目的，从而保障工位制节拍化流水生产得以有效实施。

4. 开展持续改善，推进数字赋能

建立完善持续改善机制和精益改善文化，围绕产线建设及运行开展自上而下的部室改善课题和自下而上的员工改善提案，对优秀案例及人员进行表彰，激励作业人员和管理人员持续提升产线运行效果。在上述产线建设工作基础上，按照精益化、标准化、数字化的路径，导入 MES 应用，开展生产指挥数据驾驶舱建设，实现对项目制造过程的数据化、透明化管理，将精益制造模式以信息化、数字化方式进行固化，实现效率效益提升。

四、效果描述

通过开展产线建设工作，实现了工位制节拍化流水生产方式全产线落地实施，有力推进了生产组织模式的深刻变革。

1）机车新造周期平均缩短 10%，主型产品节拍达成率达到 90% 以上，生产交付得到有效保障。

2）机车交检提票率平均降低 12.8%，机车责任故障件数同比降低 7.5%，质量损失率同比降低 31.6%，过程质量控制提升明显。

3）机车新造产线作业人员减少 15.2%，主要产线工序间在制品降低 40%，增加值劳产率同比增长 35.1%。

4）完成年度改善立项 50 项，改善提案 9173 件，人均提案 1.63 件，员工参与率为 64.8%，实现改善增利 2450 万元，改善文化已经逐步形成。

五、推广应用

通过机车新造产线建设，形成了标准产线、标准工位建设规范，并在城铁新造产线、机车检修产线进行了推广应用，取得良好效果。其中，城铁新造产线日产量从 2 节增至 3 节，生产效率提升 50%，作业人员数量减少 14.5%。

案例五　机车修理工位化作业的创新与实践

一、现状分析

中国中车某子公司主营内燃机车造修业务，其中机车大修长期以来实行集中组装、集中检查、返修的生产组织模式，难以满足用户对机车修理质量、交付周期和成本的要求，具体如下：

一是厂修机车质量过程控制难度较大。由于厂修干线内燃机车整体构造特点，过程段落化交检管控难度大，造成一次交验合格率低，落成返工居高不下。

二是管理粗放影响生产组织效率。生产段落管理粗放，仅对大项目进行控制，交叉项目、边缘项目、细小项目多靠员工自我控制，自由度大，造成生产过程中工序拥堵、工序能力不平衡。

三是对前工序拉动作用未得到体现。机车组装作为终端工序，未形成对前工序的检修、出段计划进行强有力的拉动，长期以来厂修机车存在大量配件晚点问题。

二、目标设定

借鉴 HXN5 机车模块化设计、组装、生产组织的思路，建设修理机车工位制节拍化流水生产线。综合应用精益思想、方法和工具，通过工位模块化设计、工序推移图编制、制定控制程序等，构建标准化、规范化、高效化的修理机车工位制节拍化流水生产线，实现修理机车精益生产线的持续完善。

三、具体做法

具体做法见改善内容及成效表（见表 7-4）。

表 7-4 改善内容及成效表

序号	改善内容	改善成效	应用的精益工具和方法
1	构建工位化模块,建立机车修理总组装工位制节拍化作业精益生产线	(1)根据厂修机车工序流程,对工序内容进行细化、调整、平衡,形成五个模块,将机车总组装分成五个工位进行节拍化生产组织;进行工序推移设计,编制各工位工序推移图、作业人员配置、作业时间要求、作业秩序要求,打造标准化工位作业链 (2)编制工位物料需求清单,明确配件入段要求,拉动采购中心、外部供应商和运输公司按工位作业节点配送物料,打造准时化物流供应链;实行按工位实时同步检查,加强质量记录流转控制,打造实时化质量控制链;制定产线异常处理的制度,建立精益生产线职能部门联络员、开口项管控制度,建立持续改善机制,打造快速化异常管理链	标准作业、节拍拉动、精益物流、异常管理
2	建立上下贯通的协调机制,拉动建线难点的突破	解决实施过程中的瓶颈问题;建立多层次的专题协调会议制度、公司级及车间级的定期例会制度、阶段性总结推进会议制度	ECRS 分析法
3	建立完善的运行控制制度,拉动规范化的过程控制	达到制度规范化、控制流程化、作业标准化、管理目视化的"四化"要求	5S、目视化、标准作业、ECRS 分析法
4	建立动态化的人才育成机制,提高基础改善能力	采用外部培训和内部培训相结合,日常培训和脱产培训相结合等多层次多元化培训;开展创意提案活动,年内车间全员提案 1088 条,参与率为 100%,人均改善 2.75 条;开展精益小团队活动,突破难点;结合建线开展劳动竞赛、创意提案明星等活动,开展多方位多样化激励,年内共评选月度岗位明星 80 名	创意提案、班组建设

四、效果描述

1)在生产当量及工装、台位能力相当的前提下,修理机车总组装人员减少 17 人,员工劳动生产率提高 12.1%。

2)机车落成返工回修条数明显下降,整车质量状态提升(见图 7-4)。

3)精益产线建设构筑了一个新的生产和管理平台,拉动精益管理链的形成、精益物流体系的建立、员工素质的提升。

4)在工艺布局、物料配送、质量控制等方面基本上实现了"修理制造化",为顺利开展 HXN5 机车的二年检创造了条件。

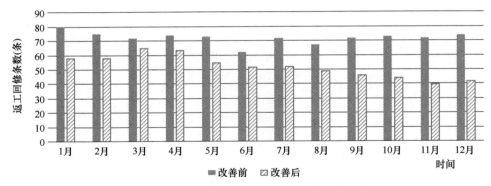

图 7-4　改善前后修理机车落成返工回修条数对比图

5）机车修理工位化作业的推行，员工乐享精益工具应用，在优化精益产线方案方面提出了 620 多条创意提案，解决了实施过程中的诸多难题，促进了全员改善文化的形成。

6）构建的内燃修理机车工位制节拍化流水生产组织模式，实现向子公司其他产线推广应用。HXN5 机车 C6 修生产线实现 8h 节拍有序生产，整车厂修周期大幅提升并稳定控制在 30 天左右；280 柴油机总组装生产线实现按 8h 生产节拍均衡生产。

案例六　铁路货车主型产品工位制节拍化流水生产

一、现状分析

中国中车某子公司原来是以集群式设备布局为主的大批量生产"推动型"组织模式，生产现场设备、工装摆放整齐划一，生产计划管理颗粒度以"日计划"为主。大批量生产提高了生产效率，降低了传统意义上的生产成本，但进入真正意义上的市场经济时代后，市场竞争更为激烈，客户需求更加多样化，这种生产模式弊端逐渐显现，主要存在生产周期长、生产柔性差、在制占用大、工序作业负荷率低等问题。必须寻求以工位为核心，以"节拍"为指令的多品种、小批量、柔性化的拉动式生产方式，通过持续的自我调整、优化、提高，以适应不断变化的市场竞争环境。

该公司在导入精益思想、精益工具方法应用的基础上，不断优化铁路货车主要零部件、整车组装制造过程策划、管理支撑及问题瓶颈环节改善，围绕 C70E、

X70等铁路货车主产品价值创造，以工位制节拍化流水生产为牵动，较好地满足了客户的高质量、低成本、急交期价值需求，企业的资源配置能力、订单履约能力、管理整合能力和价值创造能力得到持续改善。

二、目标设定

为满足客户、员工、股东等相关方的需求，明确了工作团队的工作方向和达成目标：通过实施工位制节拍化生产，实现提质、降本、增效、保交付的终极目标。C70E生产线生产产能从26辆/日产量提升到36辆/日产量，生产节拍从44min优化到32min，理想目标30min；C70E、C80B单车成本降低2%以上；BHP矿石车人员压缩10%以上；各工位作业负荷率改善目标设定为70%以上；产线均衡率达到85%。

三、具体做法

1. 工位资源配置与运行管控标准化

以作业内容为依据，以作业岗位为基本单元，牵动相关职能部门和生产单位通过对工位作业的"人、机、料、法、环、测"六要素需求进行识别，对工位"六要素"配置进行模拟仿真运行及评估，实现工位资源配置最优化。在批量生产初期，以确立的节拍为准绳，进行作业观测改善，优化作业内容和生产资源配置，完善制造资源平台数据。围绕产线资源配置的有效运行，以职能管理横向高效协同，纵向贯通制造过程为目标，识别制造管控风险，提出应急配置方案和管控标准，实现生产工位资源运行管控标准化。

2. 提升制造过程保障能力

严格生产计划管理与节拍控制。按照月度生产计划，锁定三日计划，运用生产实绩表对工位下达当日节拍生产计划。优化物流配送管理，整合物流资源。根据工艺流程及现场实际情况绘制工位定置图及配送路线，制定物流时刻表，按"时量"原则，实施错时错峰、混载配送，提升配送效率，确保生产线目标节拍兑现。落实TPM点检、润滑、清扫、紧固标准，降低设备故障率和运维成本，提高设备维护工作效率和管理水平；运用平均维修时间（MTTR）、平均故障间隔时间（MTBF）、设备综合效率（OEE）指标，定期对关键设备、重点设备进行趋势分析，用数据趋势做好备件管理及预检、预修，提升设备保障能力。依托"铁路货车精益管理

信息系统"实现计划管理、配送管理、异常处置、交付管理等制造过程数据的集成共享,实施生产、质量、设备、异常数据采集,实现生产过程数据目视化。

3. 建立系统提升改善机制

实施产线成本精细化核算,细化成本管理过程,提升成本核算精度。开展纵向、横向对标,掌握成本改进方向,实施成本改进,压缩非增值成本边界,提升产品的获利能力。完善精益制造指标体系,明晰指标计算方法及责任部门,涉及 6 大类 42 项指标管理。拉动职能部门及生产单位聚焦现场、快速解决问题,保证生产过程平稳有序。开展现场写实及作业观察活动,识别生产瓶颈环节,优化产线布局,改善工艺方法,强化生产过程管控,不断向制造单元的精细化管理要效益。

四、效果描述

1)建立内部标准及评价体系。依据工位制节拍化流水生产实践,总结经验,固化做法,形成具有自身特色的《铁路货车企业精益产线建设指南》《铁路货车企业标准工位建设指南》。按照实施路径和管理要求,在公司内部开展定期评价提升工作。

2)形成可对标改善的制造资源平台。将生产过程的资源配置和管理标准进行固化,输出产品内部对标平台,实现知识传承。2021—2022 年,该公司围绕"保节拍、保质量、保交期、降成本"目标,在 C70E、C80B、SQ6、X70 车型上实施工位制节拍化制造模式,形成并输出产品制造平台 3 个,数据具化的工位流程图及配置标准 2 个。

3)工位制节拍化流水生产模式的实践成效显著。2018 年以来,该公司以 C70E 敞车、C80B 敞车、X70 平车等为项目载体,持续推进工位制节拍化流水生产组织模式,实现"高质量、高效率、高效益、少人化、短周期"目标。通过模拟线建设、布局调整、产线平衡、瓶颈工序识别、改善和标准化,并且在减少现有工艺装备投入的情况下,成功地将 C70E 敞车生产节拍由 40min 优化到 30min,C70E 敞车单车成本降低 3%,C80B 敞车单车成本降低 8%。澳大利亚 BHP 矿石车同样量产的前提下,组装产线人员由 2020 年的 275 人减少至 197 人,人员压缩率为 28.4%。

五、推广应用

成功实施工位制节拍化流水生产组织模式后,该公司在此后的所有批量产品上

广泛推广应用此模式，取得了良好效果。通过对产品生产周期的研发试制、生产制造、交付及售后三个环节进行管控，提高生产管理的规范化、标准化，保障项目执行过程各环节的可控性和高效性，实现产品全生命周期价值链的成本管控和绩效的同步提升。

案例七　X70集装箱平车产能提升

一、现状分析

中国中车某子公司接到4000辆X70集装箱平车的生产任务，但货一车间X70集装箱平车钢结构现有生产产能为单班14台，无法在规定的交期内完成生产任务，急需对X70钢结构生产线进行改进和优化，为此成立X70集装箱平车效能提升项目组。项目组通过对X70钢结构生产线进行调查写实，绘制车间内部价值流图，结合山积图等精益工具发现以下问题：

1）生产节拍无法满足需求，生产节拍为32min/辆。

2）线平衡率低，仅为78.80%。

3）单车用工人13.7人/台，较同类型平车高出1人/台。

4）单车制造周期长，为1472min。

二、目标设定

1）在工作时间450min内完成单班18台的生产任务，生产节拍降低至25min/辆。

2）线平衡率提升至85%以上。

3）单车用工人数降低至11人以下。

三、具体做法

1. 现状分析、问题梳理

将生产目标节拍与作业写实表相结合，识别出四个主要瓶颈工序：前后从板座钻孔、底对1、花架、翻焊，以及6个非主要瓶颈工序。

1）对非主要瓶颈运用山积图，结合平面布局进行分析，发现6个工位有效作业时间小于设定节拍，由于工艺平面不合理，导致作业完后等待时间较长。

2）对前后从板座钻孔进行作业写实，结合山积图分析。摇臂钻作业效率低，总耗时 52min（双工位）。

3）对花架和翻焊班组结合山积图、人均焊缝长度进行分析，发现两项问题：一是单车人均焊缝长度长，均在 10m 以上；二是翻转次数多，翻转四次才能完成全部作业。

4）结合山积图对底对 1 作业内容进行分析。上料组对和底架焊接两项作业耗时占比分别为 42%、40%，分别进行分析：①用流程法上料组对进行分析，发现三项问题，一是吊运次数多，单次组对吊运达 23 次；二是吊运距离远，单次总吊运距离 338m；三是物料平面布局不合理，未遵循手边化原则，单车吊运总时间达 25min。②对底对 1 焊接作业进行分析，发现单次作业焊缝长度为 7587mm，中梁焊接班组焊缝长度为 7910mm，焊接量大且单次作业起弧收弧次数多达 66 次。

2. 解决措施及落实

1）优化工艺平面布局。①将中梁线 5 个工位调整至敞车厂房 24m 跨，并重新调整预留跨平面布局，减少预留跨工位数量，释放预留跨天车运力，减少等待浪费，同时消除逆流；②将平面焊接 1 和平面焊接 2 工位合并，平面作业采取人动车不动的方式。

2）调整物料配送时间，将部分物料更改为中午休息时配送，减少作业时间段内物料运输车辆进入厂房次数七次，减少卸料占用天车时间 39min，减少底对 3 等待时间。

3）技术革新。将前后从板座钻孔作业方式由摇臂钻改为多头钻，可同时进行六个孔的钻通作业提高作业效率，节拍时间由原有的 30min/台，降低至 24min/台。

4）花架、翻焊作业内容优化。新增整翻班组，调整作业内容，使花架减少翻转次数一次，翻焊减少翻转次数两次，花架作业时间缩短至 44min，翻焊作业时间缩短至 48min（人均焊缝长度见图 7-5）。

5）运用 ECRS 分析法对底对 1 作业内容进行优化。①把中梁切头工序调整至中交班组，采用机器人进行切割减少底对 1 作业时间 6min；②将 2 个顺梁与侧梁在前工序组装，再与底架进行组对，

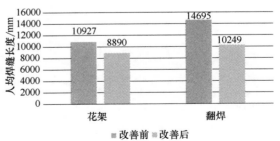

图 7-5　人均焊缝长度改善前后对比图

每个生产节拍减少天车吊运四次；③调整线边货店平面布局，将大部分物料调整至胎位旁 2m 的范围内，每台车天车吊运距离缩减至 176m，吊运距离减少 47%；④将部分焊缝调整至作业时间有冗余的班组进行焊接，每台车减少焊缝 52 条，人均焊缝长度减少至 5035mm，焊接作业时间减少 4min。

四、应用的精益工具和方法

应用的精益工具和方法包括 5S 和目视化、TPM、节拍拉动、标准作业、防错技术、价值流分析、ECRS 分析法、精益物流、线平衡。

五、效果描述

1）生产能力提升。通过生产组织和工艺布局、工艺方法的优化，均衡各工位作业内容，生产节拍缩短至 25min/辆，单车制造周期缩短 472min；线平衡率提升至 88.02%；中梁线各工位平均等待时间由 5min 减少至 2min；实现 X70 型集装箱平车单班产能 18 台，双班产能 36 台，创历史新高（见图 7-6 和图 7-7）。

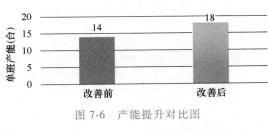

图 7-6 产能提升对比图

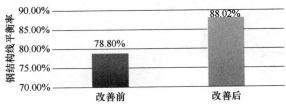

图 7-7 钢结构线平衡率提升对比图

2）单车用工减少，节约人工成本。通过生产组织和工艺布局、工艺方法的优化，单车用工从 14 人/台降至 10 人/台，费用节约 266 万元。

六、推广应用

通过本项目的实施，提升了 X70 钢结构生产的单班产能，单班产能达到创历

史纪录的单班 18 台，提高了作业效率和线平衡率，取得良好的效果。项目的产线效能提升、线平衡率提升的改善模式具有可平移、可复制性。

案例八　轮对探伤线产线工艺布局优化

一、现状分析

工艺布局整体成呈 W 形布局，存在轮对重复交叉倒运；上下工序衔接不够，存在一定缓存距离，需靠人工进行辅助作业（见图 7-8）。主要体现在以下六个方面：

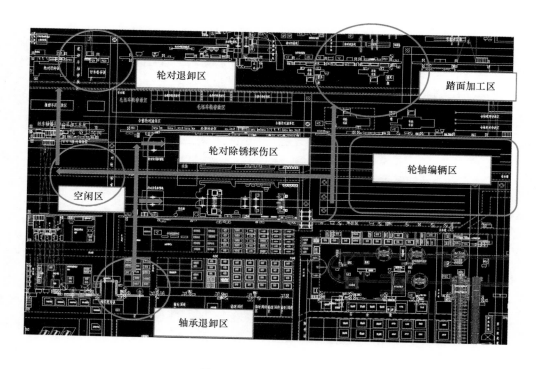

图 7-8　原轮对探伤线布局

1）轴承退卸工序后，轮对需按照 L 形路线倒运 35m 左右，才能到达除锈工序，费时费力。

2）探伤线与轴承退卸线不同向，轮对需通过转轮器旋转 90°进入除锈工序，劳动强度大，效率低，造成不必要的转轮器投入。

3）探伤区域在厂房中间，右侧为轮对编辆区域，左侧为空闲地，场地无法高效利用。

4）四级修轮对过探伤后，返回轮对退卸工序退卸，距离长，需天车经两个探伤间之间吊运50m后再人工倒运，存在一定的安全隐患和不必要的物流浪费。

5）轮对轴端信息靠人工录入，效率低，且存在出错的现象。

6）设备相对老旧，除锈质量效果不理想，需要人工二次进行手工除锈。

二、目标设定

1）优化工艺布局，将W形优化为I形布局，减少不必要的倒运，消除天车作业，降低劳动强度。

2）提高轮对运转效率，缩短上下工序间距离，实现无缝衔接。

3）轮对轴端信息采取自动录入，提高效率和准确率。

4）生产效率提升20%以上。

5）动能消耗同比下降15%以上。

三、具体做法

1）按照工位制节拍化流水生产的思想，将W形优化成I形布局，调整探伤间、除锈机的位置，与轴承退卸成流水线布局。再根据生产节拍和实际写实情况，将探伤作业和轮对除锈作业布局成两个并行台位，以满足生产节拍为前提。现轮对探伤线布局如图7-9所示。

2）在平行台位和工序间采取自动化平移线完成轮对分流工作，实现自动化周转，消除天车作业。

3）升级改造轮对除锈机，设计钟摆式机构完成轴身除锈，防尘板座除锈靠伺服控制钢丝刷进给，走曲线完成除锈。设计碗形+球头钢丝刷配合，完成辐板除锈。

4）规划轮对轨道，与轮对退卸线相连，用于轮对退卸的倒运，消除天车作业，实现无缝衔接。

5）在轮对探伤线加装轴端信息自动识别机，提升轮对信息录入效率和准确率。

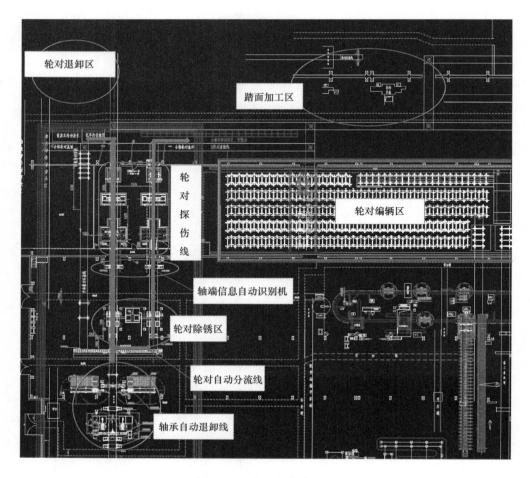

图 7-9　现轮对探伤线布局

四、效果描述

单班生产效率提升 21%；基本消除人工推轮现象，员工劳动强度大幅降低；轮对除锈质量显著提升，消除轮对人工打磨成本，累计节约 20 万元/年；在同等产量的情况下，优化员工 2 人；员工作业环境得到有效改善。

五、推广应用

该项目通过优化轮对检修工艺布局，进一步理顺工艺流程，改善轮对检修流程中各种不良现象与浪费，取得较好效果，可全面推广。一是将改善方法在内部车间推广应用，如在轮对压装工序合理优化轮对选配布局，可提升压装效率；二是将轮对除锈工艺方法推广到各铁路兄弟单位，可提升轮对除锈质量。

案例九　工位制节拍化流水生产线的实物流"六化"专项提升

一、现状分析

中国中车某子公司自 2008 年推行精益生产方式以来，一直致力于工位制节拍生产线的优化提升工作，前期通过节拍写实，运用工序推移图和山积图等精益工具，不断识别并消除瓶颈，产线的效率、效益、安全、质量等方面取得了大幅提升。从近几年的节拍写实及优化专项工作开展情况来看，传统的产线优化工作取得的成效在逐年降低，未取得较大提升，已经不足以支撑目前产线优化的需要，需要另辟思路。

二、目标设定

近几年，某公司结合体系要求，通过多年尝试，以"三全""三对"为过程方法，探索出了一条适用于工位制节拍化流水生产制造模式的产线优化的工作方式：通过实物流"六化"专项提升的产线优化推进模型（见图 7-10）和思路。

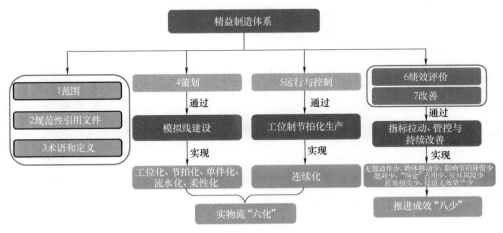

图 7-10　产线优化推进模型

1）"工位化"主要用于衡量产线的工序是否得到有效切分，是否建立工位制管理模式。

2）"节拍化"主要用于衡量产线工位间的作业时间是否均衡，它体现在产线各工位在不同项目的节拍时间偏差幅度上。

3）"单件化"和"流水化"组合起来就是单件流，主要用于衡量产线的生产制造方式的周期是否为最短，是否可以减少在制品数量。

4）"连续化"主要用于衡量产线连续性生产能力，如异常情况是否得到快速处置，是否能尽量减少异常对产线的影响，不出现"停线"情况。

5）"柔性化"主要用于衡量产线的小品种多频次的生产能力，如能否多项目共线生产，项目换产周期是否为当前最短等。

三、具体做法

1. 成立实物流"六化"提升工作组

组织工艺、质量、安全、生产、TPM、人事等职能部门共同成立产线实物流"六化"专项提升工作组（以下简称"工作组"），制定专项提升工作方案和计划，并以团队改善的形式开展课题改善。

2. 产线实物流"六化"现场写实

工作组对生产现场的每一条产线，全面开展了产线的实物流"六化"符合性写实，填写"产线'六化'符合性写实统计表"，梳理出了53条产线在"六化"方面存在的59项问题与不足。

3. 评估确定产线实物流优化顺序

工作组针对各产线实物流存在的实物流"六化"问题，从问题解决的"难易程度"和"紧急程度"，对前期梳理出来的59项问题逐条开展评估，完成了《生产线"六化"符合性写实问题评估表》。问题评估完成后，根据难易程度和紧急程度两项的综合评分，由低到高确定了产线实物流"六化"的优化顺序。

4. 组织开展产线优化工作

按照确定的产线优化顺序，组织分厂相关人员与工作组成员共同针对每条问题开展原因分析，识别问题发生的要因，制定改善对策，并运用精益工具组织实施和效果验证，确保了产线实物流"六化"专项提升工作取得实效。

四、效果描述

经过工作组成员以及各分厂相关人员的共同努力，59项问题已经全部得到初步解决，取得了较好的成效，主要效果如下：

1）总装分厂 A11/31 新造地铁组装生产线在布局调整、定员优化、质量提升等方面开展了产线优化工作：一是作业人员数量由 95 人优化至 82 人，且产能仍能保持在 6 辆/天；二是将限界工序调整至淋雨厂房，减少 1 次牵车台调车作业；三是设置工位轮值检查员，严格践行"三不原则"，达到质量损失少的目的。

2）车体分厂 B21 新造地铁牵枕缓组装生产线在产线布局调整优化、工装工具设备改善优化等方面，取得了较好成效：一是对产线布局进行优化，建立了一条完整的工位制节拍化流水生产线（工位化、节拍化、单件化、连续化），每个产品减少折返搬运 1 次（物品移动少），减少天车搬运距离约 30m（无效动作少）；二是通过工装工具设备的改善优化，产线人均日产能提高 14.1%。

3）转向架分厂 C31 新造地铁转向架组装生产线在工装工具优化、物流配送优化等方面取得较好成效：一是增加落轮专用工装，减少两次天车转运和无效等待时间（物品移动少），轮下组装作业时间由 30min 降低为 15min；二是对齿轮箱结构进行优化，在齿轮箱上增加吊装孔，消除了安全隐患（安环风险少）和无效作业时间（无效动作少），作业时间由 90min 缩短至 72min；三是实行"轮值检查员"制度，将"互检"工作落到实处，达成质量损失少的目的：车均交验零活由 2021 年的 0.26 条下降至 0.21 条。

4）车体分厂 B10 新造地铁涂装生产线在油漆喷涂、防护等工序开展了工艺流程优化专项改善提升工作：一是南通 2 号线通过喷涂顺序工艺优化，实现腰带、下墙板、风挡框油漆同时喷涂，面漆生产周期从 3 天降至 2 天；二是开展带司机室的拖车（TC）小端头工艺优化，实现了能耗少的目的，每辆车可减少油漆消耗约 2kg，同时可减少胶带等防护所需物料，累计节约 21 万元。

5）在修理分厂 D11 车钩组装生产线通过产线布局调整、作业工序优化、工装优化改善等措施，实现了产线持续优化工作：一是车钩产线人员由 24 人减少至 21 人，减少 3 人；二是达成了物品移动少的目的：每个产品的移动距离减少了约 30m；三是实现了场地占用少的目的，通过产线优化累计减少场地占用约为 25m²。

6）在转向架分厂 C40 城轨架大修转向架组装生产线通过产线布局调整、作业工序优化等措施，实现了产线持续优化：一是通过布局调整，实现两个天车的充分利用，消除了作业等待时间 60min/节拍；二是通过分厂内部工装调剂，充分利用闲置的 16 个工装，节省工装费用约为 1.6 万元（低值无效资产少）；三是优化物

流配送，由批量配送改为工位制节拍化配送（"两金"占用少），减少生产现场场地占用约 50m²；四是产线日产能由原来不足 1 辆车提升至 2 辆车，生产效率提升超过 100%（节拍化、单件化、流水化）。

7）在转向架分厂通过改造定位板位置卡槽的长度、宽度及深度，增加 T 形槽板等方式，开展了构架焊接产线工装的柔性化改善，完成了横梁头尾架、横梁圆盘焊接夹具、构架交验变位器夹具等 47 套工装的改造工作，转产时间由原来的 3 天缩减至 2.5h，节省工装费用约为 115.16 万元。

8）在修理分厂 D10 工区通过作业工序的调整完成了工序的重新切分，产线切分为四个工位，明确"六要素"资源配置要求及流程，将生产组织模式转变为工位制节拍化流水生产制造，作业人员由 81 人减少至 79 人。

第八章
精益运营

企业的运营过程包括订单获取、产品设计、工艺设计、物料采购、生产制造、产品交付、货款回收的整个价值增值过程，是企业经营的核心过程。企业运营管理是企业经营管理的重心，运营管理主要是对运营过程信息流的管理，通过信息流管理支持和保障实物流和价值流的快速流动，加快价值创造速度，提高资源使用效率，达成企业经营目标，促进企业高质量发展。近年来，中国中车积极开展精益运营的探索与实践，在"6621运营管理平台"建设的基础上创新性地总结、提炼出"一纵一横一平台两支柱六支撑"的精益运营管理体系模型及方法论。本章主要介绍中国中车精益运营管理体系的基本构成以及体系各主要模块的主要内容和实施方法。

 第一节　精益运营概述

一、构建精益运营管理体系的管理需求

（一）打造与世界一流企业匹配的一流管理体系的需要

世界一流企业不仅要有一流的技术、一流的产品，还要有一流的管理和品牌。中国中车立足全价值链，致力于凝聚共同的价值追求，打造基于价值创造能力提升的管理体系，建立集约高效的运营模式和管理体系，持续打造与价值流程匹配的管理范式，不断提升价值创造能力，培育与世界一流企业相匹配的先进管理理念、管理标准和管理文化。

（二）提升与竞争环境适应的高效运营能力的需要

中国中车多年的精益管理实践形成并固化了以工位制节拍化流水生产模式为核心的精益制造管理模式，并探索性地在精益运营、精益研发、精益供应链等业务领域进行了延伸与扩展。随着市场需求日益多样化、多变化，世界范围内的竞争日益激烈，企业营利能力面临空前挑战，管理粗放、效率不高、资源浪费导致的运营风险逐步显现，构建精益运营管理模式，提升企业运营能力与水平势在必行。

（三）夯实与数字化转型能力匹配的管理基础的需要

数字化转型的根本任务是价值体系优化、创新和重构，每一项数字化转型活动都应围绕价值效益展开。如果价值体系没有得到优化、创新和重构，相当于把包含大量浪费的问题流程和作业活动以软件方式固化下来，不仅不能消除原有的浪费，还会造成更大的浪费，丧失管理改善的机会，数字化转型将会失之根本。精益运营管理体系以价值最大化为原则开展价值流的优化与重构，不断夯实业务运行的管理基础，提升管理能力，消除一切浪费，将精干、精益、高效、协同的价值体系通过数字化手段固化下来，通过业务活动的高效平移、复制，实现整个组织运营效率与效益的快速提升。

二、总体思路

聚焦客户需求，以企业价值最大化为根本原则，以订单和项目为载体，锁定品质、效率、效益提升的总体目标，构建支撑企业高质量运行的可平移、可复制的精益运营管理模式，持续提升端到端价值创造能力和水平，打造与世界一流企业匹配的卓越绩效，提升企业的核心竞争能力。

三、精益运营管理体系的架构及内涵

近年来，中国中车下属各子公司在"6621运营管理平台"的基础上，通过探索、实践，初步形成一套适用于中国中车各企业的精益运营管理方法论和精益运营管理体系，通过"一纵一横一平台两支柱六支撑"（11126）全面、系统地展示了精益运营管理的全过程。这套体系称为中国中车精益运营管理体系（CRRC Operation System，COS）（见图8-1）。

COS模型自上而下由使命与愿景、经营目标、运营管理、管理支撑四个部分共同构成。其中，顶层屋顶区域使命与愿景、底层基台区域内的管理支撑是中国中

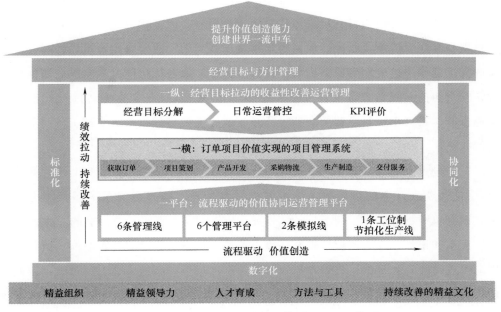

图 8-1　中国中车精益运营管理体系（COS）模型

车精益管理体系在不同管理阶段共性的管理要求，中间框图区域为经营目标和运营管理，它们是精益运营阶段特有的管理范畴及管理要求。

（一）精益运营管理体系的核心目标

承接企业使命与愿景，构建具有中车特色的价值创造管理模式，提升价值创造能力，以企业高质量运营支撑企业高质量发展，加快实现世界一流的中车建设目标。

（二）精益运营管理的架构及内涵

中国中车精益运营管理体系以"一纵一横一平台两支柱六支撑"为核心内容。其中，以"标准化"与"协同化"为两大支柱，在突出纵向"绩效拉动"、横向"流程驱动"、强化"6621"管理协同的同时，深度融合数字赋能，全面夯实基础保障，系统构建具有中车特色的精益运营管理模式。

"一纵"，即经营目标拉动的收益性改善运营管理系统。收益性改善运营管理上承战略方针，下接订单项目运营，承担着自上而下的纵向经营目标制定与运营管控任务，是"以战略方针为指引，以全面预算管理为主线，以收益性改善课题为抓手"的经营目标制定与运营管控过程。

"一横"，即订单项目价值实现的项目管理系统。订单项目管理系统是价值创造的重要载体。订单项目管理聚焦项目执行全流程，向上承接企业经营管理分解的订单项目利润、成本等指标，面向客户承接项目交期、质量管控要求，针对管理对象和支撑要素下达交期、质量、成本等管理指标。通过优化研、产、供、销衔接流程，统筹协同管理对象与支撑要素，建立"市场—设计—制造—交付"的准时化反应机制，将订单项目运营的交期、质量、成本管控目标贯彻落实到工位制节拍化生产线之上，最终实现价值最大化产出。

"一平台"，即流程驱动的价值协同运营管理平台，也称为"6621 运营管理平台"。它是实现订单项目高效运营的基础平台，是以提升组织系统运营能力为目标，以订单项目为载体，通过对企业全价值链上的设计、工艺、采购、生产、质量、成本和市场、人力资源、安全环境、资产、信息、售后等管理职能、流程和管理动作进行梳理和重组，将管理流直接指向产品增值的制造工位，通过节拍协同管理流程，推动管理流程和管理动作的标准化，提升运营系统与制造流程的匹配能力，实现订单项目运营管理的高效率、低成本。

"一纵一横一平台"是精益运营管理的核心内容。"一纵"重点是要围绕企业发展战略，聚焦年度经营目标，具体分解落实到订单和项目、职能管理和管理要素中，建立一整套指标拉动的管理改善系统；"一横"重点是承接"一纵"分解指标和任务，围绕订单项目的实现，完善订单项目管理流程，提升订单项目的高效运行和多项目的协同管理能力，实现订单和项目的价值最大化；"一平台"重点要支撑"一横"的价值实现，突出流程协同和资源配置，所有订单和项目都要在 6621 的整体架构下高效运行，确保年度经营目标的实现。

"两支柱"，即标准化与协同化。"标准化"是实现流程驱动的管理基础，是保证工作结果稳定性、一致性以及持续改善的基础，是实现信息化、数字化的前提条件。"协同化"是聚焦客户价值，在业务活动标准化的前提下，通过跨组织的相互协作，形成管理合力，实现管理效率的整体提升，以更为柔性、高效地满足客户需求。

六支撑，即数字化、精益组织、精益领导力、人才育成、方法与工具、持续改善的精益文化，是实现精益运营目标的重要系统支撑。其中，数字化是实现数据驱动的一体化柔性运营管理和智能辅助决策的重要手段；精益组织是组织价值是否顺畅实现的重要保障；精益领导力对落地"一纵一横一平台"的精益运营管理体系

具有决定性作用；人才育成是精益运营体系有效运行的基本保障；正确的方法与工具是实现精益运营的有力支撑；持续改善的精益文化是成功实现精益管理由理念认同向行为转变的驱动力。

本章第六节将重点介绍精益运营数字化建设支撑。

第二节　经营目标突破性改善系统

一、运营管理系统的主要构成

经营目标与收益性改善运营管理是中国中车精益运营管理体系的重要组成部分，主要承担着年度经营目标策划、实施管控和评价考核的重任，是中国中车精益运营管理模型中"一纵"的重要体现，是遵循方针管理的基本原理和 PDCA 循环的管理逻辑，是以企业战略方针为指引，以全面预算为主线，以收益性改善课题为抓手，自上而下的纵向运营管控过程。通过"经营目标策划与制定、日常运营管控、KPI 指标评价"三大管理阶段，确保准确、及时地掌握业务真实状况和内外部环境变化。通过深入挖掘收益性改善课题来弥补预算利润的缺口，再通过有效运营管控来实现全年经营目标。"一纵"运营管理模式流程框架如图 8-2 所示。

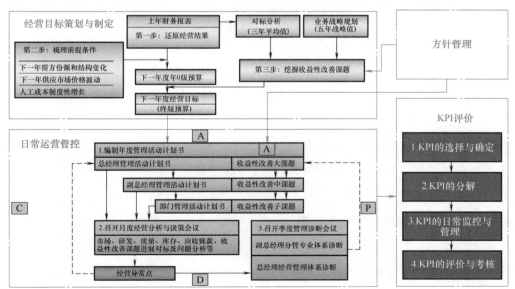

图 8-2　"一纵"运营管理模式流程框架

"一纵"运营管理模式的主要内容包括以下四个方面。

（一）科学制定目标

每个企业经营目标的制定，应遵循科学管理逻辑的原则，避免盲目和随意性。要依据过去三年的实际财务数据和变化规律，以及业务的真实状况和发展趋势，参照战略目标分解及各环节改善的潜力来制定下一年的经营目标。

（二）透视经营过程

各项任务指标的实现应有策划和计划方案，有具体的实施节点和目标值，各部门对方案执行的各环节进展和各指标的达成情况，都应该以数据化的形式呈现，并按月度节点进行检查督导、改善提升，让各级管理者能够及时、准确地掌握和了解公司的运营状况，做到运营管理过程透明化。

（三）健全评价体系

把经营目标和收益性改善指标在组织内部层层分解，形成各部门的关键绩效指标（KPI），通过体系化的评价与考核，促进各部门的工作绩效提升，确保达成企业经营目标。

（四）打造专业团队

组织经营目标的策划与实现有赖于各专业部门专业能力发挥和部门之间的专业协同，各部门专业能力的建设、改善与提升是企业运营管理的核心任务。

二、实施方法与要点

（一）经营目标策划与制定

在策划年度经营管理目标时，应遵循科学管理原则，以上年财务预算为基础，按产业（产品线）板块分类，剔除偶发性原因造成的业务损益，还原上年业务经营真实结果，通过识别新一年该业务内外部环境导致的增、减利因素，形成新一年未经改善的经营结果预测（0版预算），再参照过去三年财务科目占比，结合上级领导要求及战略性目标和各部门提出的收益性改善项目建议，提出新的一年经营目标（终版预算）建议。针对0版预算与终版预算经营目标之间的差距，从开源和节流两个方向，策划完善收益性改善课题，以弥补终版预算与0版预算之间的差距。经营目标策划与制定流程，如图8-3所示；经营目标策划结果示意，如图8-4所示。

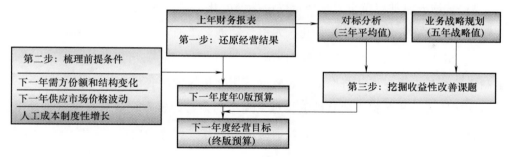

图 8-3　经营目标策划与制定流程

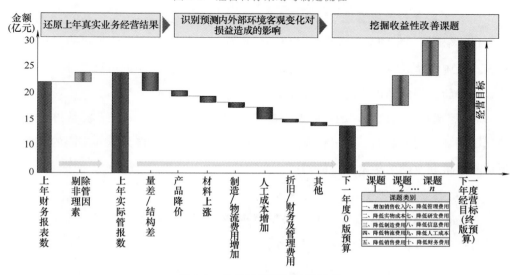

图 8-4　经营目标策划结果示意

具体步骤如下。

1. 还原上年真实业务经营结果

进行管理还原的主要目的是看清业务真实形态，了解业务的真实经营状况。为此，在制定下一年度经营目标时，需要剔除政府政策性补贴等非经营因素所产生的成本费用，剔除重大偶发性问题（批量质量问题、设备故障等原因）造成的业务损益，还原业务的真实损益状况，为新一年经营预算的编制提供业务预算基准。

2. 识别预测内外部环境客观变化对损益造成的影响

企业应从"市场端、供应端、内部运营端"三个维度进行内外部环境客观变化的识别，各部门管理职责及识别的主要内容如下：

1）市场部门负责识别确定市场端的变化因素，包括但不限于老客户产品结构、销量及价格的变化、新客户量纲及价格的变化。

2）采购外协部门负责识别确定供应端的变化因素，包括但不限于原辅材料的采购价格变化，外协加工价格变化，水电气动能、燃油、运输等价格变化。

3）相关职能部门负责识别确定内部运营端的变化因素，包括但不限于人工成本制度性增长、固定资产折旧增长、管理费用增长等价格变化。

在还原后的业务报表的基础上，对识别出的损益因素在相应科目上进行加减，形成新一年的 0 版预算，该预算是没有考虑重大收益性改善项目的预算，也就是新的一年预经营结果的最低值。

3. 挖掘收益性改善课题

1）确定新一年的最低预算标杆值。分析罗列业务板块（产品线）的三年管理报表，其中每个成本费用科目均应有销售收入占比值。将三年的占比值进行数学平均，得出新一年预算占比的最低标杆值。

2）挖掘收益性改善课题。收益性改善课题（以下简称"课题"）是指为有效消化不利环境因素影响，促进企业稳健可持续发展，全价值链开展和实施的对损益形成直接增利贡献的年度改善活动。

（二）日常运营管控

企业在实施日常运营管控时，要重点围绕"编制年度经营管理活动计划书，召开月度经营分析与决策会议，召开季度管理诊断会议"三大核心内容实施运营管控，各企业经营管控模式整体应由结果导向向过程和结果并重的模式转变。日常运营管控流程如图 8-5 所示。

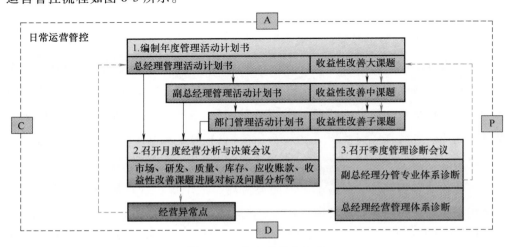

图 8-5　日常运营管控流程

1. 编制年度管理活动计划书

企业将年度收益性改善课题和方针管理分解确定的突破性改善课题全部纳入年度管理活动计划书，并进行过程管控。

2. 召开月度经营分析与决策会议

企业每月组织对当期实际经营结果进行还原分析，对内外部环境前提条件和收益性课题达成差异进行分析，并组织召开季度经营分析会议，对相关异常点进行评审决策，对经营管控项点跟踪闭环。

由财务部门对财务报表营业利润进行还原分析，还原当期实际经营结果，将非经营因素上报运营部门。同时，各部门进行前提条件差异对营业利润的影响分析，将前提条件预实差异及差异对损益的影响报运营部门。各部门要对课题损益目标做月度分解，对月度完成情况进行统计、分析，填报课题进度表；对课题完成情况做差异分析，对完成好的课题要固化课题效果，对未达成指标的课题查找要因，制定对策。运营部门根据各部门上报的课题进度表汇总、审核和分析课题完成情况，明确下一步管控要求。

由运营部门组织开展月度经营分析工作，对各部门提报的经营问题点进行汇整、分析，输出公司经营管理异常点分析报告，并组织召开月度经营分析会议，对相关异常点进行评审决策，输出当期经营管控一览表，并进行经营管控点跟踪闭环。

3. 召开季度管理诊断会议

季度管理诊断的目的主要是检查各部门运营流程、管理职责、专业能力是否满足企业经营发展需要，解决专业能力与企业经营运营过程中不匹配的问题；加强各部门专业能力建设，促进专业管理能力提升。

季度管理诊断的内容主要包括：制订管理诊断计划，按各部门职责分工，分领域制订管理诊断计划，确定管理诊断的主题和范围，确定参加管理诊断的相关人员和安排；组织开展管理诊断，由主责部门负责收集整理与本部门职能相关的各类问题，并对现状管理执行情况进行诊断，提出管理诊断及改善建议，形成诊断报告书；由副总经理主持召开诊断会议，通报诊断情况，并征求相关部门意见，对诊断报告中提出的流程优化、职责调整和能力提升等相关建议进行研究决策，部署到相关部门整改执行。同时，需要对季度诊断报告执行结果进行回顾，查看问题闭环情况。

管理诊断原则上由公司高层领导组织开展，各领域副总经理按各自分管专业领域主持季度管理诊断，对于问题比较多的瓶颈部门，诊断周期可按月开展。总经理对全局的诊断每半年进行一次。

（三）KPI 评价

企业应围绕 KPI 的选择与确定、KPI 的分解、KPI 的日常监控与管理、KPI 的评价与考核四大内容来开展组织绩效评价。

1. KPI 的选择与确定

企业应重点围绕经营性指标、收益性改善课题指标、方针管理课题指标三个维度设定年度 KPI。KPI 的设定要符合"SMART"的基本原则，为突出重点，指标数量以 5~8 项为宜。KPI 目标值可分为必达目标与挑战目标，必达目标是指在已有实力和水平的基础上，经过改善努力后可能达成的目标；挑战目标是指比必达目标更高，尽最大努力并在进行创新的基础上所能达到的目标。

2. KPI 的分解

企业年度 KPI 应按组织管理层级进行分解，一般可分为四个层级：一级 KPI 指标（公司级）、二级 KPI 指标（高管级）、三级 KPI 指标（部门级）和四级 KPI 指标（个人级）。

经营指标和收益性改善项目指标必须按 12 个月进行分解并作为月度考核评价目标值，通过月度点检督导，进行预实分析，提出下一步改善举措，滚动调整改善实施计划。

3. KPI 的日常监控与管理

各部门应以 KPI 目标为关注焦点，建立定期跟踪分析制度，并对本职能的 KPI 目标、课题达成情况进行跟踪分析。运营部门负责对公司 KPI 目标、收益性改善课题达成情况进行跟踪分析。按"公司级、高管级、部门级、个人级"KPI，层层建立对标分析机制，形成可视化管理看板，定期监控 KPI 的发展趋势，并及时纠偏，确保 KPI 目标的达成。

4. KPI 的评价与考核

KPI 的评价均采用预实评价，收入、利润等经营性指标和方针管理课题指标按 KPI 实际完成值与目标值之间的差额进行评价考核，收益性改善课题指标主要从"课题完成率、课题贡献度"两个维度实施评价。

各部门负责对 KPI 完成情况进行自评，经分管领导签字确认后上报运营部门。

自评按半年、年度进行。半年自评一般于 7 月中旬上报，年度自评一般于次年 1 月中旬上报。运营部门对部门 KPI 的完成情况进行汇总后组织确认、沟通、反馈工作，将沟通后形成的评价结果提交给公司领导审批。

第三节　价值最大化订单项目管理

一、订单项目管理系统的主要构成

订单项目管理系统是价值创造的重要载体，向上承接企业经营管理分解到订单项目的利润、成本等指标，面向客户承接项目交期、质量的管控要求，针对管理对象和支撑要素下达交期、质量、成本等管理指标。订单项目管理以满足客户订单交付、质量为目标，牵头组织企业各部门，优化研、产、供、销衔接流程，通过标准化将管理对象和支撑要素间的输入、输出进行标准化规范，建立"市场—设计—制造—交付"的准时化反应机制。紧跟市场（客户）订单需求，通过协同化对管理对象和支撑要素进行统筹管理，做到产前协调到位、生产安排到位、采购供应齐套到位、运营管控到位，合理安排生产节奏，减少库存和产能浪费。

二、订单项目管理系统的实施要点

订单项目管理系统主要通过一系列策划、计划来调动项目执行资源，实现订单项目从市场线索到商机培育、合同签订到项目制造、产品交付到质保期满等价值创造过程的协同管理。

在单个订单项目执行维度，管理过程主要包括项目启动、项目策划与计划、项目执行与监控、项目收尾等四个阶段。

（一）项目启动

项目合同签订后，即正式进入项目启动阶段。项目启动阶段主要任务包括：项目输入管理、项目定级管理、项目组织管理以及项目风险管理。

1. 项目输入管理

项目管理部门与市场管理部门对接，接收项目资料，包括招标文件、合同偏离项澄清文件、投标文件、合同文本、技术重难点、项目主要风险、认证要求、监造与验收的要求、项目预算、回款条件、索赔和保密等条款及合同中规定的特殊要求

等，并就项目资料与市场管理部门逐项确认、澄清。

2. 项目定级管理

根据项目概况、技术特点，从商务、合同架构、技术复杂度及组织因素等四个方面出发，对项目进行分级定位，以确定项目资源需求。

3. 项目组织管理

（1）组建项目执行组织　从技术复杂性、周期紧迫性、合同条款严苛性等方面对订单项目特点进行综合评估，形成项目评估结果，即技术导向型项目、周期导向型项目、商务导向型项目、综合性项目。按照区域（产品）划分、工作量均衡、资质匹配等原则，从项目经理人备选人才库中选配订单项目的项目管理经理人。对于技术导向型项目，选取具有较强技术背景的人员作为项目经理人选；对于周期导向型项目，选取较强组织协调能力的人员作为项目经理人选；对于商务导向型项目，选取具有较强沟通协调能力的人作为项目经理人选；对于综合性项目，则需根据项目偏向进行再次评估细分，按照强技术相关>强商务相关>强周期相关的原则综合考虑选取项目经理人选。按照资质匹配、工作量均衡、符合任职能力要求等原则，选配订单项目的资源部门业务代表。

项目管理经理人是项目交期、质量、成本目标达成的总体负责人，通过对资源部门业务代表的业务管理，实现对项目资源的统筹和调配；资源部门通过对本部门项目业务代表的支持，实现本部门资源对订单项目的支撑。

（2）组建项目管理 PMO 组织　为了将企业内部订单项目管理的实践、过程、运作实现标准化和协作化，还应考虑组建项目管理 PMO 组织（即项目管理办公室）。该组织的主要职责有：企业项目管理体系的建设和维护；组织制定项目管理的制度流程和程序文件，并推动实施；项目管理工具、方法、模板的研究和应用的指导、培训；构建项目经理人、业务资源代表等资源库；组织项目管理人才队伍的培训、培养；项目的知识管理，固化项目管理的经验和成果；组织编制项目风险控制计划并监控实施；按照特定区域对类似的多个项目进行统筹管理等。

（3）构建项目执行工作机制　项目执行过程中，项目经理人定期组织召开项目例会，各业务资源代表参加项目例会。业务资源代表在项目例会上通报分管业务板块的工作进展、面临的问题及建议应对措施等。业务资源代表组织专业工作例会或专题会，布置专项工作和协调异常。

业务资源代表受项目经理人和所属资源部门领导的双重领导，向所属资源部门领导及项目经理人汇报项目工作。按照项目要求定期将项目状态报告提交至项目经理人。

项目经理人检查阶段任务完成情况，并将任务完成情况作为业务资源代表的项目岗位绩效的评价依据。

异常解决处理建立双线汇报、升级模式。当异常无法在限期内解决，发生单位与责任单位双方协调解决未果的前提下，按照异常分层分级管理原则，分别从业务资源线、项目管理线进行逐级汇报、升级、处理。

4. 项目风险管理

项目风险管理是订单项目执行的保障。组织订单项目执行各部门从订单项目技术维度、管理维度、商务维度、外部环境维度四个方面开展风险识别，形成订单项目风险控制清单。项目经理人组织业务资源代表开展项目风险控制清单的编制，并定期更新。

（二）项目策划与计划

通过对项目执行全过程进行前瞻性的构想与规划，明确项目进度、质量、成本、沟通、资源、风险等管理工作要求，确保项目在实际执行过程中各项活动有据、有序开展。在项目策划与计划阶段，要充分做好模拟生产线和模拟配送线的建设工作，确保项目交期、质量、成本目标符合项目管理要求。

1. 项目范围管理

为确保项目执行满足合同要求，避免项目管理范围蔓延，项目执行应明确项目执行各阶段范围控制责任单位、责任人及变更控制要求。项目范围管理包含项目范围识别、项目工作分解结构（WBS）创建、项目范围确认、项目范围变更等步骤。

2. 项目计划管理

为保证项目计划的整体性、协同性，项目计划按照两级管理模式进行管理。一级计划为项目计划，包含项目总体执行计划及项目子计划。二级计划为各业务资源部门落实项目子计划在本部门编制的计划。项目经理人负责项目总体执行计划的策划，各业务资源代表负责各自领域项目子计划的策划，各业务资源部门根据一级项目计划编制各自的二级项目计划。

项目总体执行计划是项目自启动到预验收完成期间的主要管理活动的时间计划。项目总体执行计划以项目WBS任务包为对象，定义逻辑关系、任务周期、限制约束条件、责任部门等内容。该计划应满足项目里程碑要求，它是后续项目过程执行、监督、范围确认的唯一基准文件。

项目子计划是以订单项目总体执行计划为基准，对项目关键要素进行预先策划，在此基础上，编制任务分解的计划，包括但不限于质量计划、成本管理计划、制造计划、设计计划、采购计划、型式试验计划、认证实施计划、客户培训计划。各资源部门根据项目总体执行计划要求编制相应的子计划，该计划需明确各项任务的责任部门、责任人、完成时间等。

3. 项目成本管理

订单项目的利润向上承接着企业经营指标的分解，向下面向资源部门下达成本管理的指标。项目成本管理由项目组成本资源代表组织进行策划、实施、监控，通过项目预算编制、指标下达、指标分解、监控与对标等活动，提升项目成本管理水平，达成公司经营管理对订单项目下达的指标。

预算编制：项目成本策划始于订单项目投标，待项目中标后，市场营销部门将项目合同分项价格、投标成本表等资料移交至成本管理部门。由管理部门组织设计研发部门、采购部门、工艺部门、财务部门及项目经费承担部门开展项目成本预算编制工作。

指标下达：根据项目成本预算及管控目标制定项目生产成本指标，包含定额材料的设计成本指标、物料（包含定额材料、备件、专用工具等合同可交付成果）的采购成本指标、制造成本（包含物料成本、制造费用、专用费、直接人工、动能）指标等，并下达至指标承担部门。

指标分解：各指标承担部门收到成本指标后完成指标的分解、风险项点的识别、管控措施的制定，并提交成本管理部门。其中，设计研发部门对设计目标成本进行分解，提交满足目标成本的技术方案；采购与工艺部门对采购目标成本进行分解；制造单位对制造成本指标进行分解；项目经费管理部门对项目经费目标成本进行分解；成本管理部门结合项目总体执行计划、各单位成本费用管控计划及指标分解数据，分解相关任务至项目执行的各个阶段。

监控与对标：成本管理部门根据项目总体执行计划，在项目启动、设计联络、项目试制、批量制造及项目收尾等五个阶段对成本活动及指标执行情况进行监控对标。

4. 项目质量管理

订单项目的质量管理面向客户承接着客户对产品质量的诉求，面向资源部门下达质量管理的指标。项目质量管理由项目组质量资源代表组织进行策划、实施、监控，通过项目质量要求和验收标准识别、质量管控策划、管理与控制、评估与总结四个阶段，实现项目质量全过程管理，满足客户对产品提出的质量要求。

质量要求和验收标准识别：质量资源代表组织识别合同中的质量要求和验收标准，整理输出质量要求和标准项点清单，包括质量资质要求、认证要求、监造要求、顾客财产质量管理要求、合同可交付成果验收标准与程序要求等。

质量管控策划：质量资源代表组织制订项目质量管控计划，并组织相关部门完成评审后发布执行。计划的内容包括订单项目质量风险及重难点管控、质量管理组织、质量目标（整体质量目标、阶段性质量目标及关键质量绩效指标）、质量控制（产品实现过程质量策划、设计控制、采购质量控制、生产过程控制、产品质量问题处理、顾客财产质量管理）、执行过程质量审查及其他可交付成果的质量管理。各相关部门按质量管理计划制订质量管理二级计划，质量管理部门予以监控，并统计项目质量管理二级计划的完成率。

管理与控制：项目质量管理与控制可从设计质量、采购质量、制造与交付质量三个方面开展。其中，设计质量管理与控制可从产品需求管理、设计开发、设计评审、设计变更、试验验证等方面开展；采购质量管理与控制可从关键外购件首检评审、客户参与的首检评审、客户财产管理等方面开展；制造与交付质量管理与控制可从内部生产制造质量、客户参与的质量、异地分包制造质量、客户监造等方面开展。

评估与总结：质量资源代表按照项目执行阶段组织开展质量门评估，并向项目经理汇报。质量资源代表牵头组织各业务资源部门定期总结订单项目质量管理案例，并向项目经理汇报，同时纳入项目知识管理。

（三）项目执行与监控

在项目策划完成后，项目进入执行与监控阶段，在此阶段可按照首件制造与批量制造两个过程执行与监控。

1. 首件制造

首件制造是模拟生产线建设的重要环节。首件制造完成后，由项目组工艺部门资源代表牵头完成试制总结，并从订单项目管理开口项、设计变更、工艺变更、生产异常、生产工位"六要素"配置固化、生产节拍固化等项点对订单项目试制验证情况进行逐项评审，应关注订单项目生产资料及资源的固化，确认工位要素是否完成升级、异常是否已全部关闭，惯性异常和重大异常预防措施是否已落实到位，

并将验证结果标准化，作为批量生产时的执行标准。

2. 批量制造

批量制造主要是指对从首件转批量制造以及对多订单项目进行组织生产的资源管理。

在订单项目批量生产阶段，主要开展日常多项目生产组织管理工作，编制企业年、月、日三个层级的生产制造计划。

资源管理：根据市场预期和在手项目管理计划，开展公司年度计划评审，评估制造产能，调配、均衡公司制造资源。

物料配套：在年度计划的基础上，结合当月生产实绩，开展月度计划评审，预判下月生产物料需求计划，组织物料配套；在月度生产计划评审时，应该要求采购部门、仓储配送部门、工艺部门、生产车间深度参与。

日常生产计划执行：通过日计划管控，开展物料配送及物料入库和生产计划执行。

异常管理：通过生产计划管理机制，开展生产异常管理，包括生产异常关闭督导、生产异常发生原因的统计分析、督导高频次异常专题改善、重大异常的专项解决等。

（四）项目收尾

订单项目收尾包括设计收尾、首台车制造收尾、批量制造收尾、订单项目管理收尾等。

1. 设计收尾

设计研发资源代表重点从合同符合性审查、设计变更执行清理、设计整图、项目型式试验清理、项目设计总结等方面，组织开展设计收尾工作。

2. 首台车制造收尾

工艺管理资源代表重点从设计变更清理、物料定额更新、采购收尾、质量收尾、补料清理、试制总结等方面，组织开展首台车制造收尾工作。

3. 批量制造收尾

采购管理资源代表重点从项目收尾物料信息发布、项目收尾物料补充、不合格物料处理、项目收尾（预）积压物资处理等方面组织开展批量制造收尾工作。

4. 订单项目管理收尾

订单项目交付客户后，项目经理组织牵头各资源管理部门从采购收尾、质量收尾、项目资产过程收尾、项目总结报告、项目组织解散等方面开展订单项目管理收尾工作。

三、管理支持

为了保证订单项目管理系统能够高效、高质量运行，还需要开展绩效管理和人才培养等管理支持。

（一）绩效管理

从订单项目实现的资源支持、岗位支持及订单项目阶段目标完成情况等三个方面，构建订单项目组织和岗位绩效管理体系。

从订单项目实现的资源支持出发，对资源部门在交期、成本、质量等维度指标完成情况进行考评，构建资源部门支持订单项目实现的组织绩效体系。

从订单项目实现的岗位支持出发，对资源部门代表及其他关键岗位人员在交期、成本、质量等维度指标完成情况进行考评，构建资源部门岗位支持订单项目实现的岗位绩效体系。

从订单项目阶段目标完成情况出发，对项目组在项目交期、成本、质量等维度完成情况进行考评，构建订单项目核心团队绩效管理体系。

要将绩效评价结果和相关改进建议反馈至"6621运营管理平台"的相关部门和工作环节，通过不断地循环改善，持续提升企业项目管理水平和运营能力。

（二）人才培养

构建订单项目人才培养体系。一是从订单项目实现的管理维度出发，开展项目管理人员的培训、能力认证等工作；二是从订单项目实现的业务资源支撑维度出发，开展业务能力培训、任职能力鉴定等工作。

第四节　价值协同的运营管理平台

价值协同运营管理平台，即"6621运营管理平台"，是中国中车精益运营管理模型中"一平台"模块，是实现订单项目高效运营的基础平台。"6621运营管理平台"以项目为载体，以保证项目高效、安全、经济执行为目标，把项目执行全过程梳理成6条管理线、6个管理支撑平台，2条模拟生产线，1条工位制节拍化流水生产线，并形成一个高效协同的有机整体。"6621运营管理平台"注重项目执行的能力建设。

全面精益管理之策

一、"6621运营管理平台"的主要构成

"6621运营管理平台"是中车精益运营的核心。通过"6621运营管理平台"建设，将企业运营的信息流、实物流和价值流融汇、贯通，实现"三流合一"，形成精益运营的高速公路。"6621运营管理平台"建设水平高低、运营状态良好与否，决定着企业精益运营的质量。

二、"6621运营管理平台"的主要特征

（一）"6621运营管理平台"的组成架构

管理线、管理支撑平台以项目执行过程为主线，以模块化为理论依据，把项目执行的全部管理活动切分到各管理线、管理支撑平台的相应工位上去。

6条管理线：设计管理线、工艺管理线、采购物流管理线、生产计划管理线、质量管理线和成本管理线。6条管理线有明确的产品输出、清晰的管理工位、确定的管理节拍和标准化的管理输入输出。其中，质量管理线和成本管理线贯穿项目执行全过程，对项目执行的质量和成本进行策划、管控，负责成本和质量的对标管理、异常拉动和改善，是项目执行过程中的两条监控线。

6个管理支撑平台即市场、人力、安全环境、资产、信息、售后管理平台。6个管理支撑平台对应于生产流水线设置的相应管理工位和内部流程，6个管理支撑平台有清晰的管理工位、明确的管理节点和标准化的管理输入及输出。

管理线、管理支撑平台与管理部门之间的区别：管理线、管理支撑平台是围绕项目执行，以项目执行流程为主线的业务集合，代表职能运行的逻辑；管理部门是以流程为依据切分的职能载体，是管理线中运行的实体。项目执行是管理部门最重要的职能。

（二）管理线的建成特征

管理线的建成特征（以设计管理线为例）见表8-1。

表8-1　管理线的建成特征（以设计管理线为例）

建设目标
1. 设计管理线要进行客户需求设计，配合开展投标和合同谈判，选取产品平台，向采购物流管理线、工艺管理线提供产品设计输出，在项目执行过程中总结经验，不断改善，尤其是在与工艺管理线、生产流水线对接的过程中，以及在售后服务中对发现的设计失误、设计缺陷进行收集、分析、对策、验证，逐步提升设计水平，从设计思路和产品实物设计上进行设计改善，不断提升产品设计质量，完善产品平台
2. 设计部门负责对涉及的设计问题异常信息进行设计支撑、响应，协助相关部门完成项目执行

（续）

输出物		
设计管理线的产物是面向工位的模块化图样和文件清单		
载体	特征	注释
产品平台	按工位出图	设计管理线末端工程图设计工位，与工位制节拍化流水生产线的生产工位对接，工程图设计工位根据前端工位的设计输出，为每个工位输出一套设计图，每一道工序对应一张安装图
	结构化、模块化	以功能为依据，以产品模块为技术手段，对产品进行结构化分解，搭建产品功能结构树。每个模块下拥有若干实例，可以根据项目需求调用、修改
	用树标准	建立与产品功能结构树相适应的项目需求分析、平台选取、模块调用等作业标准，建立对模块进行变形设计的技术标准
信息化平台	—	1. 建立用于存储产品平台、项目设计数据等的数据库，数据库包括产品平台信息、模块信息、成本信息、质量特性等内容 2. 建立与工艺、采购、质量等业务部门对接的作业系统，能在工作网络上信息互换、协同作业
设计管理线	流水作业	在项目执行过程上采用流水作业方式，设计作业人员固定在相应的管理工位上
	管理作业接口标准化	按照动作标准与时间标准，形成管理作业指导书，形成标准的管理接口文件模板，固化管理流程和接口
	柔性化项目组织管理	采用项目制管理，每个项目配置项目经理；以项目计划为依据，对管理线作业计划编制、执行情况进行管理和监控
	风险管理前置	通过向前与市场支持平台对接，提前参与项目投标，接收市场信息，向市场支持平台提供产品信息；向后提前与工艺管理线、采购物流管理线、质量管理、成本管理线等对接，协助各管理线提前参与项目设计，增强项目协同，实现对风险超前控制
管理工位化	专人专事	管理作业人员固化在管理工位中；人不随项目流程变化而变化；作业人员承担不同项目中本工位的工作内容

（三）管理支撑平台的建成特征

管理支撑平台的建成特征见表8-2。

（四）模拟生产线、模拟配送线的建成特征

模拟生产线、模拟配送线是项目执行过程中的重要管理支撑方法，是工艺管理线、采购管理线在项目执行中的重要输出（见表8-3）。项目管理部门应对模拟生产线、模拟配送线建设相应的节点、效果和指标进行管理和监控。模拟生产线、模拟配送线建设的节点，是项目执行管理的关键节点。模拟生产线、模拟配送线建成特征见表8-3。

表 8-2　管理支撑平台的建成特征

载体	特征	注释
要素资源平台	要素资源属性存储	1. 要素资源是指企业内的人力、设备、工具、工装、信息等运营管理要素 2. 要素资源平台是指统合企业范围内的要素资源，建立各要素的资源信息库，信息库应将每类资源按属性区分，这些属性应能够完整描述改善该要素资源的特征和能力水平。例如，至少包括编号、名称、种类（工种）、年限（设备的购买使用年限、人员的年龄、项目经历等）、绩效水平（供应商业绩、设备稳定性、人员绩效等） 3. 资源存储的工具，可以是简单的 Excel 文档，也可以是相应的信息系统。具体工具的选用应与公司管理水平相匹配。要素资源平台应建立在公司整体信息化规划的框架下，避免出现新的信息孤岛 4. 要素资源按照属性存储，有利于项目执行策划，并在开展资源配置、风险识别、风险应对方案编制等工作时，能够快速、有针对性地检索、识别、选取相应资源
	资源管理与项目资源配置	1. 需要厘清资源管理与项目资源配置的区别 2. 资源管理是将人力、设备、工装、工具等作为企业良好运转的必要资源，以不同的时间维度，制订资源新增、维护、改造和退出的计划，它是对公司经营战略的资源支持 3. 项目资源配置是指在具体项目中，根据项目运营目标，按照产品平台从资源池中提取相应资源配置到具体的管理线、管理平台及生产制造工位中。做好项目所需资源和现有资源之间的匹配，识别出现有资源中不能满足项目资源的项点，形成相应方案。同时根据项目条件和企业资源条件，制定资源失效风险紧急预案
管理	柔性化项目组织管理	采用项目制管理，为每个项目配置项目经理。以项目计划为依据，对管理线作业计划编制、执行情况进行管理和监控
	管理作业接口标准化	按照动作标准与时间标准形成管理作业指导书，形成标准的管理接口文件模板，固化管理流程和接口
管理工位化	专人干专事	管理作业人员固化在管理工位中；人不随项目流程变化而变化；作业人员承担不同项目中本工位的工作内容

表 8-3　模拟生产线、模拟配送线建成特征

管理线目标
从项目启动开始，至项目试制结束，以项目平稳、高效、经济、安全运行为目标，以现场工位为落脚点，分别由工艺部门和采购部门牵头，项目、设计、质量、生产、人力、资产、安环、物流、售后、生产车间和供应商等相互配合，从技术层面对项目执行风险进行提前识别、预警、分析、对策和验证，并将项目各类图样、文件和信息转化为现场操作运行管控标准（包括试制和批量生产）

模拟生产线	模拟配送线
模拟生产线建设的主要任务是在产品试制之前，由工艺部门牵头，以项目中涉及的差异为重点，对生产工作过程进行模拟仿真运行；模拟生产线是管理流向实物流转换的衔接点	依据采购计划和工艺路线、制造 BOM、供应商供应能力，在模拟生产线建设阶段进行采购模拟工作。一方面，对供应商进行能力和资质验证；另一方面，对供应商与企业的外部物流状况进行模拟，评估试制和批量生产时采购供货计划满足情况；对采购方案和供应计划进行完善，以满足生产流水线批量生产需求，包括外部物流方案、第三方物流选取、中转仓库选取、物流路线、物流工具、物流模式，按工位打包采购方案等内容

（续）

输出物	
模拟生产线是工艺管理线的输出,模拟配送线是采购管理线的输出。其中,生产节拍和管理节拍是项目执行全过程的时间标准	
特征	注　释
高效的资源配置	1. 在项目执行过程中,根据项目需要对比产品功能结构树和客户需求,在模拟线框架下,各部门将管理前置,开展一系列识别、仿真、验证等工作,形成工位按节拍运行的"六要素"运行标准,并以此完成工位资源配置 2. 在项目执行过程中,通过对比客户需求和产品功能结构树差异,识别出其中存在的变化项点,并通过仿真验证等手段,将异常控制在前端,以此保证模拟生产线和模拟配送线建设所形成工位"六要素"运行标准准确有效
要素风险的 有效管控	1. 在模拟生产线和模拟配送线建设中,对标标准产品平台(或对比平台项目)识别差异项点和风险项点,开展项目风险对策、验证,实现风险管理前置,将异常控制在前端 2. 设计部门作为源头,识别新结构、新材料、新型号等设计变化项点(简称为设计"三新"),工艺部门识别新方法、新标准、新结构等工艺变化项点(简称为工艺"三新"),采购部门同样要识别因为设计工艺变化及自身产生的"三新"项点。同时采购部门还要通过供应链管理手段,识别、掌握新供应商、新采购物料、新物流渠道等物资供应链变化项点(简称为供应商"三新"),并将这些"三新"项点转化为采购风险项点 3. "三新"项点和风险项点管控需要要素配置部门共同管控。一是模拟生产线和模拟配送线之间需要互相传递"三新"项点。二是要素配置部门要识别各自的要素失效风险,并制定对策。例如,人力部门要识别"人"要素,因为离职、人才储备等方面存在风险。三是在进行验证和制定对策时,要形成相互支撑,模拟生产线识别对策要素配置风险时,采购部门要参与其中,响应工位生产线对"料"要素的支撑需求;模拟配送线在对风险进行识别对策时,工艺部门需参与对供应商的评审、帮扶。四是在项目环节上(例如试制),开展综合性的总结分析,对异常产生的原因、风险应对措施有效性和资源配置有效性进行评估、总结和改善
持续的改善	通过模拟生产线和模拟配送线建设,形成标准的工位"六要素"运行配置文件,并和其他项目执行过程材料一并收集整理存档,以此作为向同平台项目的参考文件。同时,通过项目实践运行后得到反馈,对其中存在的不足进行有针对性的研讨、对策和改善,向前拉动设计、工艺、采购、质量等管理线及资产、安环、人力等管理支撑平台的技术水平和管理水平提升,拉动成本管理线、计划管理线和信息管理支撑平台的管控能力提升

（五）工位制节拍化流水生产线的建成特征和要点

工位制节拍化流水生产线的建成特征见表8-4。

表8-4　工位制节拍化流水生产线的建成特征

建设目标
以"六化"为特征,"八少"(安全环境风险少、影响节拍异常少、无效动作少、物体移动少、能耗少、质量损失少、低值无效资产少、两金占用少)为目标,优化产品制造的实物流和信息流

全面精益管理之策

（续）

输出物		
高效率、高品质、低成本满足客户需求的产品实物		

载体	特征	注释
产品制造平台（"六要素"）	工位"六要素"标准化	即"人、机、料、法、环、测"六要素的标准化，以工位为最小管理单位，以工序为最小管理单元，按照产品族分类，将各工位现场"六要素"配置资源固化、标准化，形成产品制造平台库
	制造资源柔性化	1. 柔性化是指产品制造平台内各资源要素可以在多个项目、不同产品平台之间互相通用；具有一专多能、一机多用等特点；各工位资源在不做调整或者轻微调整的情况下，胜任相同产品族的各平台项目制造任务 2. 柔性化主要体现在实物标准的柔性化和作业标准（动作标准和时间标准）的柔性化。柔性化是在建立在标准化平台（统型的产品平台和标准产品制造平台）之上
管理标准化	作业岗位	1. 作业岗位化是指将各工位内要素资源经过分析、拆分、重组等手段，形成以作业岗位为核心的要素组合。作业岗位主体可以是"人"，也可以是独立完成作业的机器设备 2. 作业岗位化便于在作业个体和作业动作层面，将资源和管理要求细化分解，形成指标、作业标准、管理标准；作业岗位化目的在于能够对现场制造情况进行定点、定量分析，进而开展改善活动，优化产品制造平台和产品平台
生产流程	流水化连续化	采用"车动人不动"的方式，产品沿流水线方向依次流过流水线上各工位，且像"河流"一样没有回流，且连续流动，不断流
	节拍化	节拍是按照客户的需求时间和速度，在批量生产情况下，产品在工位之间流动的间隔时间
	生产方式单件化	整条生产线上，每次只流动一个产品或一个极小批量的产品，不设立大批量的中间库房
日常管理维护	异常响应标准化	异常响应以"分级拉动、分级响应、分级处置"为特点。每一层级的响应和支撑过程并不是由支撑人独立完成的，而是由支撑人根据职能组织相关人员形成团队，共同研讨、处置的
	点检标准化	点检标准化是指不同层级对现场"六要素"维护、状态确认和信息统计分析而开展的管理活动，每个层级具有不同的管理职责 1. 工位：在工位层级对要素开展自主维护，点检确认，并记录要素状态 2. 产线：点检工位日常点检维护水平，点检各资源要素中的关键点，如高危性危险源 3. 车间：对各工区管理情况做点检，统计各要素状态，在车间范围内开展高频次对策 4. 部门：点检各车间资源维护情况，统计各要素状态，在公司范围内开展高频次异常对策和改善

（续）

载体	特征	注释
生产组织方式	生产组织工位化	1. 生产组织工位是指在工艺模块化的基础上，产品在生产线上流动时相对停留的固定区域；员工在该区域完成规定的作业内容；若干个生产工位组成一条生产线 2. 工位化是指以工位为最小生产组织单位，工序为最小管理单元来组织生产活动
现场支撑组织	点到点支撑组织	点到点支撑组织是设计、工艺、采购、生产、质量、安环、资产、人力等部门对制造现场提供异常支撑、技术支持和资源管理支撑的管理方式，它分为工位级、工区级和车间级三个层次 1. 工位级点到点支撑组织是点到点支撑组织的最基础管理工位与现场制造工位对接，称为支撑工位。每个支撑工位有专人与制造工位对接，一个制造工位对应一个支撑人员。工位支撑人员多是基础岗位的工程师、管理员、设计师；工区、车间层面则是相应的业务主管、部门领导作为支撑人员 2. 点到点支撑组织是本部门在工位、产线、车间的管理接口人，负责日常要素点检维护、信息分析，高频次问题对策、异常响应等

第五节　标准化与协同化两大支柱

标准化与协同化是实现保障精益运营管理高效运行的两大支柱。标准化是实现协同化的前提条件，没有标准化，管理流程与管理动作将无法实现协同效应。协同化是标准化落地实施的结果体现，没有协同化，业务流程难以顺畅运行，管理支持和管理改善难以取得良好的成效。

一、标准化

（一）标准化的含义

标准是当前条件下企业开展各项业务活动的最优解决方案和最佳管理规范，是企业开展工作的基本依据。按照标准开展工作，能使工作更加规范与简单，工作结果更加可控。标准化是保证工作结果稳定性、一致性的基础，是团队协作、持续改善的基础，是企业实现信息化和数字化的前提。

（二）标准化的建设内容

1. 业务流程标准化

业务流程标准化包括订单项目交付和管理支持两大类流程的标准化。订单项目

交付流程包含从订单获取、项目策划、产品设计、采购物流、生产制造、产品交付到售后服务的价值创造全过程。管理支持流程包括战略管理、财务管理、人力资源管理和行政管理等职能管理流程。业务流程标准化的内容有确定流程的业务环节（活动）、责任部门（岗位）、输入物、输入部门（岗位）、输出物、接收部门（岗位）和作业时间，同时建立输入物、输出物等的标准化模板，借助流程管理系统（BPM）等信息化手段实现流程执行过程的目视化和超期预警。

2. 管理要素标准化

生产工位的"人、机、料、法、环、测"六要素资源配置必须是满足在规定的时间（节拍）内完成固定的作业内容的最小需求数量。工位是生产线的最小作业单元，它的管理要素必须相对固定，每个工位需要配置的人员数量、人员技能、设备数量、性能、物料数量、作业方法、环境要求、检测器具方法等都要有明确的管理标准。

3. 管理支持标准化

管理支持标准化包括两方面：一是管理维持标准化。保证生产工位能在规定的时间内完成规定的作业内容，确保生产线能正常运行，除了科学合理配置生产资源外，职能管理还需围绕作业过程建立安全、品质、生产、成本、设备、人事、信息等管理标准。职能部门与生产工位之间以生产现场的管理表单、信息系统等为手段建立有效的信息沟通渠道，传递管理标准。职能部门要明确对生产工位支撑和服务的内容、方式、频次和人员等要求，保证支撑和服务的常态化、标准化。生产工位也要填报、反馈管理标准在生产制造过程中的落地执行情况。二是异常管理标准化。管理就是管异常，要建立标准化的异常处理流程和异常升级机制，对异常进行分类分级，明确每一层级异常处置的责任人和处置周期。通过 MES 或安东系统等实现异常的目视化报警，拉动异常问题的快速响应处置。职能部门通过信息系统对生产现场产生的异常问题进行采集，统计、分析不同类别异常问题的数量、出现的原因，按 PDCA 循环原则优化管理标准，改善管理方法，避免后续同类异常问题出现，实现问题解决和持续改善的标准化。

二、协同化

协同化是指采用通过计划、组织、控制等管理手段和方式，指导、规范、要求各职能在运营过程中通过相互配合，管理前置、信息互通、跨组织团队作业等方式

达到柔性更高、效率更高、异常更少的目的，形成管理合力，实现管理效率的整体提升，最快、最大限度地满足客户需求。

（一）协同化在精益运营体系中作用发挥

协同化在精益运营体系中发挥的作用，一是建立协同作战工作机制，将传统的直线型管理流程，变为多单位交互式管理流程；二是由强调单独职能能力水平，转换为强调全系统能力效率水平改善；三是厘清职能与流程关系，面向管理流程重新切分管理职能和组织结构（见图8-6）。

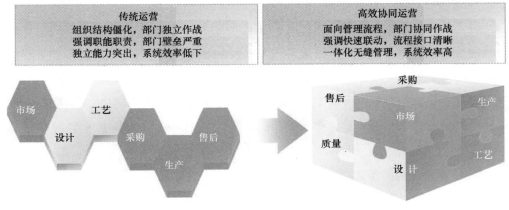

图 8-6　高效协同运营

（二）协同化的主要特征

协同化的主要特征表现在以下几个方面：

1. 策划的协同

首先，基于目标实现的协同策划，在项目目标实现策划的过程中，需要各业务单位充分识别可能产生的影响，明确应对策划，并且做到风险项点、对策方案、客户需求理解、项目实施方案的信息互通。

其次，基于进度计划的协同策划，包括通过管理前置调研掌握业务准备情况、计划编制时计划关键节点的联动对接、为满足计划兑现宽放余量的联动对接，同时当计划出现变动时，以计划关键节点联动，实现计划整体协同变动。

2. 项目执行的协同

包括业务数据的共享、跨组织的团队作业。业务协同绝不是仅依靠评审就可以实现的。开展业务协同，后工序业务应超前介入、了解、参与前工序业务部门的管理工作。这样做的目的一方面是提出便于前工序开展相关工作的参考意见；另一方

面是通过前期的管理前置，提前暴露问题、开展管控，将问题控制在前端。

3. 改善优化的协同

精益改善涉及企业供应、设计、工艺、信息、安全、环境、质量、成本、设备、人力、生产、需求等管理过程，改善对象是日常工作中的流程、标准和工具。改善活动一般存在分析对策、组织实施和推广几个阶段。改善优化协同包括改善分析策划的协同、改善实施的综合组织、改善优化的推广、问题处置的协同等。

（三）协同化的实施方法

1. 客户导向的同心化

订单项目价值实现是满足客户需求的最基本目标。客户导向的同心化是指各业务流程、各项职能管理均以项目绩效和客户满意为标准。所有的业务流程和管理活动都要围绕有利于项目开展，需要梳理和优化流程路径，规范输入输出内容，明确时间要求。在企业内部，产线工位是实现客户要求最前沿的载体，也是离客户最近的环节，企业各项管理工作必须以工位为圆心，以满足工位要求为出发点和落脚点。

2. 运营流程的同步化

运营流程的同步化是指要实现管理协同，就是要以项目为载体，以项目执行流程为主线，以项目里程碑计划实现为管理目标，控制和协同各项管理工作，具体做到以下几点：

一是按项目管理的具体要求，明确建立专业管理流程及流程的节点、输入输出内容和时间要求，并依据工作内容和时间要求，配置相应的管理资源，以确保流程的正常运行和流程要求得以实现。

二是要全面梳理和明确各职能部门、专业管理之间的管理流程接口，明确输入输出标准和时间要求，以此协调各部门的工作。企业要持续对各专业管理流程及各流程之间的接口和相互关系进行优化，不断提高流程效率和整体协同能力，实现流程之间的同步和整体协同高效。

三是企业的各项管理流程的运行必须与制造过程保持同步。制造过程是企业价值增值的核心过程，所有管理活动都服务于这一过程，只有管理流程与制造过程同频同步，才能发挥支持和保障作用，从而提高项目整体运行效率。

3. 流程时间的节拍化

流程时间的节拍化是指在项目执行过程中，一是要对制造过程的生产进度实施

节拍控制，实现节拍化、准时化生产，满足客户需求；二是根据项目执行的要求，企业的各项管理工作要实行节拍化管理，以达到管理的同步化；三是要建立相应的沟通机制和评价机制，以保证节拍和进度节点要求得以兑现。

 **第六节 运营数字化建设**

一、运营数字化的总体构架

（一）运营数字化的任务

运营数字化是中国中车精益运营管理"六支撑"的重要组成部分，"六支撑"中的"数字化"是实现数据驱动的一体化柔性运营管理和智能辅助决策的重要手段。通过信息化、数字化手段实现数据在运营管控、市场营销、研发设计、生产制造、供应协同、运维服务等领域的全价值链、全流程贯通，形成多维度的运营管理支持能力，达成运营数字化的两项基本任务，即以业务场景为抓手的订单项目管理支持、以指标和关键事件为抓手的运营状态监控。

（二）运营数字化的主要内容

运营数字化通过数字化技术和手段，围绕业务场景将管理要素进行数字化和结构化，实时采集存储运营过程数据，建立数据湖仓，实现数据沉淀，通过数据算法实现数据的分发、共享、追溯、分析，在企业范围内实现运营数字化的"三全覆盖"，即基于订单项目的生产运营"全产线覆盖"、项目执行的"全项目覆盖"、以业务场景为抓手的"全流程覆盖"，达成以下能力目标：

1. 流程驱动的项目协同执行

对项目进度、风险、成本等进行全面智能管理，对上下游相关业务提供数字化辅助支持。

2. 多项目执行的智能运营

基于运营管理目标，实现项目资源的最优调配；基于多项目管理，形成项目运营能力反馈和分析，指导经营管理改善、运营体系改善和资源储备改善。

3. 运营指标智能管理

采集项目执行过程数据，进行全项目、全流程、全要素监控，建立经营数据湖仓，进行数据共享、开发和利用。建立全景式的智能指标看板，实现经营状态的实

时展现和对比。基于数据湖仓数据沉淀，进行经营趋势大数据分析，实现经营目标兑现、风险项点的超前预警和运营决策的数据支持。

（三）运营数字化的框架

运营数字化的建设框架按照作用分为展示层（前台）、算法层（中台）、操作层（后台）和基础管理。运营数字化建设框架如图8-7所示。

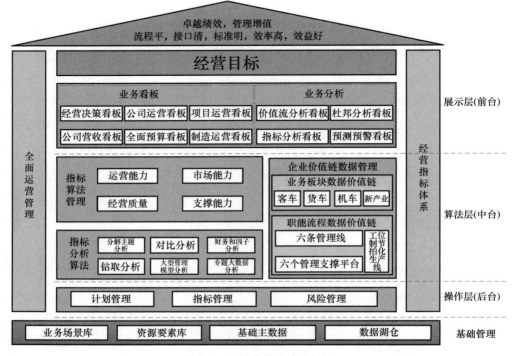

图 8-7 运营数字化建设框架

展示层（前台）是运营数字化的管理功能模块，包括业务看板和业务分析功能。通过前台实现指标的实时展示、异常信息预警、指标和趋势分析研判。

算法层（中台）是运营数字化中规则制定、管理和维护的功能模块。它包括三方面内容：一是企业价值链数据管理，通过管理业务板块数据链，指导业务数据采集、记录、存储、管理；二是指标算法管理，对指标计算逻辑、数据源、统计维度、计算周期等进行编辑；三是指标分析算法，是对指标、数据进行分析的工具库。

操作层（后台）是运营数字化中日常使用、维护的功能模块，包括经营管理数据驾驶舱中的日常功能模块和各业务执行、管理的功能模块。操作层是运营数字化的数据来源。

基础管理对运营管理的各类要素、管理行为（流程、场景）进行数字化定义，是过程数据采集存储的功能模块。该模块是企业运营管理的数据"源"和运营数字化的"数据仓"。

二、以业务场景为抓手的订单项目管理

对项目执行的过程进行数据采集、关键事件监控，使运营指标和经营目标兑现。

（一）订单项目业务场景数字化

1. 业务场景梳理

为避免因业务流程变化导致的系统平台失效，运营的数字化建设应通过识别最小业务单元（业务场景），组建模块化的业务场景库，实现业务数据流的高度柔性化配置。中车基于"6621运营管理平台"框架和项目执行过程，将各部门职能转化为可落地、可管理的业务场景，形成标准数据库，形成企业数字化运营的基础数据。

业务场景库建设应包括两个方面：一是通过"6621运营管理平台"对业务进行梳理细分，将业务流程节点拆解为基础的"业务场景"，场景应是业务实施的最小动作单元；二是对业务场景进行数字化定义，包括使用"SIPOC"（S：Supplier——供应商；I：Input——输入；P：Process——流程；O：Output——输出；C：Customer——客户）对业务场景实施的要素进行定义，对产生的信息数据进行定义。业务场景分级见表8-5（以供应链管理为例）。

2. 形成基于业务场景的数据流

数据流是实现项目协同作战的保障，运营数字化建设的本质是加快数据流动效率、提升数据流动的质量。在业务场景库建设的基础上，梳理不同业务板块的业务展开逻辑，搭建不同业务板块的数据流，打通信息系统之间的接口，实现数据在项目执行中的点到点精准推送，实现"业务互联、数据互通"。数据流是订单项目各部门协同作战的根本保证，只有建立明确、全流程覆盖的数据流，才能厘清不同业务板块下，各业务场景之间的管理关系，为业务的超前管控和实施提供依据。

表 8-5　业务场景分级

一级场景	二级场景	三级场景	四级场景	数据
供应链管理	供方管理	—	—	—
	项目采购管理	招标	—	—
		合同谈判	—	—
		采购订单	—	—
		入库	入库检验	1. 检验标准 2. 检验人员 3. 检验时间 4. 检验地点 5. 检验工具 6. 物料合格状态
			分拣	—
			上架	—
		仓储	—	—
		出库	—	—
		配送	—	—
		—		

（二）订单项目的智能管理

基于"6621 运营管理平台"，以项目"高效、经济、安全"为目标，实施订单项目的智能管理。

1. 建立项目进度模块

项目进度模块应包括两方面的内容：一是基于业务板块数据链生成计划模板，构建项目多职能关联编辑和项目资源、项目风险数字化辅助提示；二是通过风险项点、关键节点的跟踪、观测对项目进度进行智能化预警。

2. 建立异常管理功能模块

以项目执行流程和计划为依据，异常管理信息系统通过 ESB 主线与项目管理系统和各管理线、管理支撑平台业务系统的异常管理模块对接，通过各管理线中计划管理模块，对比项目实际执行进度与计划要求，对滞后的节点自动进行异常拉动（可以设置在逾期前先进行预警，实际逾期后直接触发异常）。

3. 建设项目执行过程数据湖仓

一是开展业务数据属性管理，通过深入挖掘业务场景信息，按照要素、行为和结果状态，对业务场景数据进行归类；二是以项目执行过程数据接口为抓手，建立数据采集点，以此实现项目执行全要素数据记录，形成项目数据库；三是以数据可靠化为目标建立数据规范，实施数据清洗，形成数据湖仓的数据沉淀。

4. 建立数字化辅助业务算法

在项目数据库基础上，根据项目管理指标设置定义，抓取相应数据，得到不同平台下同一指标的平均数值，形成基准数据。基准数据可以作为项目策划的参考指标和改善依据。在项目执行中设定项目指标数据，根据项目执行情况自动统计、自动对比指标数据、自动预警。

例如，在产品选型时，则可以根据所选产品型号和对应的生产工艺，生成预计项目成本（ERP 系统中抓取物料标准采购成本信息，从产品平台信息系统中抓取人工、能耗定额等信息），若超出成本，则报警。

（三）生产制造执行的智能运营建设

围绕工位制节拍化生产方式，以"订单响应快、生产效率高、产品质量好、制造费用低"为目标，实施"一舱、四载体"的生产制造执行的智能运营建设。

1. 构建数字化运营管理模型

围绕"品质、效率、效益"提升，建立可测量、可跟踪、可评价的运营管理模型，提升流程下达、指标数据采集、分析、控制能力，引导决策层、管理层、作业层及全员持续关注和解决现场问题，持续提升项目执行过程中的安全、质量、交期、成本等绩效，实现价值增值的最大化。

2. 建立生产运营数字化的"一舱"

"一舱"是指生产指挥数据驾驶舱。生产指挥数据驾驶舱以典型产品和项目实现过程为重点，聚焦工位，基于精益制造的业务模型及生产指标体系，围绕质量、成本、交期等核心指标，创新数字化生产制造模式，实现产品制造全流程一体化精准管控；以项目计划、生产计划、采购计划、物流配送计划高效协同为基本要求，建立从订单到交付全流程一体化生产指挥数字化平台，搭建生产指挥数据驾驶舱。

3. 打造生产运营数字化的"四载体"

"四载体"是指两条模拟生产线、精益车间、精益生产线和精益工位。通过数字化工具和手段，对产品、管理行为进行数字化、结构化改造，数字化赋能模拟生产线、模拟配送线建设，提升各部门数字化协同能力，实现"三新"风险管控的微观治理，通过与现场工位的数字化对接，实现要素配置的微观治理，提升要素配置的有效性。通过数字化赋能标准工位、精益产线建设，提升"工位六要素"和

"七大任务管理"的数字化管理水平，提高产线装备数字化水平，提升关键工序数控化率、智能检测水平，推动绿色制造标杆建设，打造造修一体、高度柔性的数字化产线，实现全产线、全项目、全流程精益化。

4. 项目执行的数字化支撑

加强订单项目执行管理与现代信息技术的深度融合，依托工业互联网平台，构建包含运营管控、市场营销、研发设计、生产制造、供应协同、运维服务在内的项目执行各阶段的数字化管理系统，实现各阶段数据贯通，信息互联互通。

三、以指标和关键事件为抓手的运营状态监控

为实现运营效能提升，实施以指标和关键事件为抓手的运营状态监控，可为企业运营管理决策和持续改善提供数据支持。

（一）建立指标管理体系

指标管理是企业经营管理成果的直观体现，是运营数字化不可或缺的元素。建设经营管理数据驾驶舱是提高企业管理能力、赋能企业提质增效的重要保障。经营管理数据驾驶舱能够促进业务数据的标准化、规范化，提升企业业财融合水平，全面优化企业经营体系，提升经营管理效益。通过数字化技术，将用户、产品、数据、业务、运营相互关联、计算，实现运营全流程数据采集，形成可视化的企业经营数据和指标体系，客观反映企业关键信息与状态，提高决策的准确性，帮助企业做出正确的决策。

中国中车基于运营数字化建立了从集团到子公司的全链条指标数据通道，集团层和子公司层面分别建立运营管理数据驾驶舱，从业务实施过程中采集数据，按规则汇总成为层级的指标体系，供集团公司、子公司、子公司业务部门进行运营监控。

（二）搭建指标算法库

要使各种结构化、非结构化的海量数据实现标准化、信息化，应搭建指标算法库。

指标算法库通过指标生成逻辑，配置源头数据，提取数据中的指标计算因子，生成指标算法公式，实现指标管理的柔性化。指标算法库的搭建，应包括指标库和算法库两个方面内容。

指标库是建立指标定义的功能模块。通过指标字典和维度字典，明确指标的管

理属性，包括指标的数据因子、统计周期、统计标准等基础信息。

算法库是编辑指标计算逻辑、分析逻辑的功能模块，包括指标公式编辑功能和指标分析模型编辑功能。功能模块能够根据指标计算因子，基于数据链条和业务场景进行数据下钻和采集，通过指标分析、指标趋势分析等，实现指标的实时展示。

（三）搭建数据分析模型

数据分析是为展现指标历史发展动态，预测未来趋势的管理动作。表 8-6 列举了几种常用的数据分析算法。

表 8-6　几种常用的数据分析算法

数据分析算法	说　　明
分解主题分析	针对不同的分析需求,将分析对象按照经营主题、管理主题和财务主题进行分类,然后将这些大的主题拆解为更小的方面来进行分析,这种分析方法主要是对分析对象的属性进行分析、分解、分类
钻取分析	通过改变维度的层次,变换分析的粒度。例如,企业季度、年度的数据可以向上钻取,将季度的细节数据概括到高层次的年度数据,而向下钻取是可以从年度数据深入到季度的细节数据进行观察。通过钻取的功能,用户对企业经营能力有了更深入的了解,更容易发现问题,做出正确的决策
对比分析	通过对标对表,构建对标体系,利用算法对数据进行挖掘、分析和数学建模,从而优化模型,以便能够准确检测和分析企业的运营能力。对标体系属于对比分析技术中的同类比较分析,其中还覆盖了时间趋势分析、构成分析、多指标分析、相关性分析及分组分析等对比分析方法
大型管理模型分析	揭示企业系统内部本质性的关系,供企业用分析自身的经营管理状况。针对企业管理出现的不同问题,采用行之有效的模型进行分析,往往可以事半功倍
财务和因子分析	主要指因子分析法在财务信息分析上的广泛应用,如杜邦分析法、经济附加值（EVA）分析法、财务比率分析等
专题大数据分析	对特定的一些规模巨大的数据进行分析。大数据常用来描述和数字定义产生的海量数据。常见特征是数据量大、类型繁多、价值密度低、速度快、时效低

第七节　运行管控方法

以订单项目为载体的运营管理是企业经营的核心环节。协同、高效的运营管理是企业实现经营目标的重要保证。要实现协同、高效的运营管理，有效的管控方法和手段则是保证。实践证明，指标及可视化控制、层级职责会议、现场管理督查和管理者标准作业等是有效的运营管控方法。

一、指标及可视化控制

指标及可视化控制的作用就是将运营目标转化为可量化、可评价的绩效指标，并逐层分解、监控，暴露问题并驱动解决，促进运营目标的达成。它的作用如下：

一是系统地将工厂运营目标转化为具体可量化、可评价的绩效指标；二是实现指标的系统化、结构化分解，明确指标的实现方法与路径；三是层层落实组织及个人绩效；四是准确地呈现各层级所关注的绩效目标与实际表现之间的差异和变化趋势；五是通过绩效看板（业务管控指标和绩效管控结果）直观地反映运营业务流程表现，帮助人们及时发现问题并驱动问题解决。

指标及可视化控制重点关注两大核心：一是指标逐层分解至最小单元或个人，并形成层层支撑的指标体系；二是要考虑可视化的效果，目标与实际清晰，能够一目了然地看出问题。

指标体系就像一张大网，将企业的运营目标与每个组织、个人紧密相连，让企业的每一个人围绕组织的目标工作。指标体系更多地是用来监控改善，而非考核。在指标体系搭建时，需要关注指标是否承接了企业中心战略，是否承接了上级组织的要求，是否考虑了内部管理需求，并从"纵、横"两个视角按照拆解和分解，纵向分解到产品线、工位，横向分解到职能部门、小组和个人。在指标分解时，要关注指标与组织的匹配性，一个指标只能由一个组织或个人承担，减少职责模糊与责任不清。同时需要制定每个指标的目的、计算方法、取数来源、责任人、频次等。

指标可视化控制就是要把标准和实际清晰地展示出来，让大家能够看到。它的两大核心：一是目视化，能够被看到，采用的分层看板作为可视化的载体；二是可读性，每个指标都有明确的标准，能够看到实际，了解实际与目标的差距，同时关注展示方式，尽量用图形代替表格，并且用红黄绿等颜色进行正常、异常、预警等状态显示。

二、层级职责会议

虽然实现了指标及可视化控制，但如果仅是展示出来，无有效的机制进行管控、监视和纠偏，也不能促进绩效的提升，此时就需要导入层级职责会议。

层级职责会议是管理者行使责权利日常运行的载体，能对指标进行监视和纠

偏，实现异常反馈和指令下达，它的核心是建立跨部门跨组织的团队，打破部门墙，拥有共同的目标，高效协同。层级职责会议的主要特征如下：

层级：强调全员参与，分层管理，层层相扣，相互关联。

职责：每个人都需要履行在层级会议中的被赋予的职责，指标到人，问题到人，敢于承担和决策。

会议：站立式的每日例会有标准议程。会议只确认问题和决策，不讨论问题发生的原因和详细解决方案，时间一般不超过 15min，人数不超过 15 人，过程需要双向沟通，强调问题的暴露和快速决策。

三、现场管理督查

现场管理督查强调各级管理者到生产现场进行管理督查，确保各管理要求及机制的有效落地运行及维持。在推进现场管理督察时，需要营造关注"现场"，督促管理者（广义）关注现场，协助改善的氛围；实地确认执行情况与计划需求的差异，确保认知或理解一致，促进员工能力提升。现场管理督查时应遵循"现时、现地、现物"，鼓励改善的基本原则，鼓励全员发现问题、提出问题并及时改进，不回避和掩盖问题，树立管理要求的权威性，纠正和预防错误再发生。督查的组织者明确督查的目的，制订督查计划和督查规则，包括对象和地点、督查人、督查路线、督查时间、督查结果表述要求等。定期性现场管理督查计划会包括督查负责人、参与部门及人员、督查时间、督查内容和区域。临时性现场管理督查会包括督查触发条件、督查发起人、参与人员、督查方式、督查内容和区域。

也可以将管理督查与层级会议相互协同融合，督查发现的问题分层分级落实到层级会议进行跟踪闭环，若无法解决的，则按照既定的原则进行升级处理。

四、管理者标准作业

管理者标准作业就像汽车发动机，是保证层级会议、现场督查、持续改善等机制，以及日常业务持续稳定运行的载体和手段。

管理者标准作业的作用是保持管理节拍的一致性，驱动组织和个人效率的提升。对组织而言，它能提升组织管理的聚焦性，提升组织效率，促进组织 KPI 的提升和达成。对个人而言，强调对工作负荷、强度和计划达成共识，确定个体节拍与组织节拍一致。

管理者标准作业要以维持业务流程稳定运行，支撑各项管理要求落实为核心。管理者标准作业主要包含重点工作计划、日常固化工作或会议、绩效辅导及认可、审核等。

重点工作计划主要包括日、周、月三种频次，每项工作要落实到具体的时间，目的是承接 KPI 指标和重点工作，保持上下、横向工作的协同，规范每日的工作内容和时间。

日常固化工作或会议的形式有现场管理督导、层级会议、周会、流程中固化的工作项等，目的是保持相关人员的工作节拍一致，且维持相关管理要求的有效落地及稳定运行。

绩效辅导及认可主要是指上级对下级工作改善的辅导及认可、确认改善机会并帮助制订改善计划。

审核主要是指上级对下级的管理者标准作业的审核确认并达成共识。为了保证管理者标准作业的有效运转并减少变动，应遵循自上而下设定的原则。管理者标准作业样表见表 8-7。

表 8-7　管理者标准作业样表

更新时间：_____　　　　　　　　　　姓名：_____角色：_____

时间轴		周一	完成	周二	完成	周三	完成	周四	完成	周五	完成	周六	完成
8:30	9:00												
9:00	9:30												
9:30	10:00												
10:00	10:30												
10:30	11:00												
11:00	11:30												
11:30	12:00												
12:00	13:15	休息		休息		休息		休息		休息		休息	
13:15	13:30												
13:30	14:00												
14:00	14:30												
14:30	15:00												
15:00	15:30												
15:30	16:00												
16:00	16:30												

（续）

时间轴		周一	完成	周二	完成	周三	完成	周四	完成	周五	完成	周六	完成
16:30	17:00												
17:00	17:30												
17:30	18:30	休息		休息		休息		休息		休息		休息	
18:30	19:00												
19:00	19:30												
19:30	20:00												
20:00	20:30												
20:30	21:00												
21:00	21:30												

指标及可视化控制、层级职责会议、现场管理督查、管理者标准作业这四大管控手段的导入不需要一次到位，不一定要成体系或全产品覆盖，但要从解决业务痛点出发，可以在单个产品线进行试点，采取以点带线，以线到面的策略推进。此外，运营管控手段在很大程度上是要改变员工原有的思维模式和行为模式，可采取先僵化、再优化、再固化的方式寻求逐步改善。

案例一 TOS 精益运营体系创建

一、现状分析

精益运营的实践过程实属艰辛，从一无所知到逐步深入认知，需要大量的考察学习和实践。精益运营是一套系统有效的方法论，能够帮助企业打造持续的竞争优势。

二、目标设定

某公司希望通过推行精益运营解决"财务体现问题、战略落地问题、管理融合与协同问题、系统改善问题、精益文化与人才发展问题"等诸多问题。

三、具体做法

该公司先后考察了日本丰田、尼得科集团，美国霍尼韦尔、丹纳赫、戴尔、台达电子等国内外知名企业，发现这些企业都具备一定的共同特征：即，形成了符合

自身业务所需的精益管理体系；有清晰的组织愿景目标，并进行了战略方针部署与管理；形成了自身特色的精益企业文化，充分体现了以人为本、持续改善等精益文化精髓；精益生产十分扎实，价值流建立、维持与改进活动呈现常态化；建立了完整的成本管控体系，实现了业务和财务的深度融合，形成了财务指导业务，业务促进财务的良性局面；安全、质量文化深入人心，体现在日常管理当中等。

快速复制、整合是创新的最有效方法。该公司将各家企业的最佳实践做法进行全面的集成、整合与内化、试点实践，在 2018 年推出了适用于自身的多元化业务管理实际的精益运营管理体系（TOS），TOS 是在多番考察和实践循环以及充分论证的基础上所产生的（见图 8-8）。TOS 旨在通过体系一实现语言的统一，进而实现文化的统一，能够让人们的沟通和协作更加高效。TOS 是一个建立在精益生产和精益管理基础之上的高度集成、高效协同的持续改进系统，它为驱动订单实现过程（OTC 订单到收款）在安全（S）、质量（Q）、交付周期（D）、成本（C）和库存（I）方面的持续改进，满足并超越客户期待，帮助企业打造（制造、供应链）持续竞争优势提供了一整套系统的管理工具。

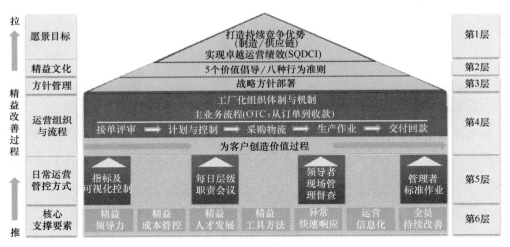

图 8-8 TOS 体系示意

模型中对订单实现过程进行了精益化、体系化架构，充分诠释了一个企业"如何确保组织做正确的事，如何确保组织正确地做事并把事做正确"这一核心内涵。

1. 确保组织做正确的事情

该公司在创建精益运营体系时发现，许多组织并没有清晰的愿景和目标，即便

有愿景也只是一句口号，并没有付诸实践和行动，日常运营和战略是完全脱节的，不清晰的战略愿景使组织无远虑、有近忧，组织资源配置与发展缺乏系统规划。针对这一现状，该公司在体系建设中精准地提炼定义了一个组织持续共性的愿景目标，就是要聚焦业务持续竞争优势的构建，把满足并超越客户期待、实现卓越的"SQDCI"运营绩效作为总体目标来运营和管理活动，同时补强了方针管理这一流程和机制，支撑战略愿景目标的有效落地（见图8-9）。

组织有了清晰的愿景目标后，为实现这一目标，必须建立有效的团队共识与精益文化。一个组织的文化形成取决于领导。塑造精益文化：通过领导提出期望，期望改变行为，行为产生文化。文化产生的逻辑如图8-10所示。

领导者是精益文化产生的核心驱动力，如果各级领导者都讲精益，精益便会成为组织从事管理工作中的统一语言。五个价值倡导和八种行为准则，可以帮助组织和团队推动精益文化成形（见图8-11）。

清晰的战略愿景目标、有效的工作部署，以及精益的价值观和行为准则形成了基于目标协同的牵引力，这种牵引力能够有效地拉动组织持续改善，直到迈向卓越的愿景和目标，确保组织做正确的事情。

2. 确保组织正确地做事并把事做正确

许多企业不能确保组织正确地做事是因为组织的边界不清，职责不明，资源配置不到位，组织与业务流程之前没有形成有效的承接关系，组织的分工不清和协作不畅导致组织既无法确保正确地做事，也难以确保把事做正确。简而言之，这个组织的设计是有缺陷的，是不精益的，组织的精益化改造和变革是组织精益推行成功的必要基础和前提。在组织的精益化改造方面，主要以组织实现责权利和资源的高度匹配为目标，以组织的"责任清晰化、经济责任化、职能完整化、机构扁平化、干部职业化"等为核心进行精益化改善，建立"生产制造、技术支持、物料保障"为核心职能的"铁三角"团队，强化组织内部的分工与协同流程的建立，确保组织能够有效承接价值流，打造"责任清晰、职能完整、资源集约、机构扁平、协同高效"的精益化组织。在建立精益化的组织的同时，该公司还强调实现业务流程的精益化目标，核心就是要建立"实物流、信息流、资金流"三流合一的价值流，以价值流来衡量流程的效率，通过建立精益流程能力基准，确保价值流所产出的"SQDCI"绩效达到最佳状态，同时，基准的建立为业务的持续改进和竞争优势的构建奠定了坚实的基础。

某事业部公司级一级X矩阵

17.叶片销售市场订单拓展与突破项目
16.运维收入增利项目
15.大型陆上及海上新产品叶片开发项目
14.采购商务降本项目
13.材料用量降本项目
12.材料科技降本项目
11.提升产能保交付项目
10.风电自动化数字化建设项目
9.风电自动化提升降本项目
8.产供销管理提升项目
7.质量成本管理提升降低质量损失项目
6.其他可控费用降本项目
5.FPO能力提升缩短运制周期和数量
4.固定资产投资及固定资产重复利用项目
3.营运成本降本改善项目
2.新工厂建设标准化项目
1.人工成本全流程提质增效项目

营业收入 ……亿元

净利润 ……专项

期末存货限额达下项
下期末应收账款限额达下专项

营业收入…亿元
运维收入增利规模:1000万元
生产交付计划达成率100%达成率≥95%
新产品开发设计计划达成VP≥4000…亿元
设计其他可控降本金额:…亿元
采购商务降本金额达**亿元
材料用量降本金额降本成**万元
直接材料制造费用降本***万元(对标各公司叶型材料成)
人工成本占产值比:***%
期末网金损失金额:…亿元
质量损失金额***万元(对标预算)

行业领先:市场占有率:***%
毛利率:***%
营业收入:**亿元

Y Y Y Y Y Y Y Y Y Y Y Y

侯总 曾总 孙总 谢总 李总 苏总 冯总 蒋总
负责人
支持人

Y表示需要扩展到下一级矩阵,N表示不需要对展至下一级矩阵

图 8-9　某企业 X 矩阵图

图 8-10　文化产生的逻辑

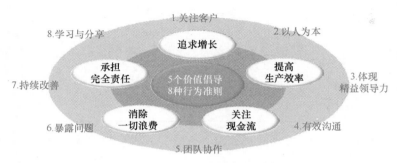

图 8-11　五个价值倡导和八种行为准则

四、效果描述

在对组织和流程的精益化改造的同时，基于分层、分级的管理逻辑，该公司全面导入了"指标及可视化控制、层级职责会议、现场管理督查、领导者标准作业"这四大精益运营管控手段，以此确保流程基准的稳定、受控和持续改进。指标及可视化控制有效地解决了每个层级管理人员承担目标职责不清的问题，解决了指标分解与实现路径的问题，解决了业务流程绩效可视化透明管控载体的问题。

五、推广应用

体系的创建为管理系统持续改进建立了基准。该公司在体系的导入、推广与应用层面，也遇到了不少问题，如：体系的理解实践问题、组织体制与机制的精益化变革问题、成本管控系统的支撑问题、业务基准的不健全问题、精益领导力的发挥问题、精益人才梯队的支撑问题、管理人员的工作方式与习惯转变和适用性问题等。

TOS 体系在推行过程中效果明显。在"SQDCI"的运营绩效改善和管理体系成熟度的提升上导入 TOS 体系，均带来了明显的改善和变化。TOS 体系的有效导入推动着组织、流程、运营、财务等全面迈向精益化。

在实施体系化精益之路的过程中有两点启示：

第一，体系统一是为了语言统一，语言统一是为了行动统一，行动统一才能形

成文化统一。只有统一，才能实现高效协同、上下同心，才能有效支撑产业高质量发展。

第二，体系变革成功率80%在于领导力和文化，20%在于工具方法，管理变革过程中必须要注重道术相济、知行合一，方能取得好的结果。

案例二　广州地铁 18 号线及 22 号线列车项目运营管理

一、现状分析

广州地铁 18 号线及 22 号线列车项目的合同范围包括车辆制造、维保服务、机电总包三大部分，具有跨领域业务融合难、项目团队规模大、执行周期长、沟通难度大、技术指标高、项目范围广、全员参与度高、维保要求高等核心挑战。

该项目团队成员达到 170 余人，项目周期长达 20 年，执行时间增长了近 3 倍。

二、目标设定

车辆方面，该项目采用的列车属于全球首列全隧道刚性网运营列车，在隧道中运行的空气动力学特性和噪声情况较为复杂，车辆实际运营过程需要在克服车体表面压力、车内压力变化的情况下，保证列车安全性和乘客舒适性。车辆段设备方面，国内首创蓄电池工程车速度等级达 120km/h、60km 超长续航里程。智能运维系统方面，由"故障修"向"状态修"的跨越。

该项目相比普通项目新增了机电设备、17 年运维服务两个板块，机电设备涉及种类达 139 项，不仅涵盖探伤车、打磨车等大型机电设备，还包括叉车、搬运小车等标准设备。

为降低项目成本，从财务、设计、采购、生产、销售等领域发现薄弱环节，挖掘内部潜力，需要构建一个成功、高效、全员参与的、真正能令企业成本大幅度降低的现代成本管理控制系统。

三、具体做法

在项目实施过程中，主要经历项目启动、策划与计划、执行与监控、收尾等四个阶段。该项目制定了有针对性的措施。下面主要介绍该项目的协同管理措施。

1. 明确协同计划管控重要节点

项目进度网络图是表示项目进度活动之间的逻辑关系（也称为依赖关系）的图形。根据实地调研，该项目公司得到广州地铁 18 号线及 22 号线列车项目相关数据，包括项目各任务的分类、WBS 编码、名称、直接紧前工作、工期的可能范围（即最短工期和最长工期），以及所需资源总量（见图 8-12）。

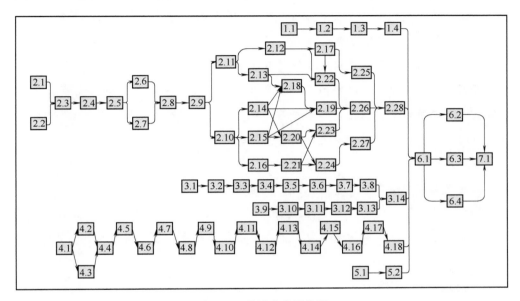

图 8-12　项目进度网络图

注：图中数字表示日期。

关键路径法考虑项目各任务之间的逻辑依存关系，关键在于找到一条能够决定项目工期的最长路径。识别出了关键路径，也就找出了项目进度计划管理的关键所在。关键路径上的任务被延误，或者关键路径上的关键任务持续时间延长，就会直接导致整个项目的进度超期。因此项目中的非关键路径要为关键路径让路，一切服从于关键路径。关键路径上任务的总时差为 0，由上表可知，车辆组装的关键路径为：2.2—2.3—2.4—2.5—2.7—2.8—2.9—2.10—2.15—2.18—2.19—2.26—2.28—6.1—6.3—7.1。

2. 建立多团队管理沟通机制

在建立多团队管理沟通机制时，主要使用的流程和工具如下：

第一，通过编制人力资源管理计划规划项目团队管理。主要包含人力资源需求策划、团队组建、团队建设与管理的三个过程。它用来明确项目团队成员任职资

格、团队成员及职能职责、团队建设管理的要点等。

第二，推行项目制绩效管理对团队成员进行工作表现评价。每月初对项目团队成员下达月度工作任务，每月底进行月度工作任务完成情况评价，评价结果与项目团队成员的项目绩效及项目阶段绩效挂钩，直接影响团队成员的每月的绩效奖励和项目阶段奖励。

第三，通过建立问题日志（跟踪台账），共享团队成员信息反馈。问题日志详细描述了项目异常问题、影响、责任人员、跟踪处理进度、异常状态等信息。它用于及时给予各项目团队成员信息反馈并督促解决问题。

第四，通过岗位说明书明确工作程序和要求。岗位说明书包含岗位基本资料、工作概述、岗位职责、岗位资格要求等，使岗位的工作要求与项目总体目标保持一致。同时，为应对团队成员变更，制定具体的变更和交接流程。

第五，通过资源日历及时了解团队成员的资源分配情况，并在必要时为团队成员提供资源支撑和工作辅导，确保所有工作任务可按预定计划顺利完成。

第六，从关键专家处持续获取决策支持。主要是持续更新、完善关键专家目录，并保持与相关专家的沟通交流，为项目执行策划及重难点问题和异常处理提供指导性意见。

3. 全过程风险管控

项目执行过程共识别风险 29 条，其中高风险 11 条、中风险 17 条、低风险 1 条。通过项目风险管理，关闭风险 24 条，其中规避风险 23 条。主要解决了车辆不能按计划交付、车辆轴重等技术不符合性规避、智能运维不能满足合同要求等风险。广州地铁 18 号线及 22 号线列车项目启动之初，项目管理中心在营销部门移交的风险报告的基础上，组织项目团队成员、相关方进行了风险识别，通过文档审查、信息收集、假设等方法对潜在的各种风险进行系统归类，梳理出项目所面临的风险，分析风险发生的潜在原因，评估影响程度，并制定应对措施予以规避、减轻、转移等，确保项目顺利执行。具体措施如下：

第一，通过制订风险管理计划规划风险管理。风险管理计划定义了实施项目风险管理活动的过程，明确项目风险的识别方案及数据来源、风险管理参与人员及职责、风险管理流程、规定风险类别等工作，确保风险的管理程度、类型和可见度与风险及项目对组织的重要性相匹配。

第二，通过制定项目风险登记册实现对项目风险的动态跟踪。项目风险登记册中详细记录了风险分析结果、风险应对策略及计划，为有效实现项目风险控制提供了支撑。

第三，通过风险绩效发布推动高风险事件处理。项目团队每月在公司绩效发布会上，向公司中高层管理者、员工代表、党代表发布分享项目风险管理情况、成功或失败案例、高风险事件应对措施，强化风险管控意识，获取更多资源支持，更有效地识别风险、应对风险。

四、效果描述

1. 项目管理成效

1）产品从设计、采购、生产制造、质量控制等方面都得到优化，为用户提供高性价比的产品，列车可靠性较高，得到了用户的认可。

2）经过前期成本策划、控制，项目总体成本毛利率水平基本达到公司要求。同时，该项目集"车辆新造+车辆段设备+运维服务"于一体，开创了中国轨道交通市场列车项目先河，为后续项目运作起到了良好的示范效应。

2. 团队管理成效

1）提升了机电设备项目团队成员管理效率，降低了项目执行风险，保证项目可交付成果按照项目合同计划顺利执行。

2）稳定了项目维保团队，提升了维保成员工作技能及工作积极性，同时使团队分工清晰，实现了项目运维管理的高效运行。

3）提升了团队协作的战斗力，在面临项目异常时，各团队成员能从项目总体角度出发，共同应对异常。例如，在广州地铁18号线及22号线列车项目启动之初，设计经理识别出该项目列车轴重将存在较大超重风险，据此，团队成员中的设计经理、营销经理、项目经理、采购经理、试制经理相互支持、各自分工，成功地消除了项目的一个重大风险，规避了公司上亿元的返工损失风险。

3. 风险管理成效

1）车辆性能全面符合合同技术要求。通过有效的风险管理，提前识别车辆设计、采购及生产存在的风险，有针对性地制定应对措施，由车辆上线运营表现可知，车辆运营性能达到行业较高标准，保障了项目车辆板块成效。

2）全面克服外部因素保障项目按计划开展。通过风险识别，提前制定应对措施，实现项目可交付成果按计划开展，保障了项目的顺利推进。

3）新执行市场稳步推进。通过有效的风险管理，项目车辆段设计及运维服务有序推进，执行经验不断沉淀，为公司新市场项目推广奠定了坚实基础。

4. 其他成效

进一步完善了公司项目管理体系，结合项目管理过程中具体工具和技术的应用，使公司在城轨项目管理中特别是进度管理等方面更加科学，使项目目标更加具体、准确。

案例三 一体化指标改善系统构建与实施

中国中车某子公司运用"精益+"理念，结合生产经营实际，对指标管理进行系统策划、实施、监控、考核和改进，实现精益指标与公司现行指标运行模式的有机融合，形成具有公司特色的一体化指标改善系统。

一、现状分析

改善前，公司指标管理存在着指标管理不系统、指标的分解不到位、重结果轻过程等问题。基于此，公司建立起以安全、质量、成本、交付周期、库存和士气六大类指标为主体的精益管理、精益制造、模拟线指标改善系统，并纳入公司组织绩效考核指标库（见图8-13），进行统一管理，实现指标的一体化运行、管理。

二、目标设定

初步搭建由公司、部门、分厂、班组（T1～T4）四个指标层级所组成的指标改善系统，实现改善系统100%覆盖所有产品线或项目。

三、具体做法

1. 成立组织

成立指标改善系统建设与实施领导小组和工作小组。领导小组负责指标改善系统建设的全面统筹和总体策划；工作小组负责指标改善系统的具体建设、实施、协调和督导。

2. 编制计划

领导小组组织编制指标改善系统建设与实施计划，见表8-8。

责任分厂: 新造分厂

序号	指标名称	计量单位	2022年计划指标	考核部室	备注
一	**关键业绩指标**				
1	成本降低额	万元	0	财务部	
2	期末在产资金	元	108800	生产部	
3	质量损失总额指标	元	以质量指标为准	质量保证部	
4	月度生产任务(含外销配件和自制配件项目)	项	生产部下发的月度作业计划	生产部	
5	月度生产作业计划执行准确率	%	100	生产部	新增
6	材料定额执行率	%	100	财务部物资供应部技术工艺部	新增
7	分厂分担责任区卫生达标率	%	100	行政管理部	新增
二	**安全环保指标**				
1	死亡事故	‰	0	安全环保部	
2	重伤事故	‰	0	安全环保部	

a) 分厂绩效考核指标

责任单位: 检修鉴定部

序号	指标项目	工作号	单位	2022年计划	考核单位	备注
一	**关键业绩指标**					
1	货车厂修料费降低额		万元	500	财务部	
2	配件拆车完整率		%	100	运营管理部	
3	配件交接完好率		%	100	质量保证部	
4	检修材料定额完善率		%	100	财务部	新增
5	轴承自修率		%	54	财务部	
6	轮饼更换率		%	30	财务部	
7	车轴更换率		%	6	财务部	
8	摇枕更换率		%	1	财务部	
9	侧架更换率		%	1	财务部	
10	缓冲器更换率		%	19	财务部	
11	钩舌更换率		%	24	财务部	
12	门板更换率		%	25	财务部	
二	**费用指标**					

b) 部室绩效考核指标

图 8-13　某公司组织绩效考核指标库

3. 指标构建与分解

绩效指标分为五类,包括: 关键业绩指标、费用指标、安全环保指标、质量指标、精益改善指标。绩效拉动的核心是五类指标的分解,通过指标拉动改善。

表 8-8　指标改善系统建设与实施计划

序号	项目阶段	主要工作内容	备注
1	第一阶段 指标系统构建	1. 策划年度实施方案 2. 组织启动会议并进行方案讲解 3. 通过微信板报等方式进行宣传 4. 梳理现有绩效指标管理模式 5. 组织各单位统计上报指标,并整理 6. 对指标进行整理,召开会议或组织研讨对指标进行筛选 7. 组织各单位按照 SQCDMI 进行分类并上报 8. 形成指标库,上报给领导小组审核 9. 确认指标库并下发	
2	第二阶段 指标改善系统 运行机制构建	1. 梳理指标改善系统表单,形成表单链 2. 确认指标是否目视化及目视化形式 3. 确认指标统计方式 4. 建立层级会议机制 5. 与现有指标运行机制对标,实现初步融合	
3	第三阶段 指标改善系统保 障机制的构建	1. 将指标的运行纳入各专项管理制度 2. 策划思考将指标改善系统与公司绩效考核模式的融合	
4	第四阶段 指标改善系统的持续 改善机制构建	1. 运用专业工具对指标改善系统进行改善 2. 对指标改善系统推进经验成果及不足进行总结	
5	第五阶段 进一步完善 深化阶段	根据上一年度工作进展和实施情况,进一步制定完善深化的措施,持续推进指标改善工作的系统化实施	
6	第六阶段 形成公司精益 制造指标库	1. 确认并审核精益指标库 2. 将指标库纳入公司绩效考核管理,并进行监管	
7	第七阶段 编制精益指标 库并跟踪	1. 形成精益制造、精益管理、模拟线指标库 2. 组织各单位开展日常指标监控跟踪	
8	第八阶段 总结指标提升成果	组织各单位收集指标改善提升成果,形成改善成果案例并适时推广	
9	循环改善	重复第 4~8 阶段工作内容	

绩效指标可按组织划分分解为四级。一级指标为企业级,是公司重点关注的绩效指标;二级指标为部门级,是各部门重点关注的绩效指标;三级指标为分厂级,是各分厂重点关注的绩效指标;四级指标为(班组)工位级,是各工位重点关注的绩效指标。

4. 指标实施与监控

依托综合运营管理平台,建立公司大数据分析与决策系统,以图表式目视化管

理显示各项指标运营状态，实现生产、财务、人工、投资、质量、安全及提品质等各项指标集成监控；同时细化指标管理颗粒度，将重点指标分解落实，实现指标层层传递，压实责任。

5. 指标考核与改善

打造公司"绩效+指标三库"（即公司绩效+制造、管理、两模线指标库），建立管理规范、运行有效的绩效考核机制。考核结果与工资联动，强化激励约束，充分发挥组织绩效考核"指挥棒"的作用，同时对异常指标进行分析，若发现问题，则及时填写记录并整改。通过对各项指标的统计和分析，锚定重点指标改善，为公司生产经营提供重要的改善基础和管理支撑。

四、效果描述

"绩效+指标三库"的建立使公司实现绩效体系统一管理，指标考核覆盖率从57.1%提升至92.8%，初步建立四个层级的指标管理网络，实现各级指标"日常有管控，月度有跟踪、季度有监督、年度有考核"。同时，生产、财务、人工、投资、质量、安全及提品质等核心业务数据实现高效关联、协同互通，使绩效考核得到良性循环发展，有效提升公司的运营效率。

五、推广应用

通过运用"精益+"思维，将精益理念、工具方法延展至具体职能。后续该公司应对纳入绩效考核的精益指标进行动态更新，做好责任指标分解落实及月、季度数据分析，加强对指标管控力度，确保完成集团公司下达的阶段性经营目标，通过精益与绩效指标一体化指标改善系统构建与实施，帮助公司在经营目标与决策层、管理层、作业层之间建立起保障关系，为公司生产经营提供重要的改善基础和管理支撑，有效提升公司的运营效率。

第九章
精益研发

自主创新是中国高铁成功的"核心密码"。中国高铁从过去引进吸收再创新，到如今推动原始创新、自主创新、集成创新，这些重大变革印证着中国的发展动力正向创新引擎上切换。精益研发是基于系统工程的综合研发体系，通过知识、工具、方法与研发流程的深度融合，实现研发价值和产品的品质提升。中国中车以"模块化、标准化、平台化、数字化、工程化"赋能企业精益研发体系建设，推动中国中车在差异化研发流程优化、模块设计方法导入、正向设计能力提升、综合仿真平台建设、研发知识深化应用、信息化支撑等方面不断进行改善和提升。

第一节　精益研发概述

一、精益研发的基本理念

研发是产品全生命周期中的关键环节。传统的管理模式难以满足大型高端装备的研发需求，为了能设计和生产出高质量的产品，中国中车的研发活动借助精益思想，通过系统性变革，执行精益研发高标准，积极引入国际行业先进经验，建立和完善各类要素，以形成一套高标准的研发体系，并且严格将这些体系标准落实、落细到研发过程中的各项活动中去。

我国铁路运输装备发展经历了"引进、消化、吸收、再创新"的发展之路，通过与世界高端轨道交通装备企业合作，从联合设计生产，到研制拥有自主知识产权的标准动车组，取得了举世瞩目的成就。中国高铁已经成为中国制造一张靓丽的

"国家名片"。

精益的本质是消除浪费、增加价值，而精益研发就是以最小的研发资源投入获取最大的研发价值的一种持续改善的研发机制。其中，研发价值最大化从两个方面体现，一是面向客户，通过不断识别、挖掘并满足客户需求来获取订单、赢得市场；二是面向制造，基于安全可靠、准时交付、成本更低进行产品研发。这是制造型企业生产经营活动的主要内容，也就是常说的"开源""节流"。

中国中车精益研发体系是基于系统工程和研发领域的经典理论，针对中国中车自身产品业务的特点和研发（或研发管理）能力提升而提出的，它是以"精准、效益"为基本理念，以"高质量、低成本、短交期"为目标的一套研发业务管理和技术综合性的体系。

二、精益研发的思路和方法

实施精益研发总的思路和方法是建立产品谱系化、模块化、标准化、数字化的精益研发平台、管理机制及运行准则，缩短研发周期，提高产品设计的可靠性，降低产品设计成本，建立精益研发体系，主要包括以下内容：建立产品平台库，实现产品谱系化；基于工位制模块化设计技术的运用；开展系统设计、区域设计、位置设计、数字化设计、结构设计应用；优化研发流程，研发建立流水作业模式；研发与信息化手段的集成运用。

第二节　精益研发体系的构建与优化

一、精益研发体系的业务模型

从专业构成及其关联性角度来看，精益研发体系包括多个有独特价值的专项子体系：需求工程、产品设计、综合仿真、综合试验、研发流程、质量管理、知识工程、模块化、项目管理、研发协同、研发云等。图 9-1 所示的精益研发的 11 个专业子体系模型上形象地反映了各自的定位。

精益研发子体系的定位如下：

1）研发流程。产品研发过程的工作分解、逻辑定义和流程管理，是精益研发的枢纽。

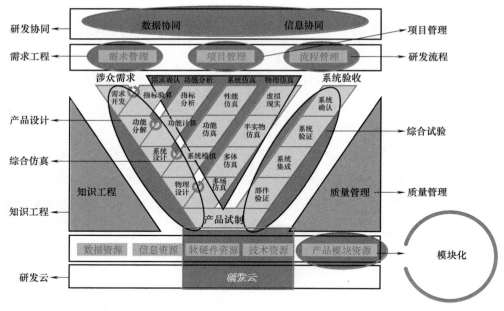

图 9-1　精益研发的 11 个专业子体系模型

2）产品设计。从需求出发，从系统设计起步，建立正向设计能力，打造协同开发模式。

3）综合仿真。通过对仿真技术、流程、组织和平台的建设，建立完整的仿真体系，切实发挥仿真对设计的支撑作用。

4）综合试验。加强试验过程和试验数据的管理，采用仿真手段开展虚拟试验。

5）知识工程。挖掘、加工和创新知识，并与流程关联，通过标准规范实现组织知识的资产化。

6）质量管理。将质量与流程关联，实现对研发过程的追溯，解决质量和研发两张皮问题。

7）模块化。通过产品、技术的标准化和模块化，实现设计的高效率、高质量、低成本。

8）项目管理。利用研发流程及其知识、质量、工具，优化项目管理，提高执行力。

9）需求工程。通过对需求的确认、跟踪和变更管理，辅以软件工具，提升需求管控水平。

10）研发协同。利用基于产品生命周期支持（PLCS）标准的数据协同体系，建立数据和信息的协同机制。

11）研发云。利用云计算平台，把企业的软硬件资源虚拟化和服务化，提升资源效率。

二、精益研发体系的基本特征

（一）研发流程清晰规范

研发流程清晰规范是指流程管控工作能够在国际铁路行业标准（IRIS）体系的基础上做严、做细、做实。具体来说，精益研发体系的建设应以产品的研发流程为主线，通过对研发流程的分解和优化，完成研发阶段划分，形成基础工作分解结构（WBS）和研发流程，将研制过程流程化、标准化，减少产品设计过程中的数据混乱、反复迭代及协调工作，提高产品设计效率和质量，有效支撑具体产品研发的项目策划和研发管理工作。基于每一个 WBS 为基本单位的工作单元（工作包），建立标准输入输出库，在设计过程中开展评审管理、质量过程控制等活动，实现对知识的推送和沉淀。定义每个工作单元（工作包）执行所需的资源需求（如人员、工具、时间）和约束要求（指标管理和考核评价标准），为研发管理提供计划管理和管控考核的顶层依据。精益研发体系理想工作模式如图 9-2 所示。

（二）具备完整、科学、标准的设计规范

设计规范能够系统、全面、专业地指导设计师，特别是年轻设计师的工作，减少设计变更，提高设计质量。可以说，设计规范既是精益研发的基础，又是精益研发的成果。只有当设计有规可依、有范可循时，研发工作才能符合精益理念，保障设计的质量。同时，实施精益研发又能持续产生和优化形成更高标准、更高质量的设计规范。

（三）严格的标准要求和质量管控贯穿整个研发环节

质量已经成为中车核心竞争力的重要组成部分，是中车进行市场竞争、赢得客户、实现品牌价值的重要手段。

让质量融入设计过程，推动设计质量提升，在研发领域能够解决质量和设计两张皮的问题，使质量从策划、预防、控制、改进等多个方面融入设计过程，改变以往过多依靠事后控制的模式，以务实、易操作的方式尽可能将质量问题消除在萌芽和过程状态。

全面精益管理之策

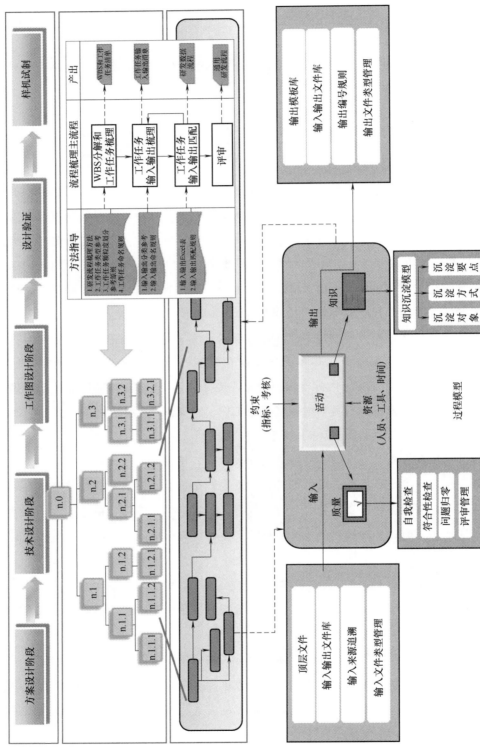

图 9-2 精益研发体系理想工作模式

146

标准是产品研发和质量技术基础的核心要素，是装备制造业行业管理的重要手段。标准是装备设计、制造、采购、检测、使用和维护的依据，标准的先进性、协调性和系统性决定了装备质量的整体水平和竞争力。坚持标准引领，用先进标准倒逼装备产品转型和质量升级，是发展结构性改革的重要内容。这不仅有利于改善产品供给，还能够有效刺激市场需求，促进产品迈向高端。

（四）知识不断积累和传承，知识价值充分发挥

着重做好对设计人员特别是资深专家的经验、方法等易失而不易得的隐性知识的沉淀和积累，使这些知识成为中车宝贵的智力资产的一部分，并代代传承下去。这些知识在提高工作效率、帮助设计人员快速成长的同时，也将为技术创新打下良好的基础。

（五）仿真成为驱动设计的坚实基础

能够解决仿真与研发不同轨、仿真人才培养不到位、仿真技术标准规范不健全等一系列问题，充分利用现有的仿真资源，加强人才组织、流程标准规范、软硬件装备和信息化平台方面的建设，不断完善仿真体系，使仿真在设计工作中切实发挥作用。

（六）以产品模块化为抓手，围绕产品设计提效率、降成本

实现系统和零部件标准化、模块化。这里的系统是指能够独立或产生功能的组合，如进气系统、冷却系统、控制系统等。零部件是指产品的零件、组件、通用件、标准件、结构件，如各类钢材、电线、电缆等。

各主机厂商和关键零部件厂商以各自产品的模块化为抓手，完成对产品模块的识别、划分，并逐步将模块化设计作为一项基本要求，落实到具体的项目执行过程中，不断提高模块化系统和零部件的重用率，有效提升设计团队的工作效率，并以设计为牵引，对产品全过程持续不断地优化，降低整个产品生命周期（包括制造、采购等各环节）的成本投入，实现产品的高质量、低成本和短交期，以应对愈加激烈的轨道交通装备市场竞争。

三、精益研发体系的建设策略

精益研发体系建设路径就是瞄准精益研发体系建设目标，从企业研发体系现状出发，对体系建设工作和计划进行合理规划，具体地说，就是要清晰描绘项目的目标，设计完整和详细的实施策略，做必要的工作分解，形成每项分解工作的技术方

147

案、实现路径、进度规划、人员预算、成本预算等。

通过对社会技术学要素进一步细化，形成用于体系建设的方法论，据此形成精益研发体系及子体系的实施策略。精益研发体系的建设路线如图 9-3 所示。

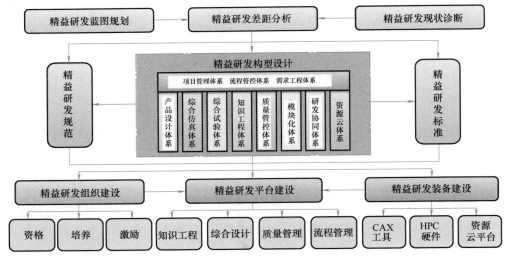

图 9-3　精益研发体系的建设路线

（一）差距分析

在对企业研发体系现状调研的基础上，对现阶段企业研发体系所处的发展水平进行评估，包括给出各关键指标的得分和成熟度综合评分。然后，根据评分识别当前企业研发体系所处的成熟度能级，对比理想模型，找出差距，明确未来需要重点建设的内容。

（二）构型设计

根据差距分析选择当前优先建设的子体系，这些子体系包括四个管理体系（项目管理、需求管理、流程管理和质量管理）、三个业务体系（综合设计、综合仿真和综合试验）、两个支撑体系（知识工程、产品模块化平台）及两个协同共享体系（智能协同和研发资源云）。需要对子体系的业务进行梳理、补充建设、业务优化和内容的数字化。业务内容包括业务流程、工具、知识、资源、约束和数据等要素。

（三）流程建设

主要包括工作流程、制度、标准和规范等内容。工作流程主要是指精益研发体系运行的业务流程，它是科研项目按照精益研发理念运行的模式。制度建设的主要

目的是企业解决"什么时间、做什么事、正确地做事"的问题。标准建设的主要目的是规定相关事项优劣评判的准则问题。规范建设主要是解决"怎么做"的问题，也可以理解为工作指南。

（四）组织建设

组织建设是指在精益研发体系建设的过程中，为保障体系有效运行而进行的科技人力资源和组织机构的建设工作。组织建设是一个现有组织的重构过程，建设路线包括部门设置、职责设计、人员选择、任职资格、关键绩效指标设计。

（五）技术选择

技术选择的主要目的是为精益研发体系及其子体系建设与运行选择合适的技术，这些技术包括业务开展和信息化平台建设所需的技术。技术选择的工作路线包括技术调研、技术评估、分析决策、采纳定制等过程。

（六）平台建设

精益研发平台为精益研发完整体系提供支撑，是 WSR 模型各要素最终的落脚点，差距分析、构型设计、流程建设、组织建设、技术选择的工作成果都将纳入平台，即精益研发平台是精益研发体系建设的重要成果体现。在体系建设规划阶段，平台建设规划的主要内容是厘清和确定平台的各级架构，为后续建设做准备。平台的建设规划采用 TOGAF（The Open Group Architecture Framework）[⊖]方法论，建设路线包括应用架构设计、数据架构设计、技术架构设计、平台集成等过程。

四、精益研发的核心内容

（一）模块化

产品模块资源是公司核心资产，决定了公司产品交付能力、交付质量和交付效率，以及公司的竞争力及行业地位。充分利用产品模块资源是中国中车的重要战略，也是精益研发体系的重要组成部分。产品模块资源的建设是为了提升基于产品平台的快速设计和快速生产能力，提高产品模块的重用性，以降低成本、提高质量、缩短周期，进而提高全集团整体的产品研发能力。

模块是指组成上一层系统的，可组合、替换、变型的，具有独立功能和标准接

⊖ TOGAF 是架构框架的一种，是目前在商业与企业领域较有影响的企业架构框架之一，是资讯科技标准化组织 The Open Group 发布的架构框架，它的最初的版本（1995）是在 TAFIM 基础上完成的。这一企业架构框架标准一直在改进之中，已发行了第 9 版。

口的单元。按层次分，有整机、部件、零件、结构单元等模块。按照通用性分，有通用模块和专用模块，通用模块是指在产品族中被多个产品采用的模块，它的尺寸、形状或特性在不同产品中是完全一样的，其中在产品族中被几乎所有产品都采用的通用模块又被称为基本模块；专用模块是指在产品族中只被个别产品所采用的模块，是该产品为了满足特定的需求（或功能）而采用的模块。

模块化是指对产品中的相同和相似模块进行识别、划分和优化，形成通用模块和可变模块并制定相应规范，从而在实际项目中可通过对模块的组合配置和变型，快速设计出能够满足用户多样化和个性化需求的低成本、高质量产品的过程。产品模块化设计平台架构如图9-4所示。

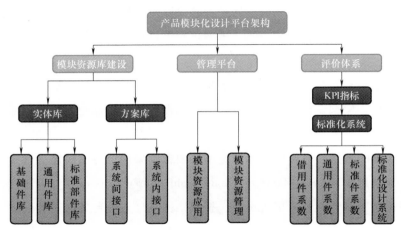

图9-4 产品模块化设计平台架构

（二）流程化

研发流程是研发活动及其数据流程，它的内容反映了公司整个研发活动的全貌。通过对研发流程的分解和优化，梳理工作任务及其数据关系，进而形成通用的研发数据流程。规范所有研发活动及其数据流转关系，固化研发过程，从而使产品的研发有序、正确、高效地进行，同时为企业项目管理和其他辅助流程提供顶层依据。企业项目管理以此研发流程为唯一顶层依据，也可进一步细化流程，并添加执行每个研发活动所需的人、财、物、时间，形成项目管理任务。

公司制定适合于复杂产品的工作分解结构模型和研发流程梳理规范，提供一种以系统工程理论为基础的方法和相应的模板，用来指导产品工作分解结构的构建和研发流程的梳理，形成基础工作分解结构和研发流程库，来支撑具体产品研发的项目策划和研发工作。

　　复杂产品研发的生命周期可以划分为若干个阶段，现实的研发过程一般都按阶段来衔接产品设计的前后顺序，一般将研发阶段划分作为研发流程工作分解结构的顶层，如用户需求调研（投标）、方案设计、技术设计、施工（工作图）设计等。研发流程工作分解示意如图 9-5 所示。

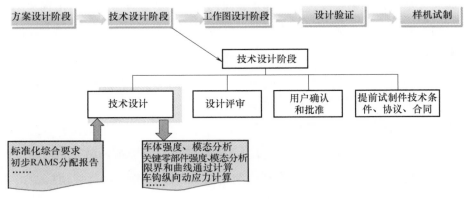

图 9-5　研发流程工作分解示意

　　研发流程梳理的对象是工作单元，即研发的每个工作任务。工作单元是专业最基本的工作，因此必须先建立工作单元模型，对工作单元的各属性清晰地定义，才能保证研发流程梳理的正确性和可行性，并通过裁剪，形成公司标准。工作单元模型如图 9-6 所示。

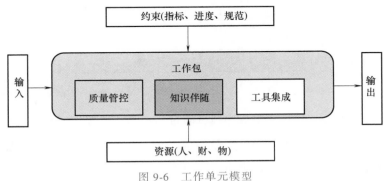

图 9-6　工作单元模型

　　精益研发理论指导下的工作单元除了基本属性外，输入、输出、约束、资源是系统工程方法设定的四个属性。此外，精益研发将知识、质量和每个工作单元相关联来支撑研发任务的进行。基于 WBS 分解结构树和工作单元模型，并根据各层级

工作单元的输入和输出，将工作单元有序相连，做到每个工作单元的输入一定要有来源，输出一定要有去向，最终形成完整的研发数据流程。

（三）平台化

产品技术平台是在模块化设计、产品平台设计的基础上，随着现代信息技术的发展兴起的。信息技术能够使产品技术平台及其包含的模块的共享和更新变得容易。如今，产品技术平台理念正在革新和深化，在产品开发全流程上拓宽和深化共享的内涵，即把模块、部件的共享扩展为资源、技术的共享，在此基础上提出了产品技术平台理念。产品技术平台体现的是规模经济效益，所共享的是与产品相关的全部资源，包括模块、研发技术、设计工具、知识经验、生产装备等各类软硬件资源。

产品技术平台包括产品要素、技术要素，以及支持这些要素的运营管理等。产品技术平台的构成如图9-7所示。产品技术平台是面向特定市场的某类产品可共享的产品要素与技术要素，按模块化和标准化的要求和特定的运营管理机制组合而成，在信息化系统的牵引下，实现各类要素可重复、快速运用。产品技术平台是能实现企业知识、经验得以传承并加以利用，并不断聚集企业知识的最佳载体。

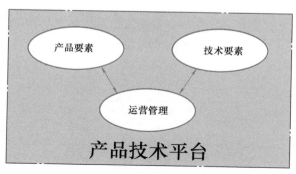

图 9-7 产品技术平台的构成

产品要素是将预设计、预制造和预试验过的产品或零部件进行模块化和标准化形成的集合，主要包括一组通用的产品架构（或布局），一系列不同功能、不同规格的经科学选择和匹配的零部件模块及其标准化接口。

技术要素是产品及其零部件的可共享的技术方法，包括架构规则、模块及接口的实现方法，设计流程，设计计算方法，设计工具、模板，集成技术，测试技术，制造工艺技术，管理技术，经验知识等。

运营管理是指支持产品要素和技术要素在产品技术平台内有机结合、有效运转的管理模式，通常通过信息化手段来实现。产品设计平台中涉及的两大要素的资源量巨大，业务流程复杂，给线下操作方式带来了巨大的困难，所以信息化系统是产品技术平台运营落地必不可少的辅助手段。通过信息化系统提供的数字化、自动化、协同化、智能化辅助，可以使产品技术平台中的各种要素资源得到行之有效的管理，并通过业务流程实现有机结合。通常来说，运营管理涉及人员管理、资源管理、财务管理、协同设计、KPI 指标管理、平台维护与优化等，是一个综合管理模式。

五、精益研发致力于实现三个转变

（一）从串行流程到并行工程的转变

传统的产品研发流程，通常是根据客户需求，由研发部门进行产品的构想或方案策划，然后在可行性分析的基础上进行产品设计、工艺流程设计、样品试制，最后进入制造过程。这种串行的研发流程，会出现许多问题。例如，如果在工艺流程设计时才发现产品结构不合理，就必须重新进行产品设计；如果到了样品试制阶段，才发现产品难以装配，甚至到了量产阶段才发现成本过高，这就导致我们必须重新进行产品设计，甚至回到产品构想和方案策划阶段。不仅造成了设计资源的浪费，也造成产品研发周期过长。中国中车的精益研发已由传统的串行流程转变为并行研发工程，在产品研发的初始阶段，就由研发设计人员、工艺技术人员、质量控制人员、生产制造人员、营销人员，甚至协同厂家、用户代表等共同工作，各项工作同时进行。每个部门的人在产品开发初期就可以从各自的角度出发，评价设计是否合理、可行，以便从一开始就能随时发现、寻找能满足新产品性能的技术，以及能满足目标成本的材料和合理的工艺等，大大缩短了产品研发周期。

（二）从成本加法到价格减法的转变

对于传统的串行流程，每个部门或岗位负责整个流程中的一个环节，不能从整体上考虑产品的构成，总体设计、零部件设计人员只能从技术的角度，考虑产品的性能和可行性，设计冗余量大，而不会从工艺和制造的角度考虑可制造性和装备投入，也不会考虑产品成本。因此，进入制造过程时，经过会计核算才能知晓整个产品的成本，往往造成项目亏损。精益研发采用的是价格减法。例如，按项目管理要求，根据现有定价、目标利润，确定目标成本，然后将目标成本分解到各零部件和各类费用中去，设计人员必须在考虑性能和可靠性的同时，考虑成本和生产费用；

工艺人员进行工艺设计时，也要充分考虑工艺方法和装备投入等各种可能影响费用的因素。这样，整个产品的成本就实现了完全可控，保证了企业的利润。

（三）从独立设计到共同开发的转变

企业往往从保持竞争技术优势的角度，总是想最大限度地独立开发产品，但这不仅会影响产品开发的周期，也会影响产品的质量和成本，特别是轨道交通装备这样复杂的产品，涉及的专门技术和部件种类众多。中国中车充分利用整合的优势，实现内部资源的协同整合，充分发挥整机企业和零部件配套企业的技术优势，实现共同开发，让专业的企业设计专业的产品，不仅可以有效地保证产品质量，还可以大大降低制造成本，实现企业的共同发展。

案例一　精益研发体系建设

一、现状分析

随着国家创新驱动发展战略的深入推进，国家先后提出了"中国制造2025""中国创造""制造强国、质量强国、交通强国""智能制造""数字中国"等战略发展要求，作为轨道交通装备制造业，需要不断加强自主创新能力，创新产品研发管理模式。同时，面临多元化的产品研发市场需求和多产品项目研发管理的形势，在产品质量、成本控制和企业经营效率、效益提升等方面，需要进一步优化产品研发模式，提升产品创新效能。基于以上形势和需求，需系统梳理产品研发体系，推进精益研发体系建设，构建满足发展需求的产品开发创新模式。

二、目标设定

借鉴业界成熟的集成化产品开发（IPD）模式，结合实际，以公司战略规划和科技规划为引领，重点围绕需求管理完善，结构化研发流程体系建设，技术一体化协同，产品平台化、模块化等方面进行建设工作，形成公司快速满足市场定制化需求的创新能力，建立满足公司业务需求、开放高效的产品精益研发体系。

三、具体做法

1. 需求、市场管理完善

借鉴IPD理念，提高订单以外的需求重视程度，对需求进行收集、分析、过滤，按照需求的不同类型和紧急程度，建立差异化的需求管理，分别支撑市场管理、科技规划、产品开发；市场管理按照市场评估、组合分析、制订产品线业务计划、管理和评估业务计划的逻辑，以产品线业务计划作为主要输出，明确未来目标市场。研发体系示意如图9-8所示。

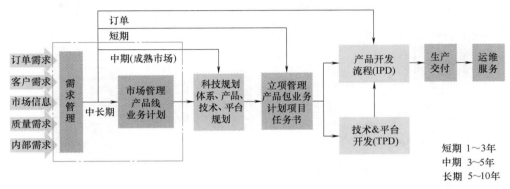

图9-8　研发体系示意

2. 产品研发流程体系建设

基于IPD理念，采用美国生产力与质量中心结构化流程设计理念和方法，建立分层级的产品开发业务流程架构，开展产品研发结构化流程建设，制定70项结构化的产品研发业务流程，实施研发过程分层级管理。实现业务流程化和流程表单化，构建基于项目管理、端到端、跨部门协同的结构化流程体系（见图9-9）。

3. 技术一体化协同

结合集成化产品开发流程建设，梳理设计、工艺、仿真、质量等产品研发过程各阶段主要协同业务活动，以设计工步计划、工艺工步计划、质量工步计划为基础，在TC系统中通过工作计划驱动，实现设计、仿真、工艺、质量的工作协同（见图9-10）。

4. 城轨产品平台化、模块化建设

通过产品架构优化和零部件（系统）模块化数据构建，搭建A、B型地铁产品基础产品平台和模块化产品库（见图9-11），建立地铁产品基础技术平台，实现地铁市场订单定制化产品的配置化开发。

四、效果描述

精益研发体系建设在产品研发周期、研发质量、研发成本方面取得了一定成

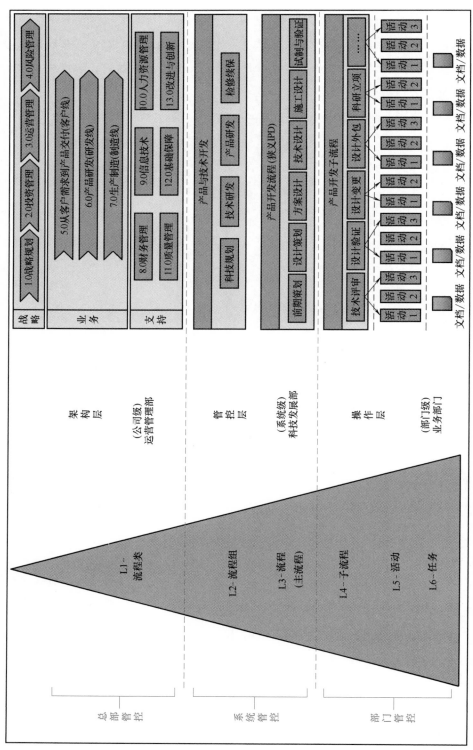

图 9-9　结构化流程体系示意

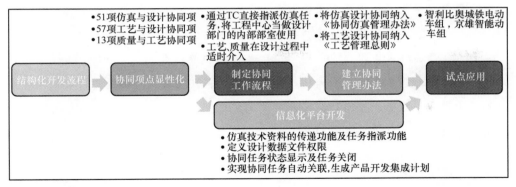

图 9-10　一体化协同示意图

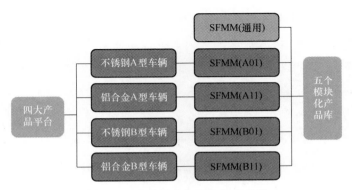

图 9-11　产品平台和模块化产品库

效。其中，依据结构化业务流程实施技术一体化协同，设计、工艺、检验策划总周期节省约 13 天；运用地铁平台模块化技术开展产品设计，地铁模块化重用率可达 70% 以上，同时提升设计效率及设计质量，以平台模块化库为基础的青岛地铁 4 号线相较未利用平台模块化库的青岛地铁 8 号线，设计人员数量下降 33%，设计变更数量下降 56%。

案例二　精益研发"四化"建设

一、现状分析

"四化"包括平台化、模块化、系列化、标准化，以平台化为基础架构整合产品平台相关技术资源，形成基于平台衍生的系列化平台产品，以质量较高的技术文件升级为企业标准；以模块化为核心工作搭建产品货架（CBB），形成模块化系列

产品，以重用率较高的成熟模块提升为企业标准件。所以，模块化是平台化建设的核心，系列化和标准化是平台化和模块化成果的衍生。

平台及产品线以模块化为基础，以产品货架为管理架构，以 PDM 数据库为载体，实现从产品平台出发，快速执行项目的目标，以准确、高质量的数字化信息为用户提供高质量服务，驱动产品平台快速响应客户，提升差异化市场技术衍生力，提高设计效率。

二、目标设定

1. 项目背景

基于产品平台化开发是轨道车辆发展趋势，是快速响应全球市场多元化需求、提升产品市场竞争力、最大限度发挥企业资源效率的有效途径。针对在"四化"建设过程中存在的对精益制造、降低项目成本等方面支撑力不够等问题进行梳理，把"四化"建设作为一项长期精益举措，抓深抓实，确立本项目。

2. 改善方向

1）基于 PDM 系统构建基于模块化设计与管理专属数据库，实现产品数据的统一数据源管理，为全生命周期构型管理及数字化转型打好基础。

2）坚持模块化产品货架建设，开展深度统型，提高设计效率与制造效率，降低设计成本。

3）从全生命周期、全业务链资源整合与重用视角，对设计资源进行整合，减少大量的重复计算与试验，开展正向设计提升设计能力。

3. 改善目标

通过"四化"建设，实现整车平台化、产品系列化、部件模块化、零部件及技术文件标准化的总体目标。

1）提高设计效率，基于平台的市场项目模块重用率达到70%以上。

2）通过模块化设计与部件统型，提高物料重用率，通用基础物料借用率达到85%以上。

3）通过产品统型减少设计变更及试验验证投入，节约设计成本。

三、具体做法

制定"平台建设任务书"，形成平台配置手册，以平台为核心，作为"四化"

建设突破口，推动各系统工作，并制定相关制度作为保障。

1. 顶层规划，提纲挈领

基于"四化"建设总体纲要，制定了"产品平台管理制度"，确定产品平台建设细则 24 项，明确了产品平台与项目执行之间的关系，同时对平台经理与平台主管定职定责 23 项，规定平台标志物 18 类。

为进一步落实"产品平台管理制度"的执行，制定了"'四化'建设评价管理规范"，确定各专业评价项点，主要涉及计划兑现率、模块部件信息化率、物料重用率和通用采购技术规范重用率等指标。

以地铁 A、B 型车平台为例，编写了"A 型平台建设任务书""B 型平台建设任务书"，任务书中充分考虑了面向用户需求（如运能、限界等）、平台顶层指标（如定距、轴重等）、车辆典型配置（如车体、转向架等系统标准配置、重量管理等）等方面因素。

2. 组织团队，专项攻关

每个平台配置平台经理、平台主管，在专业部门设置专业平台主管，共同建设、共同负责。在组建团队后，每周固定时间逐个专业，针对性讨论模块规划及统型细节，务求在项目中落到实处。

3. 以模块为基础，打造产品货架

以模块为基础兼顾全生命周期构型管理颗粒度，打造产品货架（见图 9-12），

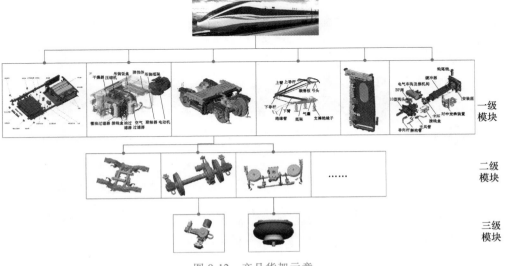

图 9-12　产品货架示意

通过模块统型管理实现零部件快速重复应用，并从模块统型角度对接采购与工艺，支持战略采购与生产线工作。

四、效果描述

1. 优化、整合、统型断面接口

梳理了自 2000 年以来 70 余个 A、B 型地铁项目，统计分析了 30 余种车辆断面，通过设备接口统型、结构优化整合、模块化设计等一系列工作，目前断面统型为 11 种（A 型车 6 种，B 型车 5 种），基本覆盖 90% 的地铁市场，对车体工艺生产线建设起到了积极的作用。

2. 提高重用率，降低工艺费用

模块化建设方面，车体、转向架、设备、电气相关专业本年度规划总量为 626 项。已在天津地铁 6 号线、8 号线，广州地铁 2 号线、兰州地铁 2 号线、西安地铁 16 号线等多个项目中应用，同时物料重用率也有较大提升，动车组物料重用率达到 70% 以上，通用物料及国内城铁物料重用率达到 65% 以上，技术资源重用率（模型及图样重用率）也达到 65% 以上。

在物料重用率方面，通用物料和高铁物料重用率达到 70% 以上，国内城铁达到 65% 以上。完成通用采购技术条件 188 份，专业接口资料 269 份，故障样板 170 项，样板图纸 274 份，投标必审项点 64 项。

通过产品模块化统型，便于企业实施战略采购，压降了一次性模具费用，为公司节省近千万元。

3. 整合资源，提高设计质量

"四化"建设成果在 PDM 系统中按产品系统架构打造知识结构树，总结提炼形成基础知识和项目知识等。基础知识包含流程规范、文件模板、设计准则、产品模块、技术标准、标准件、通用件库、原材料库等。项目知识是包含图样、设计任务书、技术方案、采购规范、计算大纲、计算报告、试验大纲、试验报告、设计总结、用户文件、招标投标技术文件、维修维护手册、检修流程等。通过固化这些知识点，在新项目产品研制过程中快速调用，提高设计效率与工作质量。

案例三 基于数字化协同研发平台的
铁路货车精益研发体系建设

一、现状分析

精益研发是基于系统工程的综合研发体系，通过知识、工具、方法与研发流程的深度融合，实现研发价值和产品品质提升。

二、目标设定

中国中车某子公司以持续引领货车行业发展方向为目标，以数字技术与制造业深度融合为契机，通过战略、组织、流程、机制、平台五个维度，探索形成了"数字化平台+研发"的精益研发基础模型和"两横一纵"精益研发业务模型。围绕"两个模型"优化，完善精益研发体系，搭建设计、仿真、试验三个数字化研发平台（简称"一个体系，三个平台"），创新构建精益研发新模式。

三、具体做法

（一）构建精益研发基础模型

为了有效解决传统研发模式下新产品成本、质量、交货期的"三角矛盾"，该公司根据长期实践经验，研究创建了数字化平台+"技术、标准、产品"的精益研发基础模型（见图9-13），以数字化平台为支撑，强化技术标准化活动，实现技术创新活动、产品设计活动的合理定位和高效衔接。同时，基于精益研发基础模型，深层次开展研发流程再造、组织机构变革、制度机制营建等管理创新活动，系统构建以协同设计平台为核心的"两横一纵"之字形精益研发业务模型（见图9-14）。精益研发业务模型包括技术创新、技术标准化、平台开发、产品设计四大核心过程。

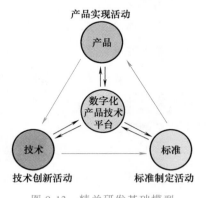

图9-13 精益研发基础模型

面向需求管理，开展科技规划、技术研究，通过标准化活动将技术研究成果转

化成产品模块和技术规范等，利用数字化手段将其固化在数字化产品技术平台中，依托平台，开展投标配置审核、市场产品投标、产品设计、产品制造、运用维护服务等订单产品投标、设计、制造、运维等活动。

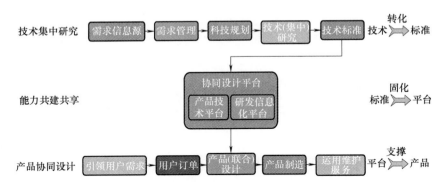

图 9-14　"两横一纵"精益研发业务模型

精益研发业务模型的应用，推动公司产品研发，从以产品设计和技术创新为主的研发模式，向以平台开发、技术创新、产品设计并重的研发模式转变。实现产品设计效率提升 30% 以上、设计质量问题减少 40% 以上，形成了具有国际竞争力的铁路货车核心技术体系和国际先进的谱系化产品体系，全面推动了铁路货运装备行业技术进步和产品升级。

（二）建立标准化、系列化、模块化产品技术平台

公司集合行业资深技术专家，开展模块化理论应用研究。结合铁路货车产品实际，在行业内率先应用产品平台模块正向研发：①围绕目标市场收集产品需求；②基于需求开展功能分析，建立产品功能树；③基于产品功能与结构的独立性及重用性关系，创建产品族（平台）结构树；④开展产品族平台和模块规划；⑤平台产品模块设计和验证；⑥模块应用、改进。通过多年探索，建立了完善的产品技术平台开发流程。

基于上述流程，开展车体钢结构、转向架、制动装置和车钩缓冲装置等覆盖铁路货车主要系统及零部件的模块开发。通过近 10 年的平台模块建设，先后完成平车、敞车、漏斗车等主要车型车体钢结构模块件 20 余类 100 余种，转向架模块件16 类 106 种，制动装置模块件 8 类 25 种；车钩缓冲装置模块件 7 类 37 种，附属件模块 15 类 70 种。

模块产品模型录入产品技术平台，订单产品变型设计通过快速设计系统调用模

块，并已在出口澳大利亚、新西兰、坦桑尼亚等出口订单产品中成功应用。

（三）深化协同研发平台数字化建设和应用

围绕"一个体系，三个平台"，建设铁路货车设计、仿真、试验数字化平台，实现设计与仿真试验协同、技术研究与产品研发协同、研发数据和管理流程协同、研发质量和研发效率协同，支撑公司跨区域产品协同研发工作，具体如下：

第一，打造知识驱动的协同设计平台。通过设计软件的信息化二次开发，集成专家团队丰富设计经验，开发基于模块的快速设计系统，将铁路货车产品设计流程页面化和可视化，实现产品模块、历史数据的快捷调用和组装，实现资源共享。

第二，建设支撑共享的仿真分析平台。基于仿真数据管理系统（SDM）二次开发和高性能计算中心深化应用，建设涵盖静力学、动力学、疲劳等学科的常用仿真分析工具集、仿真模板与仿真流程，并嵌入数据管理、可视化对比分析、知识管理等功能，开发快速仿真系统，实现快速、精准仿真。

第三，打造开放的试验验证平台。依托公司货车行业世界先进的试验能力，建成试验数字化管理系统（TDM）。该系统覆盖铁路货车强度、刚度、疲劳、振动、冲击、车辆动力学性能及列车制动性能等领域，具有试验过程管理、数据管理、试验资源管理、知识管理、系统管理五大功能，并实现了与设计、仿真平台和视频监控系统、数据分析软件的集成应用。

四、效果描述

围绕精益研发业务架构，建设与精益研发相适应的研发组织架构和制度体系，为缩短研发周期、提升研发质量、降低研发成本、实现精益研发提供基础保障。

组织变革：2021年，在原来标准化室基础上成立平台开发室，与齐车集团基础研究部合署办公，人员实施"双管双控"；设置平台开发岗，由首席专家、主任专家组建开发团队，专岗负责货车产品平台、模块开发。

流程优化：按照平台模块开发"正向设计"理念，构建从需求、功能、结构、模块到运维，覆盖产品全生命周期的平台模块开发流程，并在订单产品开发中嵌入投标配置审核节点，强化平台模块的应用实效。

制度建设：搭建平台及模块开发制度体系。考虑成本、质量、效率、可实施性等要素，"协同设计平台管理制度""产品模块开发管理制度""产品研发技术需求管理制度"等成套平台开发制度全面应用实施，固化协同设计平台开发经

验，规范平台及模块开发过程，形成了架构完备、先进适用的精益研发制度体系。

机制营建：基于精益研发体系建设需要，完善平台开发项目和科研项目激励机制。创新实施科研项目竞标制、项目主管竞聘制、项目团队互选制、科研项目团队赛马制等内部立项机制，对平台开发项目实施正向激励，引导高端人才开展平台建设工作。

案例四　精益研发体系建设

一、现状分析

精益研发以提高企业的核心竞争力为目标，以提升研发的效率、效益为根本任务。它的核心是以尽可能经济的投入完成满足客户需求产品和服务的设计，规避研发环节浪费。精确地定义价值是精益思想关键性的第一步；浪费则提供错误的商品或服务。所以说精益研发的根本在于减少从概念到投产的设计过程的浪费。

二、目标设定

如何精准识别客户需求，把握从需求转化成具体产品和服务的设计过程各个环节，确保以经济化的投入完成客户预期产品和服务的设计，是精益研发的保障。企业的精益研发体系就是结合企业实际业务运行情况，构建与之相匹配的研发管理保障机制，确保精益研发活动稳定、持续和不断优化改进。

三、具体做法

精益研发体系建设过程中，结合经典理论——集成产品开发（IPD）和软件能力成熟度集成模型（CMMI）和中车精益管理理念，系统分析公司多元业务的创新现状和发展需求，持续推动信息化条件下的流程优化、平台建设与管理协同，逐步建立支撑公司数字化研发、智慧化研发的精益研发体系，不断提升研发的效率、效益。精益研发体系主要涵盖以下三大特征：

特征一：面向研发对象的差异流程管控体系。将技术研发、平台开发、产品开发和其他开发分离，加速技术提前突破，扩大平台支撑范围，加快产品开发速度，促进协同共享，避免重复开发，在时间和空间中展现和保持其以核心技术为源头的

竞争优势，最终实现准确、快速、低成本和高质量地满足客户需求的目标。

特征二：基于产品平台的模块化开发与应用。采用平台化、模块化设计方法，对企业战略、市场需求、技术趋势等方面进行组合分析，发掘和规划产品、平台、模块等开发对象的目标；确定开发对象的功能原理及结构，最大限度地通过平台与模块的组合、变型及配置，高效、优质地开发及交付使客户满意的产品。

特征三：分层研发模式的分级业务管理。进一步明确研发业务管理的要求和分工，在发挥公司统筹、协同作用的基础上，充分结合多元产业的业务实际，开展各级研发体系建设，实现公司研发基础模块统一、顶层过程节点统一、接口界面统一的目标，在保证开发阶段和关键业务环节有效管控的前提下逐步建立支撑各业务主体有产业、行业特色的研发子体系。

基于研发领域的经典理论和公司科技创新体系的内涵要素，针对该公司分层、分级的研发组织和多元差异的产品管理现状，以平台化、模块化理念为核心，通过精细化推动知识与信息的管理，以追求研发效率、效益的最大化，支持数字化研发、智慧化研发的一套研发业务管理和技术综合性体系。精益研发体系业务模型主要由规划层、开发层、支撑层、子体系层四部分要素组成（见图9-15）。

规划层：以公司科技创新管理体系的整体要求为依据，推动实施以市场为导向的开放式技术驱动创新模式。

开发层：以平台化、模块化理念为核心，建立面向创意与机会开发、技术研发、平台开发、产品开发、其他开发的差异化研发流程。

支撑层：以高效协同为原则，建立支撑研发业务运行的研发质量管理、科研项目管理两大体系与物料技术管理、研发资源管理、知识管理、研发信息化管理及研发数据管理五套机制。

子体系层：以适用规范为前提，依据行业特征、产品特征和认证标准，充分结合各研发组织资源和管理的现状，细化流程节点管控能力。

企业具体的业务活动的有效控制主要依靠过程管理进行，精益研发体系对于业务过程的管理主要通过流程控制实现，具体包括：精益研发体系建设以产品设计管控流程为主线，通过对研发流程的分解和优化，完成研发阶段划分、形成基础工作分解结构和研发流程，将研制过程流程化、标准化，同时在流程中将知识、工具和质量方法整合，通过构建并行研发体系大幅提升研发效率。精益研发体系示意如图9-16所示。

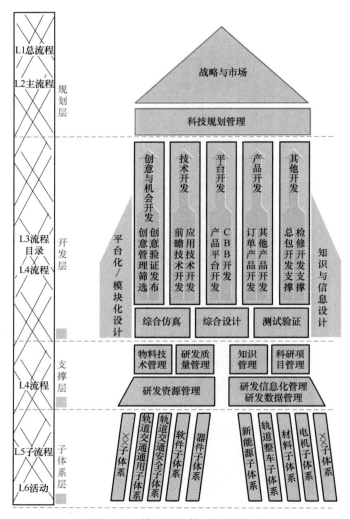

图 9-15　精益研发体系业务模型

若要确保在精益研发体系下，技术、平台和产品开发有效的过程控制，确保基于正向开发控制的理念落地，并且能够适应不同的业务对象（技术、平台和产品），则需要建立与之相适应的评价机制，建立的评价维度包括技术成熟度和产品成熟度。

技术成熟度：当需要对某一技术载体所处的技术状态进行评判时，采用技术成熟度。强调从技术研发到产品转化过程中该技术应用的完备性及其验证的充分性。

产品成熟度：当需要对某一产品进行产品技术成熟度、产品制造成熟度、产品过程保障成熟度综合评判时，采用产品成熟度。

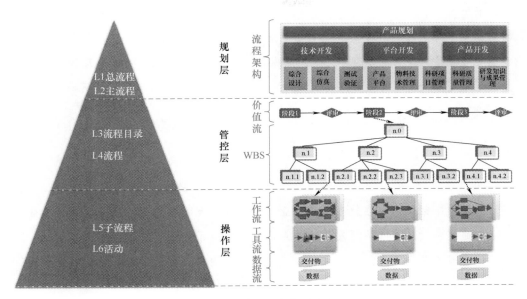

图 9-16　精益研发体系示意

　　通过成熟度的评价保障，以及业务过程中具体的评审活动，形成了不同层面的业务活动闭环反馈系统，有效保证了正向开发活动的有效性和稳定性。

　　为了确保精益研发体系运行与企业业务活动的适应性，在精益研发体系的建设过程中，需要同步考虑体系本身和企业发展的适应性评估和分析。精益研发体系包括了体系本身的成熟度评价。

　　精益研发的建立和推行是一项需要不断完善优化的持久工作，通过成熟度评估要素，阶段性开展成熟度评估，明确改进路线，长期规划，分步实施。

四、效果描述

　　精益研发体系从单点上可能看不出优势，但是在整个价值链上，在整体运营上就会体现出优势。当企业达到一定规模之后，体系保障就成为企业保证运营效率的关键。精益研发体系设计和规划正是根据公司中长期战略目标和业界领先实践，应用系统的方法，构建流程体系架构，并且通过"执行力与持续改进"让精益研发体系不断创造和产生价值。

　　通过建立差异化研发流程、导入模块设计方法、提升正向设计能力、开展综合仿真平台建设、深化研发知识应用、升级物料管理体系、强化信息化支撑，实现了科研工作效率和效益的持续提升。

通过对业务主体下属业务单元持续开展体系成熟度评价，"科技创新战略、科技创新资源、科技创新流程、知识与成果、开放式创新、创新能力优化及提升"六个领域实践项评分得到持续改善，研发系统成熟度平均值由 5.25 提高到 5.59，同比提升了 6.48%，精益研发体系持续赋能科技创新，业务质量、效率和效益不断提升。

案例五　基于智能化平台的精益研发体系构建

一、现状分析

中国中车某子公司在轨道交通行业快速发展的有利条件下，逐步建立起了符合轨道交通装备行业要求的研发管理体系，有力保障了公司研发活动的有序开展。但在"高质量发展"等新的要求与形势下，该公司传统的研发管理模式弊端日益凸显，主要表现在以下几方面：

1）设计开发未能从产品族视角进行产品构架的整体规划，且缺少设计规范的指导与约束，成熟零部件等资源重用率低、新设计较多，设计周期长、设计变更不断，导致成本较高，且产品质量、成本、交付周期综合优势不明显。

2）产品研发通常以基于订单的产品开发为主，设计师疲于应付订单产品的开发及其质量问题的解决，无力专注于基础性、前瞻性技术研究。

3）缺少对研发知识的系统管理，知识大多藏在各位专家的头脑里，是隐性的、个性的、碎片化的，而不是通性的、共性的和系统性的，知识较少重用。企业的成长主要依靠试错，成本太高，成长速度太慢。

二、目标设定

聚焦当前研发管控痛点问题，创新研发管理，探索精益理念在研发环节的实践，构建基于智能化平台的精益研发管理模式，实现基于知识推送的产品智能化设计。轨道交通齿轮传动装置成本降低 10% 以上，交付周期缩短 25% 以上，设计人员资源配置进一步优化，行业专家新增 5 人以上。

三、具体做法

基于智能化平台的产品精益研发总体思路如图 9-17 所示，精益研发体系构建具体做法见表 9-1。

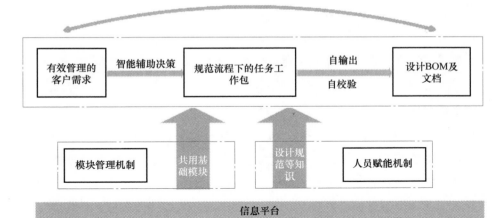

图 9-17 基于智能化平台的产品精益研发总体思路

表 9-1 基于智能化平台的精益研发体系构建具体做法

序号	改善内容	改善成效	应用的精益工具和方法
1	构建基于产业链协同设计的共用基础模块	完成轨道交通齿轮传动系统的共用基础模块建设,将该产品族近 800 个(种)零件优化为 200 个(种),其中标准模块占比约为 30%,可变型设计的模板模块占比约为 50%,特定产品专用的模块占比约为 20%,并将这些共用基础模块纳入 PDM 管理	ECRS 分析法
2	统筹制定产品设计规范与标准化研发流程	制定面向设计全过程的产品设计规范,形成企业版的设计手册,指导、规范产品设计,历时 4 年完成了轨道交通装备齿轮传动系统相关设计规范 20 余项、设计指导文件 10 余项。制定基于任务工作包的标准化产品研发流程,涵盖了产品设计中所有任务、数据及逻辑关系	价值流分析、ECRS 分析法、标准作业
3	自主搭建智能化平台,实现基于知识推送的产品智能化设计	构建全要素的目标产品数字孪生模型,搭建智能化平台并形成专用软件,该软件具备智能辅助决策、自动化计算分析、设计质量自校核、基于结构化数据的设计文档自动输出等功能	节拍拉动
4	建立平台化产品开发与代际升级的协同管理机制	构建人才培育与赋能新模式,通过赋能设计人员,实现基于人员能力的差异化分工。明确智能化平台的动态管理机制,持续做好产品模块等的动态管理,确保信息平台的适宜性与先进性。建立全新代际产品开发与平台导入管理机制,通过研究全新技术与产品,实现产品平台的更新换代	防错技术

四、效果描述

1）增强企业研发能力。基于智能化平台的精益研发模式，流程日益规范、产品开发实现平台化、模块重用率和研发能力显著提升。

2）全面提升产品竞争力。一是产品质量可靠性明显提升，近三年产品质量成本年均下降约 8%；二是产品成本降低 15%；三是产品交付周期缩短 30%。

3）赋能企业高质量发展。一方面，基于智能化平台的产品开发，实现了人力资源的合理配置及持续赋能，高端人才成长速度明显加快，行业资深专家新增 10 余人，增幅高达 35%；另一方面，智能化平台实现了知识的有效管理。

五、推广应用

通过齿轮传动系统产品在智能化精益设计平台上的大量运用，探索出了一条"两化"在研发管控环节深度融合的实施路径，并逐步覆盖至该公司其他主产品，如制动风缸在平台完成设计后，其中与用户需求相关引起的设计更改量减少约 60%，新产品系列的总体成本降低约 8%，平均设计周期缩短约 30%，基本消除由设计问题引起的制造返工。

第十章
精益供应链

　　供应链是企业之间的链条连接，是指在生产和流通过程中，涉及将产品或服务提供给最终用户活动的上游与下游企业，所形成的网络结构。供应链是企业价值链的重要组成部分，如果企业某一节点上的价值创造能力在同行中遥遥领先，则企业在这方面具有了核心竞争能力。构建精益供应链管理的目的，一方面是为了降低成本，另一方面是为了提高反应速度，本质目的是为了构筑企业的核心能力。

第一节　精益供应链概述

　　精益供应链建设体系是引领提升供应链的竞争力、创新力、控制力、影响力和抗风险能力的重要组成部分，是打造中国中车精益供应链品牌，助力中国中车实现"一核两商一流"战略目标，助推中国中车高质量发展的重要环节。

一、精益供应链建设的基本原则

　　价值创造原则。以价值创造为核心，从全价值链、全产业链、全供应链、全生产要素的维度，提升各环节的价值创造能力及产业链供应链价值。

　　协同合作原则。站在全局角度，理顺供应链各环节，厘清供应链全流程和接口，打通上下游部门壁垒、打破企业之间的边界，统一认识，实现内部需求与外部保障协调统一。主机厂与供应商应是战略合作、互利共赢的关系，通过长期战略合作，共同构成公司的竞争力。节拍拉动式生产模式向供应商延伸，以计划管理为驱动，通过信息流与实物流融合，强化内部计划与供应商计划的协同。

数字赋能原则。围绕核心业务，实现供应链全业务流程数字化，以流程驱动各类信息化平台互联互通，以数据驱动供应链建设，并通过数字技术赋能供应链管理创新，逐步增加大数据运用分析场景，提升供应链业务执行的自动化水平和决策的智能化水平。

阳光透明原则。建立规范化采购与供应链管理制度和流程，实现过程阳光、透明；强化专用招标室规范化建设和运营，推进全流程电子化招标投标，完善采购过程风险防范机制，优化采购流程项点，做到合规和效率的有机统一。

二、精益供应链建设的思路和方法

以建设阳光、安全、协同、高效、智慧、绿色（Sunshine，Safe，Synergistic，Swift，Smart，Green，"5S1G"）为特征的中车精益供应链管理体系为目标，坚持价值创造和协同合作两个导向，围绕"质量稳定、交付及时、成本合理"的目标，以供应商管理、采购物流管理、招标管理、智慧物流管理等四个核心体系为支撑，以计划管理和数字化协同平台为保障的供应链管理体系。

第二节　精益供应链的构建与优化

一、精益供应链建设的体系框架

（一）精益供应链架构模型

聚焦"一核三极多点"业务结构，以提升产业链供应链现代化水平为主线，构筑具有"5S1G"特征的中国中车精益增值供应链，加快提升产业链供应链生态主导能力和核心竞争能力，推动产业链供应链向价值链高端迈进，助力中国中车实现"一核两商一流"的战略目标。中国中车精益供应链"5S1G"特征如下：

阳光的供应链：公开、透明、公平、公正、规范地获取所需工程、设备、物资、服务。

安全的供应链：风险可控，订单交付及时、可靠。

协同的供应链：内外部业务协同，实现合作共赢。

高效的供应链：贯彻精益理念，物流、资金流、信息流、商流整合、畅通，系统优化。

智慧的供应链：与现代信息技术深度融合，全流程数字化管理，数据驱动业务改进和模式创新。

绿色的供应链：综合考虑环境影响和资源效率，使企业的经济活动与环境保护相协调。

（二）精益供应链协调运作机制

中国中车成立了采购与供应链管理委员会，统筹采购与供应链管理顶层设计和体系建设，集团产业链管理中心具体负责产业链供应链工作体系，建立并完善"统一管理、专业归口、两级集中、资源共享"的采购与供应链管理体制。

通过加强精益增值供应链管理体系、管理制度建设，进一步明确职责定位，理顺工作流程，完善管理机制，规范业务运作，优化评价标准，强化资源整合，全面提升产业链供应链集约化管控能力和水平。以集中采购、内部配套、采购电商平台、工业智慧物流、循环物资交易、存货管控等重点工作为抓手，进一步强化集团管控，优化工作机制，改进管理手段，创新业务模式，构建集团统一管控下的供应链管理体系，推动集团层面的采购资源共享与整合。

按照现代供应链管理理念，结合企业实际，聚焦主责、主业，围绕产业链供应链建设，提升采购工作定位，通过部门职能重塑、业务流程再造、管理机制创新等，推进传统采购管理向供应链管理转型升级，打造企业价值驱动中心，持续优化供应链运作，推动跨部门、跨企业的供应链业务改善与提升，构筑具有"5S1G"特征的精益供应链，积极探索基于产业集群发展的供应链协同机制，推动供应链可靠性、稳定性、敏捷性、经济性等指标持续改善，加快提升产业链供应链生态主导能力和核心竞争能力。

二、精益供应链建设的核心内容

（一）供应商全过程管理

1. 供应商分类分级

完善供应商分类、分级管理，明确不同类别级别供应商的管控范围和管理深度，优化供应商队伍结构，规范供应商日常管理，提升供应商管理体系成熟度，建立长期合作共赢的供应链关系。

根据采购金额与供应风险的大小，结合企业实际情况，进行供应商关系分类，供应风险因素参考质量可靠性、技术配套能力、产能保障能力、管理配合度及资金

实力等。供应商管理分为战略型、杠杆型、瓶颈型和一般型。

在供应商分类、分级的基础上，依据供应商的不同类别实施恰当的供应商管理策略，将供应商管理的有限精力在不同供应商间合理分配，加强管理的针对性。针对不同类别供应商的履约表现，对采购金额大、对公司影响较大、产品质量不高的供应商进行重点管理，改善供应商整体能力。基于供应商的分级结果实现扶优汰劣，持续优化供应商结构，与优质供应商建立稳定、长期、良好的战略合作关系，实现降低供应链风险、提高供应商产品质量的目标。

2. 供应商关系管理

针对不同类型的供应商，结合采购对象特点和供应商评价结果，灵活选择差异化的供应商关系管理策略，建立双赢伙伴关系，致力长期紧密合作，整合采购资源，追求杠杆作用最大化，开发后备，寻求替代，降低风险，精简内部流程，降低管理成本，在订单份额、付款等方面予以扶持。

根据战略发展需求，构建稳定的供需合作关系，提高供应链整体反应速度，梳理项目采购物资品类（包括集采物资），并按重要程度、供应商市场占有程度进行分类分层。对战略采购物资、瓶颈采购物资拟选合作供应商，以实现低成本、高质量、柔性生产、快速反应为主，通过各部门联合评选方式确定合作供应商，签订战略采购框架协议，在市场协同、研发协同、质量协同、计划协同等方面明确合作双方的权利、义务及责任，实现合作双方信息互通、快速响应、风险共担、利益共享，营造有序的竞争环境。

根据供应链发展规划和项目推进的需要，结合供应商团队的现状，实施重点供应商培育，组织有关专家成立供应商培育小组，采用现场诊断的方式，查找、分析供应商存在的问题，帮助制定解决措施，并付诸实施；推荐专家，对供应商就某一系统问题进行有针对性的培训；聘请专家，对供应商就某一共性问题进行有针对性的培训；通过实施JIT、供应商管理库存（VMI）、信息平台互联互通等手段，优化与供应商在物流、信息流、资金流和商流等主要方面的协同，达到培育供应商的目标。

3. 供应商绩效评价

推动业绩评价信息化，实现"供应商+部件"级评价，设置厂内产品质量、产品运营、交货期、技术合作、管理合作、供应商奖惩等多维度评价项点。对评价项点内容进行细化分解，制定具体评价权重和逻辑计算规则，同时减少"供得多、

错的多"等干扰因素，对评价的分数进行逐一加权。构建绩效评价系统，自动抓取质量、运营、交付周期等实时客观数据，强化业绩评价结果应用，制定联动供应商招标、资质处置、监督审核、财务付款等措施。

4. 绿色供应链建设

贯彻国家发展循环经济战略和"双碳"目标，以链长、链核企业和专业子公司为支撑，不断扩大绿色循环经济交易电商平台功能和覆盖面，推动循环物资交易、循环包装利用、再制造等重点工作，构建资源循环型产业链供应链发展模式，提升资源利用效率，切实减少碳排放，实现可持续发展。

主机厂立足发展循环经济，从概念普及和理论导入阶段逐步转向探索工程方法和规模实施阶段，以"减量化、再利用、资源化"为核心，选择试点项目，有序推进轨道交通装备再制造。坚持通过平台处置闲置资源，做到处置过程公开透明、依法合规，实现处置收益增值。降低循环包装和储运一体化工装的综合成本，优先选择可共享的循环包装，逐步提高循环包装共享率和周转率，提高供应链资源循环利用率。实施低碳采购，将碳排放纳入供应商评价指标，引导供应商产品和服务低碳升级。

（二）规范化招标管理

1. 招标管理

建设完善的招标管理体系。根据国家招标法律法规和企业招标采购实际，建立符合国家法律法规并适合企业实际需要、操作性强的制度体系。

规范竞标文件编制。建立规范化的竞标文件模板，明确竞标文件编制要求，同时加强竞标文件规范性审查，有利于减少评标争议投诉，提高评标质量，提升企业招标业务的合规性。

规范竞标业务操作。明确竞标计划管理，提升竞标组织效率；加强内部业务审批，规范企业竞标结论审批，控制管理风险，加强业务管理。

提升招标专业能力。规范招标业务人员的操作水平，提高招标业务人员的专业能力。邀请外部专家对企业内部采购人员、招标管理人员、评标专家等进行系统培训；加强与外部社会招标机构和大型国企招标机构的交流学习，提升企业招标管理人员的专业化水平。

2. 评标管理

建立满足企业招标采购需求的评标专家库。根据企业采购业务类型和实际，根

据专业、部门等相关维度建立评标专家库，同时建立评标专家库管理制度，对评标专家的入库、出库、使用和奖惩等进行规范。

严格规范评标活动。评标过程全程录像监控、专业管理部门现场监督等措施，规范评委评标工作纪律，强调评标纪律，规范评委评标行为，提高评标的公正、合理，提高评标业务的合规性；开展对评标专家履职评价并定期发布评价结果，提升评委履职责任心和评标质量。

3. 电子招标

电子招标是国家力推的方向，积极推进电子招标采购平台建设和推广电子化招标采购应用，实现招标采购业务主要环节的电子化操作。通过推进招标采购管理信息化系统建设，实现招标采购管理和招标采购业务全流程数字化，并与企业内外部其他信息化平台实现数据贯通，全面提高企业电子化招标采购水平，进一步提高招标采购业务的规范性和效能。

（三）创新采购管理方法和手段

1. 模拟配送线建设

深入开展模拟配送线建设，并将其纳入项目的前端管控，将项目前期各关键节点纳入采购指挥中心，进行线上管理，通过打通与各业务系统的数据壁垒，以品类的维度自动抓取各系统中前置任务完成情况，自动触发预警、报警、升级等后续动作；任务拖期数按板块维度进行汇总统计，各项目以进度百分比方式呈现，保障各环节进度可知、异常可控。

2. 采购品类管理

品类管理是加速供应链转型升级的基础，是实现采购精细化管理的驱动条件，是推动跨项目、跨产品、跨企业采购资源整合的关键。公司逐步推进采购品类管理，以链核企业为支撑，制定基于各产品平台的标准物资品类，并以此为基础，积极探索链长制下的供应链协同发展模式，突破集中采购、内部配套、工业智慧物流、供应商共享互认等工作中的难点问题。科学划分采购品类，建立基于品类管理的业务流程，设置品类经理等战略采购岗位，加强需求管理、成本分析、供应市场研究、采购策略研究、供应商关系管理等技术含量较高的专业性采购工作。充分评估采购机遇与风险，按品类制定有针对性的采购策略，深挖"供应链增值"的机会点，逐步降低物料复杂度，提高供应链响应效率，增加供应链柔性，切实提升对供应链成本与风险的管控能力。

3. 供应链风险管理

供应商管理模式逐步由以交易模式为主的竞争关系向统筹资源的合作关系转变，与优质供应商开展全方位战略协同与合作，采购管理逐步由一单一签向框架协议转变。依托海外项目，搭建全球供应商体系，涵盖海外供应资源识别、区域贸易规则分析、成本研究控制等范畴，保障供应链稳定可靠。严把供应商准入、退出关口，拓宽寻源渠道，有序清理独家、代理采购，积极推动供应商早期介入，稳步推进国产化替代，持续加强供应商培育和动态管理，逐步打破链条节点间的壁垒。建立"设计+工艺+制造+采购+售后"全链条联动机制，加强内外部业务协同，提升采购响应速度，降低物资供应风险。

建立备份机制，围绕产业链供应链关键原材料、技术和产品，推动实施断链断供替代行动，推动建立关键产品多元供应商体系，提升战略储备能力和管理水平，形成分类管理、规范有序、保障有力、符合国情的战略储备机制。主机厂建立产业链供应链安全风险管控机制，滚动分析监测、及时预警，按照风险等级、采购品类细化采购策略，动态调整战略储备物资的存货水平。做好与新供应商开发、自主创新、设计变更和国产化替代等的有机衔接，确保极端情况下供应链正常运转，满足国家安全、国民经济和企业发展使用需求。

4. 集中采购管理

发挥集团采购资源的规模效应，创新集中采购模式，采用统谈统签与统谈分签相结合的方式，在大宗原材料和通用生产物资集中采购的基础上，围绕重点部件开展统型、统图设计，统一采购标准，推进供应商共享，稳步扩大零部件的集中采购范围。积极探索非生产型物资集中采购模式，利用电子商城实现办公用品、劳保用品集中采购。两级集中采购率从 63% 提升至 83.8%，提高 20.8 个百分点，其中，一级集采率从 3.9% 提升至 28.1%，提高 24.2 个百分点，一级授权集中采购目录从 75 项扩展到 195 项。预计在"十四五"期间，一级集采率每年提高 1 个百分点，到 2025 年两级集中采购率超过 95%，力争达到 100%。

5. 内部配套

以专业子公司和链核企业为支撑，统筹考虑内部配套企业生产能力、技术水平和服务质量，按照关键重要零部件和一般零部件的具体物资品类，有针对性地实施差异化内部配套指标管控。建立主机和配套企业双向激励、捆绑考核机制，构建利益和命运共同体，充分发挥中车内部的产业链资源优势，培育一批细分领域专业

化、精细化、特色化、新颖化（专精特新）的单项冠军、隐形冠军。

主机企业和配套企业严格执行内部配套制度，完成内部配套管控指标，以"尊重市场、尊重历史、内配优先"为原则，建立"相互信任、互相支持、高效协同、利益共享、风险共担"的合作机制，合力提升产业链和供应链的核心竞争力和抗风险能力。

（四）智慧物流管理

1. 储运一体化

为满足公司降本增效的需求，践行新时代绿色低碳发展理念，通过推广可循环的储运一体化工艺装备（工装），优化物流服务质量，降低物流综合管控成本。

依据自身业务需求，形成储运一体化工装设计、制造规范，设置"方案设计、小批量试制、批量验证、工装修改、整体运行"的五个阶段业务推广流程。通过多部门联合督促，引导第三方物流与供应商合作，提高储运一体化工装覆盖率，减少木箱、白布袋、塑料薄膜等材料的使用，缩短物料传递过程中因去除包装而产生的作业量，在提升物流业务流转、仓储效率的同时，有效降低了包装材料及人工成本。在推广循环工装的基础上，逐步推广主机厂、供应商、第三方物流公司间的储运一体化配送模式，实现直供配送与"三位一体"物料综合管理模式并行。

2. 智慧物流建设

开展区域智慧物流试点工作，以循环共享包装的运转为核心，以"网络运输+循环工装+VMI仓储服务"的三位一体物流综合管理模式为框架，结合信息化系统、综合物流平台的应用，验证物流、信息流与资金流"三流合一"的区域物流模式。通过实施区域智慧物流试点，实现供应链信息协同、资源共享、业务整合和网络化、可视化、智能化，提高物流系统分析决策和智能执行的能力，提高供应链管理水平，打造区域物流新模式。

智慧物流试点工作打通了内外信息化系统间的断点，通过连接信息系统，完善信息采集，将物流管理过程中的网络运输信息、库内作业信息、库存数据和配送需求等信息传递转化至系统内进行操作，实现业务互联互通。信息化系统按照生产计划推送物料需求、产线收到物料进行电子签收后系统自动完成出入库及过账功能，提升系统间信息的自动处理能力。信息化系统形成以"生产计划、采购计划、送货计划"三计划协同为基础，采购方、供应商、第三方物流公司信息共享、互联，生产需求数字化传递、到货后系统自动进行账目交接的闭环管控。通过信息化系统

指挥中心的建设，汇总全业务流程节点信息，形成简报机制，按照精益物流管理思想对业务流程进行迭代管理，逐步实现从数据收集阶段到数据应用阶段的提升。

智慧物流试点仓库具备智能化装备覆盖、信息化系统覆盖、循环运输网络覆盖及储运一体化工装覆盖，具备扫码作业能力、数字化信息传递及处理能力、VMI仓储配送服务能力及循环工装回收处理能力，能够快速响应生产端的需求，保障物料按照生产节拍及时、准确供应。按照节拍拉动式生产的原则设计物料供应模式，通过"三位一体"物流综合管理模式实现干线的批量运输和到生产台位的按需配送。通过将 BOM 信息与供应商共享，结合循环包装，实现零部件按供应商和以"辆"为单位的配台包装，在保障产线需求的同时，实现主机厂仓库物料"零库存"。

（五）协同集成管理

1. 供应链设计协同

发挥龙头企业优势，突破企业壁垒，按照产业链供应链自主可控的原则，搭建和完善主机厂与供应商信息共享和协同研发的工作平台。以 PDM 为核心，按照统一的规划和流程，供应商团队及时获取产品技术需求、任务信息和变更信息，并开展协同任务分工、技术文档交付、三维模型的三维协同设计、外购件失效模式及影响分析（FMEA）规划实施及在线审核、外购件供货需求响应及在线审核等。提高供应商在企业生产经营活动中的响应能力，加强产业链上下游联合设计、并行设计、协同设计过程管控和知识管理，提高研发效率和协同水平。

依据中车质量体系标准（"中车 Q"）标准要求，将"强过程、提品质"贯穿生产经营全过程，融合质量管理业务流程，通过将质量管理业务数字化，实现从采购、物流、制造、检测、服务的全流程数据贯通，覆盖供应链、技术链、制造链和服务链全过程、全要素质量管控，将产品实现全过程的质量数据在线记录、自主化分析和全生命周期追溯，确保产品质量安全，推动技术优化、管理精细化和产品创新迭代。搭建产品制造过程质量大数据分析平台，将技术和质量经验知识与质量业务数据融合，实现数据驱动的主动式质量改进方法和资源配置模型。

2. 供应链计划协同

建立科学的需求预测和协同计划机制，将项目计划、生产计划、采购计划协同串联，构建三计划协同系统，通过系统将生产计划转换成物料需求计划，并将变更实时传递至供应商，切实提升采购管理效能，打通生产、采购、供应商之间的壁

垒，提升供应链计划的准确性和及时性。设定三计划协同中相关节点 KPI 指标，形成定期通报评价机制，制定供货及时率指标，用于供应商绩效评价，从而确保三计划协同、精准落地。

（六）监督评价管理

1. 内部控制监督

完善内部控制和风险防控体系，定期组织对各子公司监督检查，深入排查采购与供应链管理领域存在的各类问题，及时组织整改，确保采购工作阳光透明、合规高效。不断强化采购管理，提升采购业务规范化水平，提高公开采购率和上网采购率。逐级落实采购监督管理责任，创新监督方式方法，进一步提高监督检查的精准性和灵敏度，实现事前、事中、事后在线实时监督和智慧监督，持续构建合法合规、公平公正的良好生态环境。

2. 供应链评价

以精益立项的方式引导子公司在内外部供应链上实施精益改善，总结提炼可复制、可推广的精益增值供应链管理方法，逐步建立和完善精益采购、精益物流、精益供应链等管理标准。

加强精益思想、工具、方法在产业链供应链管理中的运用，推动精益管理体系的深化应用与体系升级，积极推进精益管理文化在整个产业链、供应链上的延伸和传播。围绕提质、降本、节支、增效，不断优化和改进供应链活动，带动供应商持续改善，实现对物流、资金流、信息流、商流的有效管控和系统优化，降低采购成本，缩短采购周期，加快响应速度，提高存货周转率，提升服务水平，持续改善产业链、供应链的运作绩效。设立物资与供应链业务相关的、量化的评价指标，主要包括集中采购率、内部配套率、上网采购率、供应链综合降本率、独家采购金额占比、代理采购金额占比、存货周转率等。

第三节 产业链建设的探索与实践

一、产业链建设原则和思路

（一）产业链建设原则

战略引领原则。面向国际国内市场需求，聚焦公司战略愿景和主业生态业务定

位，致力于为全球客户提供高端轨道交通装备和全生命周期定制化解决方案的战略目标，积极融入新发展格局，科学布局创新任务，系统提升产业链核心竞争力。

底线思维原则。贯彻"体系保过程、过程保质量"理念，实施风险思维，坚持安全第一、质量优先。摸清供应链基础底数，识别"卡脖子"和"补短板"风险，加强供应商培育和支撑力度，促进全供应链稳定、安全。

市场导向原则。坚持业务主导型模式，提高项目管理对外快速响应客户需求、对内有效满足经营需求的双向管控能力。以市场为导向，增强内生动力和发展能力，打造新动能，培育新优势，增强战略发展韧性。

创新驱动原则。创新是引领发展的第一动力，必须把创新摆在发展全局的核心位置，充分发挥技术创新在全面创新中的引领作用，贯穿生产经营管理的一切工作，推进技术、管理、商业模式创新，推动发展方式由要素驱动向创新驱动转变，崇尚创新，激发活力，全面提高核心竞争力。

协同发展原则。坚持对内协同、对外开放、合作共享、互利共赢原则，发挥整体优势，深化母子公司协作，完善集团化运营，增强协同效应。加强战略合作，"成人成己、成己成人"，形成广泛的利益共同体，营造有利于企业发展的产业生态环境。

（二）产业链建设思路

以打造自主化产业链、智能化产业链、低碳化产业链、生态化产业链，引领轨道交通装备行业发展为目标，实施"固链、补链、强链、塑链和优化生态"五大重点任务，制定重点保障措施，保持产业链优势，提升产品竞争力。

1. 自主化产业链

坚持"政、产、学、研、用"协同，通过科研聚集创新资源，不断强化"根"技术研究，着力提升技术核心竞争力，攻克轴承、关键芯片等一批紧迫性、基础性、前沿性和颠覆性技术，实现基础零部件、元器件自主可控，形成安全稳定的重要零部件和原材料供应体系，进一步减少产品独家供货现象，实现产业链持续、自主、可控，与原创技术工作协同推进。

2. 智能化产业链

推动产业数字化转型，建设工业互联网平台，以"技术为本、市场牵引、精益为魂、数字驱动"为核心，对标"6621运营管理平台"的要求，推进数字化转型，实现"产品、研发、制造、服务、管理、生态"六大转型。持续提升产品智

能化技术水平，加大智能产品和智能运维服务等研究。

3. 低碳化产业链

贯彻落实国家"双碳"目标，研发系列化的绿色低碳技术，研发绿色产品，建成绿色工厂，开展绿色供应商评定和培育，推进绿色低碳供应链体系建设，开展绿色供应商评定和培育，重点是产业链的低碳化。

4. 生态化产业链

构建以"质量稳定、交付及时、成本合理"为目标，以供应商管理、采购物流管理、招标管理、智慧物流管理四个核心体系为支撑的具有"5S1G"特征的精益供应链体系。培育"高效协同、合作共赢"的产业链、供应链协同文化；构建产业链、供应链发展共同体；建成以计划管理和数字化协同平台为保障的供应链管理体系。

5. 引领行业发展

在轨道交通装备领域主导资源配置、主导行业发展，产品研发向谱系化、定制化、智能化、高性价比、高可靠性及互联互通方向深化发展，研发一批满足全球不同需求、具有世界影响力的重大产品。加强企业与地方政府合作，建设产业集群，发挥集聚优势。

二、产业链建设主要举措

（一）产业链管理基础——固链

围绕夯实产业链管理基础，厘清产业链建设主体，绘制图谱，摸清底数，动态监测，安全备份。根据轨道交通装备产品谱系，结合不同业务板块和不同产品的发展阶段及市场地位等情况，确定了各业务板块的典型产品平台、子产业链企业。

绘图谱、摸底数，厘清产业链现状，按照"型—链—图—案"的思路，绘制轨道交通装备产业链图谱。建立产业链监测体系，动态评价产业链健康度，研究提出轨道交通装备产业链健康度评价指标体系，构建并不断优化分析模型，动态识别产业链薄弱环节，实时追踪产业链、供应链的风险隐患，实现面向产业链健康度评价、企业培育、空间布局等为主的动态监测、分析和报警。

"建备份，促替代"，保障产业链安全、可控。基于产业链监测体系分析出来的产业链薄弱或待优化环节，充分发挥企业对产业链的引领主导作用，构建立足当前、面向未来的产业链备份机制，推动实施断链断供替代行动，健全关键产品多元供应商体系。

(二) 产业链自立自强——补链

针对产业链短板弱项，聚合全产业链资源和力量，实施一系列攻关专项和工程，打造自主化产业链。围绕引领全球行业发展，实施领先领跑创新工程。

围绕薄弱环节，实施核心技术攻关专项，实现产业链自主可控。基于产业链监测体系识别出薄弱环节，推动产业链企业及合作单位开展关键核心技术攻关。

围绕开放共享，实施产业链协同创新平台建设专项，深化全产业链协同创新，企业牵头，链核、链环、链辅企业配合，建设基于集成化、智能化的轨道交通装备产品模块化设计平台。实施"1+N"产业链协同创新平台建设专项，充分发挥既有创新机构的作用，按照"一链带多核、一链多平台、多链共平台"的思路，对全产业链企业开放。

围绕质量安全，实施供应链质量可靠工程，巩固轨道交通装备产业链"安全第一、质量优先"的质量方针，完善供应商质量管理标准，以"中车 Q"质量管理标准为主要方法，建立覆盖供应商全生命周期管理和采购产品质量全过程管理的系列标准指南，提升全产业链质量水平。推动"中车 Q"质量认证，质量要素参与订单分配，质量积分决定市场份额，加大对供应商的帮扶力度，帮助供应商提升质量管理水平，逐步实现供应链质量管理协同。

围绕前沿高地，实施产业链创新引领工程，巩固并提升我国轨道交通装备产业链优势，协同推进 CR450、高速磁悬浮交通系统等重大工程，填补领域空白，抢占前沿高地，引领全球行业发展。

(三) 产业链持续引领——强链

优化投资布局、重组整合和国际化经营，打造产业集群和"专精特新"企业，持续锻造产业链长板优势。

围绕链式布局，实施产业链优化投资及重组整合。实施产业链优化投资，提高产业链自主可控、安全可靠和持续引领能力，增强产业链的稳定性；围绕产业链"补短锻长"和提升系统解决方案能力，建立重点投资项目库；持续推进核心系统和关键部件的专业化重组整合，构建核心系统和关键部件的专业化发展平台；支持链核企业和具备能力的链环企业围绕补链强链清单，开展高水平兼并重组。

围绕跨国经营，推进产业链国际化布局。按照"整机带动部件、制造带动服务、总包带动全链条"的原则，服务构建新发展格局。企业以"一带一路"沿线、

欧洲高端市场等为重点，带动配套企业和全产业链"走出去"，持续扩大国际化经营规模和市场份额。加大国内、国际体系认证力度，统筹利用国内、国际两个市场、两种资源，优化全球布局，拓宽市场渠道，推动全方位对外开放。

围绕产业与城市融合发展（简称为产城融合），打造产业集群和集聚地。持续深化中国中车与相关地方政府战略合作，健全打造产业集群的定期推进机制，链核企业发挥产业链聚拢作用，按照专业化、集约化、高端化原则，面向全球吸引和凝聚国内外轨道交通装备相关产业入驻产业集群，巩固提升既有优势产业集群优势。

围绕"专精特新"，打造一批冠军企业及产品。依据链上企业清单和重点企业培育清单，采取差异化管控措施，优化经营考核指标体系，支持企业发展"产品+""系统+"，成为面向全球客户的系统解决方案提供商，带动全链企业发展。深度聚焦具有明显专业优势、细分领域特色的产品，带动形成一批"专精特新"企业、隐形冠军、单项冠军和行业冠军，推动产业链企业上市。

（四）产业链发展的内涵——塑链

发挥轨道交通装备产业链的长板优势，加快推动轨道交通装备产业链智能化升级、低碳化发展，在优化业务结构、创新业务模式上实现新突破，延展产业链发展的内涵。

围绕数智转型，打造智能化产业链。推动产业链数字化建设，将产业链数字化建设融入数字化转型和工业互联网总体架构，向全产业链的企业及相关单位开放工业互联网平台，以平台生态支撑供应链生态。建设产业链、供应链协同平台，打造产业链驾驶舱，健全工业互联网安全体系，保障数据安全。加强轨道交通装备产业链数据要素资源开发，推进全链条数据资源协同。

支持产业链智能化升级。支持各企业开展数字化转型、智能化改造，鼓励链核企业带动产业链其他企业智能化转型。培育服务轨道交通装备产业链智能化升级的智能制造装备、工业软件、系统解决方案的专业化企业。

围绕绿色升级，打造低碳化产业链，构建产业链绿色制造体系。落实国家"双碳"目标和"中车'碳达峰碳中和'行动计划"，建立以绿色制造指数为引领的阶梯形绿色制造体系，形成全生命周期、全产业链、全过程适用的绿色低碳发展效绩评价标准和流程。打造产业链碳中和生态圈，发挥引领带动作用，加强与产业链上下游企业合作，构建产业链绿色低碳的协同机制。

（五）产业链融通发展——生态链

发挥融通带动作用，塑造协同发展文化，共筑发展共同体，营造产业良好发展生态。围绕协调发展，构建产业链共同体，整合调动轨道交通装备全产业链资源要素，构建三层生态圈，育成休戚与共、荣辱与共、生死与共、命运与共的产业发展共同体。

围绕统筹治理，完善产业链共生机制。围绕产业链的有效治理，着力构建五种机制。

强化市场机制。全链企业遵循商业逻辑，树牢市场意识，强化契约精神，兼顾各方利益，合理分配价值。

完善沟通机制。组织召开产业链论坛和供应商大会，搭建沟通平台，加强信息交流，实现信息共享。

构建协同机制。逐步建立设计、制造、质量、服务等环节的协同机制，诚实守信，保证产品质量和交付周期。

营造融合机制。发挥智库、协会等作用，推动产业链融合发展，创新共建模式，增强产业链的稳健性。

建立共享机制。推动制造、试验、检测等资源开放共享，全链企业共筑高质量产业链，共建发展资源，共享经营成果。

围绕合作共赢，塑造产业链文化。胸怀"连接世界，造福人类"的使命担当，树牢"行业利益高于企业利益，企业利益孕育在行业利益中"的理念，共同营造开放、包容的环境，共同激活创新引领的动能，共同开创互利共赢的局面，共同提升品牌价值。

三、产业链健康度评价指标体系

（一）建立产业链监测体系

实时跟踪研究全球轨道交通装备产业发展动态、国内外产业链建设先进模式，建立轨道交通装备产业链健康度评价指标体系，构建并不断优化分析模型，动态识别产业链薄弱环节，实时追踪产业链供应链的风险隐患，实现面向产业链健康度评价、企业培育、空间布局等为主题的动态监测、分析和报警。针对不同产业链环节分层、不同产业分级、不同影响分类的多样化健康度评价，研究确定补链、强链、塑链重点，闭合监测产业链建设效果。

（二）搭建产业链信息平台

通过采集融合产业链治理相关动态数据，支撑搭建包括产业链驾驶舱、产业链分析模型、基础数据平台三层架构的产业链健康度动态分析系统，建立产业链基础数据库。建立产业链分析模型，管理健康评价指标体系和规则；动态监测产业链状态，识别"卡脖子、补短板、强基础、锻长板"环节，实现链上企业的动态评价。

案例一　精益供应链管理提升项目

一、现状分析

随着制造全球化，供应链端的协同能力将成为企业发展的核心竞争力。为加强产业链供应链管理体系和能力建设，着力提升"基础固链、技术补链、融合强链、优化塑链"能力，以降低全供应链存货、降低成本为切入，探索企业上下游供应链协同管理提升的最佳实践，努力畅通产业链的信息流、产品流、资金流，提炼具有中车特色的可平移、可复制、可推广的供应链协同管理模式。

二、目标设定

1）建立供应链库存一体管控机制。

2）实现供应链管理一体协同机制。

3）搭建精益供应链指标评价体系。

4）探索供应链信息化实现路径。

三、具体做法

项目以中国中车"6621 运营管理平台"为基础，充分借鉴国际上供应链运作参考模型 SCOR，聚焦需求管理、计划管理、采购管理、库存管理、物流管理、设计研发、项目管理和运营战略等供应链管理与项目目标相关联（见图 10-1）的领域，分四个阶段落地实施。

业务调研阶段：对试点企业进行了深度调研，收集整理了 400+ 份文件，从变更管理、计划管理、品类管理、库存管理、物流管理、研发设计等六个方面诊断出 63 项问题点。

数据分析阶段：基于调研阶段的成果设计了 35 个子课题进行研究，系统分析

	需求管理	计划管理	采购管理	库存管理	物流管理	设计研发	项目管理	运营战略
建立供应链库存一体管控机制	●	●	●	◐	◖	◔	◔	◔
实现供应链管理一体协同机制	◔	●	◔	◖	◔	◔	◔	◔
搭建精益供应链指标评价体系	●	●	●	◖	◔	◔	◔	◔
探索供应链信息化实现路径	◖	●	●	●	◖	◖	◖	◔

关联度
● 强
◐
◖
◔ 弱

图 10-1　供应链管理与项目目标关联矩阵

了 51 个流程和 107 份表单，量化问题点的原因、影响和优先级。

　　方案设计阶段：按照远近结合、重点突破的改进策略，从政策、流程、指标、机制等方面提出了近期改进策略 12 项；从组织架构、信息化、数字化、人才育成等方面提出了长期改进策略 10 项（见图 10-2）。

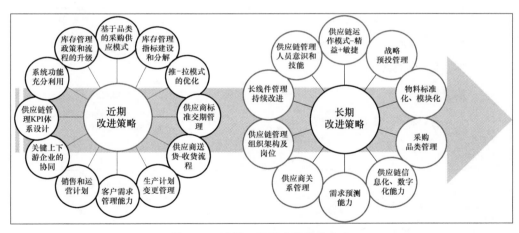

图 10-2　近期、长期改进策略分布

　　实施与总结阶段：试点企业根据改进策略，分解成 49 项重点工作任务和 157 个实施步骤，输出项目成果 22 项，含重点成果 12 项，提炼形成可平移、可复制、可推广的管理模式 7 项。

四、效果描述

　　试点企业以计划和物流为主线，通过"点穴式"地梳理、优化供应链关键节

点，打通了职能间、部门间和企业间的壁垒，建立了供应链计划和库存的一体化的管理机制，搭建了精益供应链指标评价体系，识别了供应链上下游关键数据。其中，某事业部"齐套率"提升15%，计划完成率提升23%，成品及发货未开票库存下降16.3%，客户满意率保持在较高水平。

1. 完善需求预测机制

构建了需求预测的逻辑、步骤和模板，引入客户项目阶段性成功概率的概念，通过加强客户信息收集，评估现有订单变化的预测，为业务决策提供重要的数据支撑。

2. 构建标准交期模型

按照销售、设计研发、计划生产、采购、生产、交付的项目管理流程，探索绘制产品首列及批量标准交期的关键路径（见图10-3），明确了五个核算步骤；以两类主产品作为试点，测算了不同交期策略的物料预投种类和库存数量，为管理决策提供了"成本代价"的数据依据。

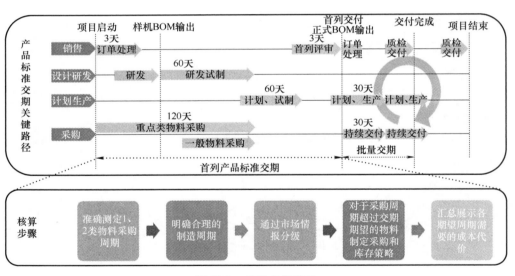

图 10-3　标准交期模型

3. 强化计划一体协同机制

厘清业务流程：梳理了从主机企业"生产部—各分厂—采购部"，到配套企业"销售部—计划生产部—物流部"的整个计划流程，厘清了各环节信息传递的方式和规则。

强化全程管控：从生产计划的制订、发布、执行和追踪、变更管理及事后分析

等五大环节进行全过程管控，包括事前的计划评审科目及批准要素、事中开工前计划冻结期和期内插单的逐级审批、事后针对计划变更的次数、天数、类型和原因的统计分析（见图10-4），推动持续改善。

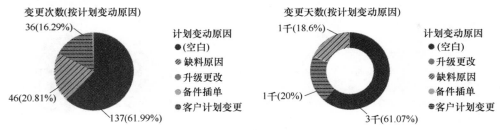

图 10-4　变更统计分析

规范计划体系：开展月度销售和运营计划会议（S&OP），建立从信息采集、分析、逐层评估到决策的计划管理体系，实现销售、采购、计划、生产等多部门的计划协同；制定了信息采集、计划变更、库存、物料供应、生产能力等统计和分析的标准模板；明确各部门输入、输出的内容。

4. 细化库存一体管控机制

完善了原材料、在制品、产成品库存管理政策，设立库存管理 KPI 目标：细化原材料品类管理、优化物料采购供应方式、完善了物料库存补货机制；加强在制品库存监控，按库存天数和金额高低计算风险等级，并全面梳理了在制品库存的各类成因；加强产成品库龄分析，制定了货未开票预警机制。

5. 加强供应商管理

明确了标准交期（OTDs）、标准交货日、订单要求交期（OTDr）、订单确认交期、订单实际交期、订单平均交期等六种定义，统一了标准交期率和要求准时率两种测算公式；可按不同场景的计划需求，与供应商制定产品标准交付周期和"合理时间窗"；动态监测供应商交付能力（见图10-5），及时调整采购策略。

6. 构建基于品类的采购供应模式

重新梳理各品类的采购模式，按照品类特征、金额、市场竞争性、产品可得性、历史交期和质量水平进行 ABC 分类，制定供应商关系管理策略和重点品类的采购和订补货策略；规范与供应商的预测、订单、叫料的信息传递方式，制定合理的配送数量及节拍。

7. 建立指标评价体系

参照 SCOR 体系的供应链绩效特征以及中车集团现有采购管理绩效考核体系，

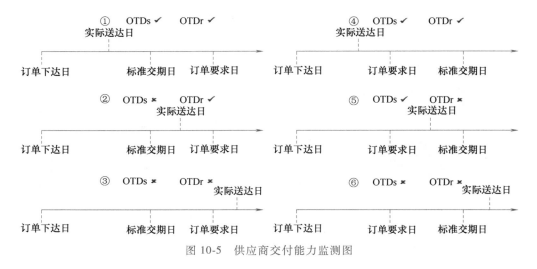

图 10-5　供应商交付能力监测图

从企业和管理职能两个层级编制完成了"中车精益供应链矩阵指标体系"。从可靠性、响应能力、成本、资产管理效率和合规性等五大维度选定企业级一级指标九个；聚焦于与供应链管理强相关的职能管理，结合跨职能、跨部门的管理复杂性，制定二级指标 35 项，并按照分类分级机制将二级指标与一级指标进行映射，形成矩阵式指标体系，从而可以客观地评测各职能管理绩效。

8. 探索上下游关键数据的字段定义及采集方式

针对试点企业之间的计划层和订单执行层两个最为重要流程的数据传递，界定了运营类关键数据 11 项和指标类关键数据七项，规范了这些数据的采集原则、统计方法、采集频率和保存要求，明确了数据的作用。

五、推广应用

按照"可平移、可复制、可推广"的指导方针，项目组在包括需求管理、计划管理体系、库存管理、采购管理、指标体系和信息系统等六个领域，提炼总结了七项成果：

1）在大型离散制造业生产计划和采购订单的大量变更环境下，探索总结了供应商交期管理的实践。

2）引入在需求管理和生产计划管理环节的缓冲理念，设计了产品标准交期模型，为抑制多年"牛鞭效应"进行了大胆尝试。

3）在传统的"推-拉"供应模式基础上，探索总结了基于品类的采购供应模式。

4）突破库存管理绩效指标的传统设置方式，设计并实践应用了矩阵式的库存绩效指标体系。

5）在现行的生产平衡会基础上，引入国际流行的销售和运营计划（S&OP）体系，为今后主机企业与配套企业的计划协同指出了"三步走"的提升路径。

6）引入并设计了结合轨道交通行业现状的需求预测模板。

7）摸索出采购品类管理的基础工作步骤。

案例二 供应商"扶-管-服"帮扶模式

一、帮扶模式

针对供应商队伍中的中小型企业，通过"扶-管-服"模式对相关供应商从质量管理、工艺管理、生产管理、供应链管理等体系方面进行平推，完善其质量管理体系，帮助其提升技术、工艺和质量管控能力，实现对供应商帮扶有的放矢、体系聚焦、管理水平螺旋式上升的目标。

二、帮扶流程

1）根据质量情况及承制产品特性，确定需要帮扶的供应商明细单。

2）通过与相应供应商开展质量交流，组建帮扶团队，正式启动帮扶。

3）帮扶小组编制各供应商相应检查帮扶方案，并实施具体帮扶。

4）协助供应商建立专业体系、完善工艺、质量文件，提升操作人员的技能水平。

5）通过对帮扶检查发现问题的重新复盘，确保供应商整改到位。

6）聘请权威机构对供应商进行检查、评比，明确管控措施。

三、具体做法

(一)"扶-管-服"的阶段工作内容

根据公司管理水平、技术能力、体系建设等方面的优势，有针对性地对供应商进行"扶-管-服"帮扶，主要分三个阶段：

"扶"是指先对其进行制度、体系、技术及管理全方面扶持、管控，使其在扶

持下能够生产制造出满足质量及技术指标的产品，相应体系及管理运转基本正常。

"管"是指当供应商已运转正常，产品质量基本稳定时，对其进行日常监管，定期进行体系及相应产品工艺进行管控；不断提升其管理水平。

"服"是指当供应商生产经营运转良好，产品质量及技术指标优异，技术体系完善时，只对其进行正常的年度审核服务。

（二）"扶-管-服"的具体做法

1. 帮扶平推检查

组织对各供应商按计划开展帮扶平推检查工作，检查完成后汇总检查发现的问题，形成平推检查报告。

2. 质量主导

协同互动，对供应商帮扶过程中发现的问题组织供应商整改，公司各职能部门（工艺、质量、设计等）协同互动，共同推进供应商帮扶工作。

3. 进行"回头看"持续改进工作

在供应商问题整改后，开展供应商帮扶"回头看""飞行检"工作，验证、落实供应商问题整改情况，同时采用"PDCA"循环的方法，达到持续改进的目的。

4. 体系贯通，信息化保证

协同供应商进行体系互通，同时协助供应商建立焊接、粘接、探伤等质量管理体系，通过质量信息化平台（QMS），打通与供应商的信息及数据传递，做到标准统一，确保产品质量。

5. 总结评估

在供应商帮扶完成后对帮扶情况进行总结汇报，通过第三方评估，对供应商帮扶成果进行量化评价。对于不能达标的供应商，结合实际问题进行资质处理。

（三）"扶-管-服"达成的目标

通过帮扶，协助供应商夯实基础管理，加强过程控制，提升产品实物质量，实现双方合作共赢，达到以下目标：

1）过程符合：协助供应商贯彻执行"自检、互检、专检"三检制，对关键工序、特殊过程进行过程监督检查，对生产过程进行质量平推，保证操作符合性及质量稳定性。

2）体系建设：对供应商从质量管理、工艺管理体系（焊接、粘接、涂装及探伤等）、生产管理等方面进行平推，完善其质量管理体系、专业技术体系，提升工艺、质量管控能力。

3）技术能力：帮助供应商完善技术能力，提高供应商自主管理能力，持续供应合格产品能力进一步提升。

4）合作共赢：进一步降低公司的供应商管理成本，实现公司与供应商之间合作共赢。

5）标杆打样：建立供应商帮扶及质量平推的标杆，逐步向其他供应商平推，实现供应商技术和管理体系整体水平的提升。

四、效果描述

1）通过对供应商"扶-管-服"帮扶模式的推进，不仅提升了供应商的产品质量管控能力，更进一步提升了供应商对公司的依存和信赖度，形成了合作共赢的厂供模式。

2）通过帮扶，达到了"体系保过程、过程保质量"全链条管控的目标，使供应商体系建设、内部运营更加顺畅，产品质量稳步提升。

3）通过帮扶向供应商输出了技术、质量文件模板，文件模板包括过程工艺、检验策划，进货检验策划等。协助供应商对照公司技术文件模板重新编制、优化了供应商内部技术文件，提高了工艺、检验策划的水平。帮扶过程中向供应商输出更好、更高效的工艺方法。

4）通过向供应商传递精益理念、5S管理要求，对生产线、现场布局和定置管理进行优化，各供应商生产流程更加合理，现场管理的规范性均有了大幅度提升；通过对供应商实施年度审核、产品FAI及制造过程的审核，发现其过程控制薄弱点，明确过程管控要点，提升了产品过程管控质量。

案例三 供应链协同机制建设

一、现状分析

1. 背景介绍

中国中车某子公司从2018年开始，市场订单激增，生产流水线任务繁重，这给各项目模拟配送线建设带来了巨大挑战，加之该公司对整个供应链提出了更高的要求，建立与时俱进的供应链协同机制迫在眉睫。

2. 问题分析

复杂多变的市场和外部环境让该公司在供应链建设中的薄弱环节暴露出来。一方面，该公司在供应链协同上尚有欠缺，计划、变更等因素对生产物资采购配套的影响日益凸显；另一方面，模拟配送线在新的市场环境中尚未建成卓有成效的管理机制，模拟配送线的供应商协同管理仍有待加强。

二、目标设定

通过开展供应链协同建设，该公司设定目标如下：

1）建成一个供应链协同平台。

2）根据供应链协同重点内容，完成管理办法的更新发布。

3）推广合格供应商名录中的供应商，全面使用新上线的供应链协同平台，覆盖企业达到 300 家以上。

4）实现供应链协同平台全项目覆盖应用。

5）单个技术变更流转时长缩减 24 小时以上。

6）供应商来料（含维保）及时有效率达到 95% 以上。

三、具体做法

1. 建设计划

根据上述存在的问题，公司围绕供应链协同和管理机制两个模块的内容，成立了项目专项工作组，制订了重点项目推进计划，并进行每月进度点检，保障项目的稳步推进。一方面，工作组通过多方调研，广泛收集各部门意见，需对供应链协同环节的管理制度进行优化、补充、完善；另一方面，工作组借力于企业数字化转型契机，紧抓供应链各环节上的协同，着手开展供应链协同平台的建设。

2. 实施过程

立足于中国中车精益管理体系标准要求，围绕采购物流管理线和模拟配送线内容，开展供应链协同机制建设。

1）管理制度优化完善。公司侧重于强化对供应链协同环节的重要角色——供应商，开展综合性评价管理。原有的"供应商业绩评价管理办法"将供应商业绩评价分为四类，参与单位共计七个，部分单位未参与供应商业绩评价。

新的"供应商业绩评定管理办法"考虑到了采购物流管理线和模拟配送线各

个环节中供应商服务、产品质量、交付进度、合作与诚信度等内容,将供应商评价类别细化为七类,根据业务内容的差异分别赋予不同的职能单位参与供应商业绩评价的权利,共计有 16 个单位参与新的供应商业绩评定。

2)信息化平台建设。该公司将采购物流管理线和模拟配送线按阶段的内容进行细化,将影响产品配套、供应商服务、供应链协同的内容进行重点开发。信息化平台的建设以问题为导向,向内打通公司在供应链各环节的信息壁垒,将项目、设计、工艺、采购、质量、物流、制造等环节串联起来,实现企业内供应链各环节信息互联互通;向外将供应链信息化建设延伸到供应商环节,让供应商参与到公司模拟配送线建设、采购业务管理、供应商全生命周期管理上来,既实现了业务端对供应商的延伸,向前推进了一小步,又为推进公司对供应商的管理和供应链建设打下了良好的数字化基础。

四、效果描述

该公司在模拟配送线和供应链数字化建设上取得了较好的工作成效:在管理制度上,该公司于 2022 年修订发布了"供应商业绩评定管理办法"。在供应链数字化建设上,建成了供应链协同平台——供应链信息管理系统 SRM。通过建设供应链信息管理系统,实现了 SRM 平台模拟配送线新项目建设覆盖率 100%,单个技术变更流转时长平均缩减 36h。截至 2023 年,已推广了 1130 家供应商上线使用 SRM,合格供应商上线使用率为 100%,合格供应商已全部实现上线使用;2022 年模拟配送线各项指标相比 2021 年均有提升,新项目模拟配送线建成率和模拟配送线建设深化计划完成率均实现 100% 完成。持续推进采购供应链建设,供应商来料(含维保)及时有效率从 2021 年的 98.62% 提升到 2022 年的 99.18%,外部提供的产品质量合格率从 98.61% 提升到 98.71%。

第十一章
"三全三对"过程方法

全面精益管理体系涵盖了全价值链、全产品链、全供应链。从识别客户价值需求开始,到订单获取、产品设计、材料采购、工艺策划、生产制造、产品交付、售后服务和货款回收的全过程,突出价值创造能力提升。它不仅关注本企业的改善,还关注上下游企业及整个供应链,关注共同价值、共同利益和共同成长。全面深化精益管理,必须站在全价值链的视角系统挖掘产业价值,以精益设计为源头,以流程驱动为主线,以项目执行为抓手,以获取价值为中心,突出设计、工艺、生产和管理的经济性,在具体落实和推进过程中,结合当前企业实际和管理需求,提出以"三全三对"为实施重点("三全"即全产线、全项目、全流程,"三对"即对生产效率指标、对资产使用效率指标和对人力资源使用效率指标),并将"三全三对"工作贯穿到整个精益管理体系标准的执行和落实中去,以确保企业价值创造能力和经营绩效的提升。

"三全"精益覆盖:全系统、全要素、全员去推动"三全",以精益设计为源头,以流程驱动为主线,以项目执行为抓手,以获取价值为中心,实现"全产线、全项目、全流程"精益全覆盖,它是实现企业整体经营目标的支撑性载体。

"三对"能力提升:聚焦产品价值实现的过程,对"在厂停时""人员投入""资产占用"等核心指标进行多维对标提升,它是连接一个核心目标和"三全"载体覆盖的桥梁和手段。采用"对标"管理的方法,实现"三全"载体生产效率、全员劳产率和资源利用率的提升改善,结合精益指标体系建设,具体分解到业务及制造层面,通过提升效率、效益等专项指标,逐层级支撑企业整体经营改善。

第一节 产线的全覆盖

产线的全覆盖要求企业将精益管理的思想、方法、工具和精益管理体系标准，应用落实到企业产品制造的所有过程和环节。产线的全覆盖首先要求精益管理体系必须覆盖产品生产线的全过程，即从原材料投入到产品交付的全过程，既包括产品组装的主生产线，也包括前道的零部件的加工、处理及子组装以及后续的试验、调试等过程。因为在产品的全部制造过程中，若有一道工序、一个环节不能与整个过程保持同步，成为短板和瓶颈，则它必定会制约整个产品制造的品质、效率和效益。产线的全覆盖其次要求精益管理体系不仅要覆盖企业主要产品的制造过程，还要覆盖企业所有的其他产品的制造过程，任何一样产品的品质、效率和效益，都会影响到企业整体经营水平和企业品牌形象。

推动全产线贯彻落实精益管理体系要求，就是要应用工位制节拍化精益制造模式，全面提升生产制造过程价值创造的能力和水平。应用精益思想、精益工具和方法，以标准工位、精益生产线和精益车间等建设载体为抓手，精准划分工位，标准化管理要素，推动工艺改善、流程优化、布局调整等专项改善，全面对标精益制造体系标准和要求，推动全产线资源要素标准化，围绕"安全、质量、成本、交期、库存"等核心指标持续改善，实现生产制造的高效率、低成本、高质量。产线精益制造模式全覆盖是强化企业基础管理、实施智能制造和数字化转型的重要抓手。

一、产品总组装线、主流程产线

产品总组装线、主流程产线以满足用户交付为拉动力，策划生产节拍，科学划分生产工位，按照工位制、节拍化、连续流要求，安全、经济、高效地组织生产活动，推动工位制节拍化精益制造模式落地。一是全面分析客户对交付产品的质量要求，首件交付和批次交付时间，交付数量和品种，包装运输方式等需求；二是结合企业制造资源、产能以及综合考虑当前订单和中、长期预期订单情况；三是识别技术风险、采购风险、资源配置风险及客户提供的配件或指定供应商的风险；四是对生产节拍进行策划，以确保满足订单交付要求；五是根据生产节拍、产线布局及产品制造周期，考虑作业安全性、物料定置、作业空间、人机效率、作业经济性等因素，进行生产工位设计与划分，精准配置"人、机、料、法、环、测"资源，以

工位为作业组织单元，按照节拍化均衡生产的方式组织生产，实现优质、高效、安全、文明生产。

二、配套生产支线

配套生产支线以满足产品总组装线、主流程产线内部用户需求为核心，以产品总组装线、主流程产线节拍化生产为拉动力，充分考虑制造资源、产能及在手执行订单等因素，策划相应的生产节拍、工位和产线布局，合理组织和控制物流及生产过程，支撑总组装线、主流程产线，实现同步化和均衡化生产。

三、批量配套生产区

轮番批量配套生产区，以产品总组装线、主流程产线为拉动力，策划最小轮番生产周期和批量，策划相应生产节拍、工位和产线布局，配置相应资源，合理组织和控制内部物流和生产过程，应用快速换模等精益工具，以最少的生产资源占用和批量化的工位制节拍化流水生产模式，保证总组装线、主流程产线工位制、节拍化、流水化、均衡化生产的实现。

第二节　项目的全普及

订单项目管理上承接企业经营管理分解到订单项目的利润、成本等指标，面向客户承接项目交期、质量的管控要求。围绕客户市场订单需求及企业价值增值改善，中国中车建立面向"市场—设计—制造—交付"全流程的高效响应机制，通过一系列策划、计划来调动项目执行资源，追求以最少的资源投入和准时化的订单交付取得最大的收益。项目管理过程以模拟生产线、模拟配送线为载体，开展订单项目实施的策划、运行、监控和改善，强化实施过程的资源配置和保障，全面落实精益制造标准和要求，实现模拟线在订单项目实施的全普及，达到生产均衡化、准时化和高效化目标，并持续健全基于全产品、全项目精益制造的数据库。

中国中车推动"全订单项目"精益管理落地，通过组织专题推进和攻关，把精益体系贯标与订单的项目管理进行关联，强化组织推动和协调机制建设，把订单的项目覆盖面和精益成熟度作为重要管理指标，由大批量订单项目管理向小批量、临时订单深度应用，持之以恒地推动订单项目精益管理全普及。

一、大批量订单

对于大批量订单，严格按中国中车工位制节拍化流水生产模式组织生产活动，精准资源配置、高效优质生产、按时履约订单。应用中车模拟生产线、模拟配送线方法，依据客户交付和质量要求，进行生产节拍、生产方式、实现路径、资源保障和管控模拟推演，对管理准备的完整性、科学性进行模拟验证，提前发现问题和消除异常，做好管理准备和相应预案，缩短开工前的准备时间，以最快的速度实现工位制节拍化的批量生产，同时满足企业对成本管控的要求。中国中车通过精准配置生产资源，精细识别管理要素，确保了铁路机车、客车、动车组、货车等主产品及主要零部件订单的项目实现过程的均衡化、准时化、高效化。

二、小批量订单

针对小批量订单，中国中车通过模拟生产线、模拟配送线模式应用，在满足订单交付的前提下，科学确定生产节拍、配置资源，做好与在手订单的协同，精准策划小批量订单的生产组织方式、生产资源和过程管理。同时，严格落实精益生产"三现主义"（现时、现地、现物），强化现场服务，快速响应、解决生产异常的问题，落实工位制节拍化流水生产组织模式，提升小批量订单精益化水平。

三、临时订单

针对临时订单，中国中车在基于模拟生产线、模拟配送线模式应用的前提下，进行订单履约策划，充分做好制造资源分析评估。同时，结合客户订单项目交付进度和质量需求，以及企业订单项目成本控制目标，对当前订单和中、长期预期订单及当前企业总体产能情况、生产线生产能力与产能情况、生产线资源配置情况等进行综合平衡，对订单项目执行期可能存在的技术风险、采购风险、资源配置风险、商务风险等进行识别分析、评估应对。通过科学策划生产节拍、精细划分工位、合理配置资源、精准进行过程管控，提升临时订单精益管理水平，实现精益生产模式订单项目的全普及。

第三节　过程的全贯穿

任何一个过程或过程中任何一个环节成为堵点，都会影响和制约整个过程的通畅和效率，影响和制约企业价值创造能力的提升。中国中车始终围绕价值创造过程，以价值创造最大化为目标，致力于构建研发、制造、运营、供应链等全过程一体化协同管理的精益模式，并致力于将精益管理体系标准贯穿整个价值流和全部的管理过程。中国中车精益管理体系贯穿以下过程。

一、从原材料到实物产品交付的制造过程

中车以原材料到实物产品交付的制造过程改善为突破，建立以工位制节拍化流水生产为核心的精益制造模式，实现高品质、高效率、低成本的精益制造，主要包括标准工位、精益示范区（线）、精益车间等工作载体建设；形成以现场工位为圆心的快速响应机制，保障产线高效运行的管理机制、指标体系和评价标准等；建立日常跟踪管控、年度评价激励，强化制造过程的高效顺畅，在产品交付物方面使用户满意。

二、从获取订单到服务回款的运营过程

强化从获取订单到服务回款的运营过程管理，突出职能管理精益协同。围绕订单获取、产品设计、资源配置、采购供应、生产制造和交付服务等过程，建立以"6621运营管理平台"为核心的精益运营管理模式，实现各职能的管理流、资金流与制造现场的实物流、信息流协同高效。"6621运营管理平台"涵盖以项目执行为载体的价值链梳理及管理过程建设，突出精益工具在产品开发、工艺策划、生产制造、成本管控、售后服务等全方位的应用，并推动精益改善与信息化系统融合机制的辅助支撑。

三、从概念到投产的设计过程

中国中车强化从概念到投产的设计过程管理，以精益研发为龙头，以研发设计平台化、模块化、简统化为重点，将精益思想和理念应用于研发设计过程各个环节，建立完善面向产品制造的研发体系，推动设计工艺一体化建设，拉动精益研

发从设计到制造全过程改善，缩短研发周期。通过建立产品标准化、模块化、谱系化、数字化的精益研发管理机制及运行准则，实现了产品设计可靠性和研发质量的提升，也降低了研发源头成本。中车建立了产品平台库，实现了产品谱系化，推行运用基于工位的模块化设计技术，持续优化研发过程，建立研发流水作业模式，实施研发与信息化手段的集成运用，并通过不断总结精益研发设计最佳管理实践，推动精益研发设计成熟模块的平移复制，实现精益研发设计体系化、标准化。

四、从内部物流到外部供应链的采购供应过程

强化从内部物流到外部供应链的采购供应过程管理，开展供应链系统改善，全面贯标精益管理体系标准，推动内外部物流协同降本增效。建立供应链管理机制及运行准则，提高供应链的响应速度与运行效率，实现物料供应的准时化。从内部物流到外部供应链的采购供应过程主要包括以客户为中心，与供应商战略协同、协作双赢模式建立；以客户订单为导向的供应商同步协作、快速响应机制建立；基于工位工序的产品、物料储运一体化工装的运用；与供应商的业务及信息过程优化及信息化平台的共享运用；供应链可靠性、响应性、柔性、成本等绩效指标的建立与运用等内容。

第四节 以"三对"为重点的对标提升

企业持续发展、提升全球竞争力，须以世界一流企业为目标，在管理理念、管理文化、管理制度、管理流程、管理方法、管理手段等方面夯实基础。提升管理能力，打造系统完备、科学规范、运行高效的中国特色现代国有企业管理体系，是应对当前国内国际发展形势的必然选择。对标提升是国有企业高质量发展的内在要求和有效手段。

如果说"三全"是中国中车实施全面精益管理的重点关注和工作要求，那么"三对"就是中国中车实施全面精益管理的重要抓手和方法。"三对"就是全面对标，通过全面对标，评估工作成果，发现工作差距，寻找工作问题，分析问题真因，制定改善对策，组织改善实施，持续优化提升，促进企业发展。

一、"三对"的内涵及拓展

"三对"即对"在厂停时"、对"人员投入"、对"资产占用",体现在生产效率、人力资源使用效率、资产使用效率三个维度。"三对"的提出是针对当前企业实际,结合中国中车全面推进和深化落实全面精益管理的需要。各子公司组织开展对标评价工作,至少要从这三个方面对三类指标进行全面对标。通过全面对标,寻找改善方向,引导改善提升。

随着"三对"工作的全面开展和持续深化,"三对"的内容也在不断增加,内涵不断丰富,包括量化指标、管理体系、管理能力等。

(一) 对量化指标

除了上述三类主要指标外,企业要根据国资委对中央企业的评价要求,建立健全包括利润总额、净资产收益率、营业现金比率、资产负债率、研发经费投入程度、全员劳动生产率(一利五率)在内的、满足企业自身管理需要和发展要求的指标体系,并对各类指标进行分解,建立完备的指标库。设定科学、合理、可行的目标值,加强指标过程管控,定期开展全面对标。重点分析研究这些量化指标背后的关键驱动因素,从"哪里有差距"深入到"为什么有差距",找到真正的短板和弱项,充分发挥对标的价值和作用。

(二) 对管理体系

管理体系建设重点在夯实基础管理,建立一整套科学完备、行之有效的制度体系,实现管理制度化、制度流程化、流程表单化、表单信息化。在认真分析对标企业特色做法和经验的基础上,从企业存在的问题入手,以具体管理活动为载体,查找管理目标、管理组织、管理制度、管理流程、管理方法、管理理念等方面的短板和不足,重点围绕管理目标清晰准确、管理组织精简高效、管理制度系统完备、管理流程顺畅高效、管理方法有效适用、管理理念科学先进等对标提升。

(三) 对管理能力

以管理效率和管理效能为出发点,查找执行能力、管理协同能力、管理创新能力、管理信息化能力和持续改善能力中存在的问题。管理能力的重点在于从企业整体角度建立端到端流程,打破部门壁垒,推进管理执行、管理协同、管理创新,保持企业核心竞争能力,以达到执行能力明显提升、管理协同能力明显加强、管理创新能力不断完善、管理信息化能力不断强化、持续改善能力不断增强的目的。

二、全面对标的工作要求

(一)指标管理体系

全面对标要从指标管理体系建设方面进行对标。全面精益管理体系要求各企业建立完整的指标管理体系,并将其纳入体系标准,编写专门的工作指南。指标管理体系建设对标,要从以下三个方面进行:

1. 从指标体系的设立进行对标

企业指标体系须考虑应该设立哪几类指标,每类指标又应该设置哪些具体的指标,每个指标的定义是否准确,范围是否明确,统计和计算方法是否正确且一致等。不同的企业如果在这中间任何一个方面出现差异,就无法实现真正意义的对标。所以,开展全面对标,要从指标的设立上着手,在确认指标设立一致的情况下,还要对指标的分解进行对标。正确合理的指标分解是指标能够得到有效控制并达成的重要基础,不仅要关注指标分解的层级是否与组织层级和控制要求相适应,还应关注指标分解的科学性,对于指标的横向分解,主要关注指标间的相关性及逻辑关系;对于指标的纵向分解,主要关注各层级指标值的数量关系。层级指标关系见表11-1。

表 11-1 层级指标关系

指标层级	在厂停时	人员投入	资产占用
公司级(T4)	订单准时交付率	在岗员工	总资产周转率
	生产计划准时完成率	全员劳动生产率	存货周转率
	项目交付周期	百元收入人工成本	净资产收益率/销售净利率
项目级(T3)	整车制造/检修周期	直接用工人数	作业面积
	生产节拍/工位数量	单车用工人数	项目综合毛利率
产线级(T2)	产线平衡/负荷率	有效工时利用率	产成品/在制品数量
工位级(T1)	工位节拍达成率	标准工时	标准在制

2. 从指标体系的过程管控进行对标

指标的过程管控主要包括指标的监视、测量和统计汇总方法等。监视和测量方法主要是指测量的时间、频次、工具和方法,应保证数据测量及时、准确、真实和全面,以及获得数据的经济性。统计汇总方法主要是指关注各种测量数据的收集、汇总和指标计算方法,应考虑收集的数据是否全面、及时,计量单位是否合理,数

据汇总是否正确，指标计算是否正确，以及各层级指标的汇总计算是否正确。

3. 从指标的统计结果进行对标

统计结果的对标就是指标的完成情况对标。由指标的完成情况发现差异，并据此分析造成差异的原因，制定相应的改善对策并组织实施，以消除生产运营和管理中的短板和瓶颈。

（二）指标对标层级

根据当前各子公司全面精益管理实施情况，"三对"工作主要是针对生产运营管理的相关过程及结果，重点关注效率指标，即生产效率指标、人力资源使用效率指标、资产使用效率指标。为了使对标工作更具针对性，正确把脉企业实际生产运营过程，要求企业在对标过程中，除了针对这三类指标的最终结果进行对标外，还要在三个层级进行针对性对标，即工位级、产线级和项目级。

1. 工位级对标

工位是最小的作业管理单元，是企业制造过程的基本细胞，工位的资源配置是企业资产和人力资源的主要构成。工位的作业效率会影响到整个产线的生产效率，影响项目的交付进度和完成情况。工位的资源配置与工位作业负荷的匹配情况既影响工位及产线的生产效率，又影响资产使用效率。资源配置不足将成为产线瓶颈，导致产线节拍难以达成，准时交付难以实现。生产效率降低也会造成其他工位的等待和资源浪费，资源配置过多，就会降低工位资源的使用效率，从而影响到整个企业的资源使用效率。所以，进行工位级的全面对标，可以从判断企业对制造过程的工位切分是否合理，资源配置是否匹配，作业方法是否科学等方面进行分析，并持续改善。

2. 产线（车间）级对标

产线是企业订单项目产品实现的载体，产线级对标，除了与工位级对标可以做相同的分析和判断外，还可以分析判断产线（车间）的资源配置是否平衡，生产组织方法是否合理，生产管理是否协同高效。

3. 项目（公司）级对标

下属子公司中同一业务板块的企业会有相同的订单项目产品，但不同的企业项目实现的结果却不一致，包括交付周期、质量、成本等都会出现差异。因此，开展项目级全面对标，也就是企业间的全面对标。企业间的指标完成情况差异，不仅可以反映出不同企业的资源配置的合理性及资源使用和管理情况，也可以反映出不同

企业内部的管理情况，包括管理流程、管理标准和管理协同等，可以帮助企业发现管理短板，组织管理改善，提高企业的管理水平。

（三）指标对标标杆

企业内部自身的对标分析往往会让企业只能看到自身的进步，而无法发现自身存在的问题以及与同类企业的差距，久而久之，会使企业失去竞争力。正常情况下，随着技术的进步和员工作业熟练程度的提高，企业的相关指标呈现持续进步的趋势。因此，在组织全面对标时，对标标杆的选择，除了企业内部外，要选择外部的对标标杆，包括集团内部企业、国内同行业先进企业和国际同行业先进企业。

1. 集团内部企业

集团内部同一业务板块的企业具有极高的同质性，企业间进行全面对标，更具可比性和针对性。不同业务板块间企业进行对标，也能帮助企业发现管理差距，拓宽管理视野，启发管理思路，组织管理的系统性改善，实现管理突破。

2. 国内同行业先进企业

与国内同行业先进企业进行全面对标，可以帮助企业正确判断在行业中的地位，看到与同行业先进企业的管理差距，激发企业进行管理改善的内在动力。提高企业竞争能力，不仅要与同行业中先进的国有企业对标，在可能的情况下，还要与同行业中先进的私营企业、合资企业和外资企业进行全面对标。

3. 国际同行业先进企业

中国中车要想成为"世界一流"的国际化公司，就要紧盯国际同行业的先进企业，开展全面对标学习，在与世界一流企业的同台竞技中，不断学习，不断改善，不断提升，不断追赶，实现超越。

三、全面对标的工作方法

组织开展全面对标工作，要确定合适的对标工作方法，以避免对标工作流于形式，保证对标工作取得实效。组织全面对标工作，必须做好方案策划、组织实施、结果分析和改善提升等环节的工作。全面对标工作要做到制度化、常态化和标准化。

（一）对标工作方案策划

"凡事预则立，不预则废"，任何工作都要进行预先策划，才能保证工作效果。在进行方案策划时，要明确工作目标，确定合适的时机，确定合适的标杆，确定对

标的方式，细化工作内容，落实对标人员及分工，并制订详细的工作计划。

（二）对标工作组织实施

第一，要选择合适的对标时机，确定对标的统计时间，可选择半年度、年度对标，也可选择项目完成后对标。第二，要确定对标的标杆，明确标杆的选择范围，是集团内部对标、行业内对标还是国际对标。在标杆范围确定后，再确定标杆对象，是范围内的平均水平还是先进企业的水平，在选择标杆对象时要考虑对标资料获取的可能性。第三，要确定对标的方式，是对表、对标，还是标杆企业现场对标，在条件允许的前提下，要尽可能组织到标杆企业现场开展对标工作，便于在对表、对标的同时，深入开展交流和调研，发现学习和改善机会，提高对标效果。第四，要选择合适的对标人员，对标人员既要有财务、运营管理的专业人员，也要有归口管理相关指标职能部门的专业人员，要选择企业内不同层级的人员组成工作团队，便于在对标过程中进行不同层级、不同专业的更有效的交流，提高沟通效率和效果。第五，要注意收集对标资料，在对方允许的前提下，尽可能多地收集相关材料，对标资料不仅包括各种报表、数据及其他文字材料，还包括影像资料、交流记录或录音、现场调研照片或笔记等。

（三）对标结果分析

对标工作资料收集工作结束后，要组织人员对资料进行系统整理，并对相关指标、数据及其他资料进行分析，寻找与标杆企业的差异，并在指标、数据差异的基础上，结合收集的其他资料，从组织、人员、技术、管理等方面，分析造成差异的原因，形成问题点清单和分析报告。

（四）对标改善提升

根据分析报告和问题点清单，落实归口责任部门或单位，制订专项整改计划，由对标工作小组汇总审核后，制订对标改善提升计划，责任部门或单位组织改善活动。对标工作小组对改善情况进行评价，评估改善效果，并落实将改善措施或将改善方法标准化。

将"三对"工作制度化、常态化和标准化，是落实全面精益管理的"三全"要求，持续推进深化精益管理，不断提升企业价值和创造力，促进企业良性、快速、高质量发展的重要保证。通过全面对标和持续改善，从追赶到超越，最终成为行业甚至国际标杆！

第四篇

全面精益管理之器

　　"工欲善其事，必先利其器"。实施全面精益管理是一项长期的系统工程，需要找到合适的载体。本篇主要讲述中国中车在践行全面精益管理之道的过程中，立足自身实际情况，创新工具方法和实践抓手。从精益工具的应用，到精益产线、精益车间和精益企业建设载体，按照点、线、面、体的层级顺序，循序渐进、稳步提升。

第十二章
体系建设工具及载体

没有工具方法应用的精益改善不可持续，没有载体支撑的改善欲速则不达。在中国中车全面精益管理的过程中，既强调各项精益改善工具的合理应用，又创造性地将精益改善工具应用与具体制造过程和管理改善结合起来，由浅入深，从局部到整体，按"点—线—面—体"的路径组织实施，开展了精益工位、精益产线、精益车间、精益企业建设。

第一节　工具方法

一、精益管理工具方法概述

精益管理工具（简称为精益工具）方法十分丰富，世界一流企业应用精益工具方法多年，已经形成成熟的经验和实施路径。很多企业在导入精益管理时都是从精益工具方法开始的，相比全面导入精益管理而言，这更容易让人理解和接受，也更容易快速见效，从而增强企业员工推进精益管理的信心。但是，在精益工具方法的具体应用过程中，时常容易深陷其中，过于看重工具方法本身，忽视了其切入点、着力点的本义，变为无的放矢，纵然付出很大努力，往往收效甚微。例如，在推行5S管理的过程中，有的企业过于强调定置管理，现场所有物品都做了定置和标识，看上去管理很到位，但如果没有充分考虑位置的合理性和员工作业的便捷性，或是没有按工位制节拍化流水生产进行合理的定置管理，只是看上去整整齐齐，但实际上作业效率并没有提升，员工可能怨声载道。可见，精益工具方法的导

入看似容易，实则不然，要想将它用好还是要遵循其中的规律。

中国中车在实施全面精益管理的过程中，同样是从精益工具方法开始导入的。以 5S 管理、TPM、目视化管理、班组管理等精益工具方法为切入点，在生产现场开始精益管理破冰；将标准作业、改善提案、异常管理等精益工具方法应用于生产过程，实施精益管理拓展；以快速切换、防错技术和价值流图等精益工具方法应用推动精益管理深化。中国中车倡导这 11 项精益工具方法，在不同场景、不同阶段的深度应用，并将其纳入管理评价。

二、精益工具方法应用

（一）通晓工具方法本义

精益工具方法是前人经验和智慧的结晶，每个精益工具方法都有其深刻的内涵，所以在应用时，首先必须准确理解和掌握其本义，否则很难取得良好的效果，甚至有时南辕北辙，相去甚远。

中国中车对所使用的主要精益工具方法进行了系统总结，制定了评价标准，指导和检验所属各子公司正确、合理地应用。

（二）把握应用场景

精益工具方法的产生通常都有其独特的背景，它是在解决某些现实问题或是为达成某项目标的情况下得来的，虽经总结归纳具有一定的普遍意义，但是在应用时必须充分考虑现实场景的差异、发展阶段的不同等因素。例如，在消除因产品换型而导致的停机或者停线损失时，通常会使用快速切换来进行改善。在中国中车的工位制节拍化流水线生产模式下，实施快速切换改善的优先级是按照节拍达成受影响的严重程度来确定的。如果只是简单地按照改善的难易程度来实施，而不考虑瓶颈问题，往往难以提升节拍达成率，甚至会造成产线平衡率降低。

（三）注重目标导向

作为全面精益管理之器，精益工具方法的应用应注重目标导向，承接全面精益管理之"术"，否则会使其失去推行的真正意义，导致精益管理推进工作的不平衡，形成木桶效应。以标准作业为例，中国中车推行标准作业，基于具有中国中车特色的工位制节拍化流水线生产方式，聚焦工位和节拍，以高效达成生产节拍为基本要求，均衡员工作业负荷，保证订单履约、产品质量和生产安全。如果企业对生产过程没有明确的节拍要求，甚至是群体式作业、批量式生产，那么应用标准作业

进行员工的作业改善，就是无的放矢，不仅不会起到任何效果，还会引起员工的不满，进而导致员工怀疑精益改善是否真的必要或可行，这就违背了其推行的初衷。

三、精益工具方法应用拓展

精益工具方法虽有其固有之义，但也都蕴含着理念、文化，因此当企业精益管理推进到一定程度时，精益工具方法也能够超出"术"的范畴，达到"道"的境界。以价值流管理为例，对于生产制造来说，价值流就是从订单获取到交付客户产品的过程，价值流管理就是相关人员对这一过程进行分析梳理，并使用符号语言绘制作业流程的图形来描述作业流、信息流和实物流等信息，体现各个领域的价值流向，从而识别改善机会。当应用价值流管理达到一定程度时，向上看会从中逐渐体现出中国中车"6621"的核心逻辑，即各个管理线、管理平台都聚焦价值流、产线、工位，消除浪费，创造价值；向下看会从中培养企业员工尤其是职能人员到现场作业观察、测时、调研、交流、改善，促进其落实"三现主义"。再以5S管理为例，在初级阶段，整理、整顿的对象是"物"，即物品和一般行为；到中级阶段，整理、整顿的对象是"人"，即岗位职责和工作流程；上升至高级阶段，整理、整顿的对象是"价值流"，即价值观和企业文化。因此，工具虽小，若应用得当则效果事半功倍。常用精益改善工具一览见表12-1。

表12-1　常用精益改善工具一览

序号	工具名称	目的	内容	应用时机
1	精益成熟度评估	自评、他评精益成熟度	包含17个行动领域的现状评价，目标定义和重要度分析	每年度需要进行年度目标和重点工作任务设计时使用
2	价值流图	寻找价值流过程的改善点，设计未来价值流	综合评价物流、信息流和作业流，以及增值率	以产品族为对象寻找改善点时使用
3	现场管理	通过分层例会等现场管理机制，及时发现浪费，及时处理解决	分层例会、现场巡视（Gemba Walk）等活动	鼓励现场问题现场解决，并且要求领导关注现场时使用
4	全员生产维护	全员参与到生产力提高活动中	自主维护、专业维护等	全面进行生产力提高活动时使用
5	系统化问题解决	杜绝主观决策解决问题，应系统化、数据化地解决问题	使用A3/8D报告等工具对重复发生的问题进行分析与改善	临时解决方案不能解决问题，各层级救火工作过多而系统思考较少时，应导入此工具

（续）

序号	工具名称	目的	内容	应用时机
6	快速响应	对异常形成响应机制,分级责任与闭环	需定义服务水平与责任,明确响应后的闭环如何管理	支撑现场问题解决时需要建立快速响应机制
7	精益办公	对非生产领域进行精益活动	流程优化、办公室5S、信息接口分析、活动分析等	通常是办公环节浪费较多时,发起精益办公活动
8	5S	工作场所标准化,发现异常	5个S的导入	精益活动的基础活动,在精益导入之初导入5S并作为管理标准
9	绩效管理	确定运营目标,衡量偏差,并且进行优化	KPI设计、考量,以及绩效奖励,问题的分析与优化过程	部门绩效、个人绩效设计与评定时使用
10	5Why	根本原因分析	对原因进行反复追问,以获得根本原因并加以改善	分析根本原因时使用,可以结合鱼骨图等使用
11	增值与七大浪费①	评价活动属于增值活动或是属于浪费	对七大浪费观察与记录	现场Gemba Walk中结合七大浪费表格使用
12	快速换型	减少换型时间,以便增加换型频次以减少批量,稳定生产	对换型过程进行优化与标准化	需要减少生产批量,或者换型时间过长影响设备效率时使用
13	精益产线设计	针对某产品族进行产线设计	对象是产品族、建线,包含工艺优化、按照节拍划分工位、标准作业设计、物流配送设计,以及现场管理设计等	按照产线或者产品单元进行生产时使用
14	目视化	将需要管理的内容可视化,方便发现异常	定义管理标准以及可视化的形式内容	进行现场管理、办公室管理等需要透明化管理的活动时使用
15	作业标准(SOP)	工作内容标准化,以使得工作结果达到标准	通常以标准工艺文件为基础,将作业标准文字或者图片化	设计工作标准时使用
16	标准作业	将重复的工作形成一定的标准,以达到满足节拍、浪费较少的目的	工序能力分析、标准作业组合、标准作业,以形成该小组的标准作业	进行精益单元、精益产线设计时使用
17	精益物流	对物流业务中的浪费进行优化	仓储、配送、物料拿取等活动的优化,通过对这些业务中的浪费进行分析,形成精益物流	当精益产线已经基本成型,物流浪费成为突出矛盾时,考虑导入精益物流
18	安灯系统	在现场通过安灯管理,在异常发生时可以明示	声光电技术与异常管理流程的结合	精益产线中,结合异常管理流程,安装安灯系统

（续）

序号	工具名称	目的	内容	应用时机
19	大野圈现场观察	邀请非现场工作的团队到现场观察,找出浪费现象	在固定位置观察,或者以现场巡视的方式观察,并加以讨论	定期进行
20	鱼骨图	进行因果分析,常用鱼骨图对原因和结果进行梳理	鱼头为现象或者结果,鱼骨为可能原因	进行因果分析时使用
21	精益生产单元设计	对特定产品建设生产单元时使用	工艺分析、节拍与工作量划分、物料摆放与配送、现场管理	前期分析适合单元生产的产品,需要建设单元时使用
22	ECRS分析法	对工艺内容与活动进行分析与优化	考虑消除、合并、重排与简化四个维度的优化	可以用于标准作业设计和快速换型分析等工作
23	循环取货	减少单点配送,提高配送效率	需要设计循环送货的路线,建立标准配送批量、配送时间、配送工具、上下货物位置等参数	精益物流导入时考虑循环送货作为工具
24	同步化生产	不同工艺、不同地理位置、不同法人等物理单位之间实现统一的节拍化生产,统一指挥棒	节拍分析、拉动系统分析、暂存库和看板设计等	当多个精益化的生产单位需要链接时,考虑同步生产工具的导入
25	PDCA循环	系统化问题解决的基本框架与闭环管理工具	计划、执行、检查、处理四个基本步骤	解决重复发生问题时使用
26	质量功能展开	对客户提出的功能需求进行系统分析	通过质量功能展开(QFD)对客户功能性能需求进行展开,以形成初步需求分析及应对解决方案	客户需求分析时使用
27	自働化	设备自动加工但在异常时可以停止	自动化加工与出现异常停止人工干预	设备工艺设计时使用
28	"三不"原则	对次品说不	不接受次品,不制造次品,不传递次品	设计标准作业时融合"三不"原则
29	组织活动分析	对业务部门日常业务进行分析,以识别浪费	识别核心活动,组织活动,辅助活动	分析业务部门主要活动时使用
30	信息架构分析	使信息渠道透明	哪些信息是由哪个部门生成的,谁可以访问该信息,或者该信息是针对谁的	希望实现信息传递标准化时使用
31	专职物料员(也称为"水蜘蛛")	配合循环补货使用	将物流活动集中专门化,剥离非增值业务,建立水蜘蛛岗位	配合精益物流导入使用

（续）

序号	工具名称	目的	内容	应用时机
32	暂存库（也称为"超市"、线边货店）	配合拉动补货系统使用	用暂存库链接速率不一致的两个业务单位，在准时和没有多余存货中寻找平衡	拉动系统导入时考虑使用暂存库
33	单一零件规划（PFEP）	对每一个系统中的物料进行规划	通过物料属性分析对每个物料进行规划设计	新物料进入系统中运行时设计，也是精益物流的重要工具
34	供应商管理库存（VMI）	减少物料的管理费用，利用供应商进行物料管理	供应商负责物料补货、仓储、物流等活动	精益物流导入时，部分物料可以考虑使用VMI
35	循环包装	对于某些适用的物料可以与供应商实现循环包装，或者在厂内各车间实现循环包装	包装物的标准化及模块化	配合精益物流导入使用
36	检查表	标准化地对活动进行检查	针对特定活动形成标准化的检查单	需要统计或者避免失误时使用
37	A3/8D报告	结构化地解决问题	A3/8D报告都是结构化问题解决的模板，内容相似，用于系统地分析问题与解决问题	针对重复发生的问题使用
38	平衡计分卡	一种将公司管理结构化的管理工具，结合KPI使用，可以用于绩效管理	从财务、客户、内部运营、学习与成长四个角度，将组织的战略落实为可操作的衡量指标和目标值的一种新型绩效管理体系	公司、事业部绩效体系规划与展开时可以使用
39	最佳实践	用于组织内部学习与分享的工具	按照最佳实践模板，将好的案例归档并分享给其他业务部门	最佳实践评定与展示时使用
40	变革管理	通过变革管理过程加速变革导入的时间增强效果	包含变革团队组织沟通加速方法等多个维度的工作	变革导入时使用
41	沟通管理	通过沟通管理，系统地增强沟通效果	沟通计划、沟通方法策划、关键人分析等	支持变革管理使用
42	成本分析	通过对成本进行分解，识别可能的成本降低方式	成本分析可以通过目标成本、成本结构树、标准成本与实际成本对比等各种分析工具，对降低成本措施进行设计	降低成本时使用

（续）

序号	工具名称	目的	内容	应用时机
43	人机工程（也称为人因分析、人体工程等）	提高人类工作和活动的效应和效率	主要分析工作场所如何更加符合人类需要，更安全、方便、舒适、可靠	工位设计、工作场所设计时使用
44	精益工厂布局	使得工厂布局更加合理，减少浪费	以产品定工艺，以工艺定流线，以流线定布局，以布局定设施	新建工厂或者工厂改造时使用
45	线棒构建	低成本搭建定制工装	通过精益管或者线棒，搭建符合定制需要的低成本工装	工位设计、精益物流设计时使用
46	失效模式分析	在产品设计和工艺设计之初就对可能的问题进行排查	分析当前和以往过程的失效模式数据，以防止这些失效模式再发生的结构化的分析过程	新产品新工艺导入时使用
47	平准化	对产出和投产进行排序，使得生产平稳地、均衡地进行	一是要平稳，二是要均衡，尽可能保证产出小批量且均匀交付	进行排产和计划时使用
48	低成本自动化	以适当改善自动化水平、提高生产效益为目的而采用适当投入的自动化技术	设计的自动化功能需要满足功能要求、可靠、最小可运行、标准化、系列化、通用化，同时考虑快速收回投资（通常 1~2 年收回投资）	工位设计、单元设计时使用
49	改善活动（Kaizen）	改善活动可以成为任何企业中积极变革的工具。使用正确的规划和工具，改善活动可以带来许多积极的改进	组织有针对性的改善活动，对发现的浪费进行持续、渐进的改善	通常是每年多次由专业改善人员组织，邀请跨部门参加时使用
50	T 字形卡片（T Card）系统	用于可视化小型审核任务审核分配，检查当前标准是否仍然有效，并帮助团队找到下一个改进	用于管理者现场小型审核，审核内容和任务可以做成 T 字形卡片，到现场是检查标准是否有效并指导改进	管理者标准作业设计时参考
51	看板系统	通过看板这种视觉工具进行拉动	看板的设计计算，结合拉动系统的设计	拉动系统导入时考虑使用
52	生产线平衡	工作量和节拍需要平衡，保证各工序之间不会因为互相等待造成浪费	生产线平衡是一种生产策略，涉及平衡操作员和机器时间，以使工序速度与节拍时间相匹配	精益产线和精益单元设计时应考虑生产线平衡

（续）

序号	工具名称	目的	内容	应用时机
53	精益新产品研发	对研发活动进行有关浪费的分析,以加快上市时间和增加产品价值	精益产品开发的原则有:非中心化的开发计划(敏捷)、共享项目缓冲、优先任务、拉动式任务管理等	产品开发流程中融入精益和敏捷的管理思想
54	全面设备效率改进	通过对设备综合效率的考评分析设备利用情况	时间开动率×性能开动率×质量通过率=设备综合效率	衡量设备综合效率时使用
55	防错技术	是一种精益实践,可以通过对操作或活动使用,以防止错误,从而在流程中构建明确定义的标准化	识别失误产生的源头,从源头进行设计,以避免失误的发生	产品设计、工艺设计、工位设计、物流设计时使用
56	方针管理	一种精益方法,用于公司范围的战略改进	方针管理一词的意思是政策管理,代表了引导整个公司朝着商定的明确方向发展的概念	年度策略制定与分解时使用
57	业务流程分析、泳道图	分析流程痛点时使用	按照时间序列将部门间的活动进行分解,发现流程中的浪费	流程分析优化时使用
58	生产准备流程(3P)	生产准备过程侧重于通过产品和工艺设计消除浪费	使用生产准备流程,团队需要花费数天时间专注地为每个工艺步骤开发多个替代方案,并根据制造标准和首选成本评估每种替代方案。目标通常是以"最少浪费的方式"开发最符合客户要求的工艺或产品设计	新产品新工艺导入时使用
59	技能矩阵	可视化工具,有助于评估一个人在给定技能组合下的表现,或者团队在应对新挑战方面的准备程度	制作技能列表、人员清单和技能评级几个内容,以形成能力差距分析和培训计划	新员工入职或者新技能出现时,以及年度培训和能力评定时使用
60	提案系统	更好地利用提案系统,才能增强员工士气和忠诚度,提高组织弹性,改善沟通,改善决策	提案系统主要是一套员工提案处理的机制,包含如何提、如何改、如何评、如何奖励的全套流程	导入全员参与活动时使用

（续）

序号	工具名称	目的	内容	应用时机
61	时间研究	明确具体工作时间	时间研究是一个结构化的过程,使用计时装置直接观察和测量人类工作	具体工作时间不清晰时或者新工艺、新产品导入时使用
62	ABC-XYZ 分析	对物料进行属性分类	ABC 为金额或者价值属性,XYZ 为波动属性,它们用来确定物料的处理策略	采购策略、配送策略、投产策略时使用
63	产品数量-工艺流程（PQ-PR）分析	产品的投产数量或者需求数量和工艺路径分析可以有效地识别建线的需求以及混产的需求	对产品的生产数量和生产工艺进行归类,以识别产品族	新产品导入及改进生产方式时使用
64	面向 X 的设计	当设计易于制造时,结果是更好的产品,成本更低。经验丰富的设计师了解并利用工艺知识来改进零件、装配件和整个产品的设计	面向产品全生命周期的设计（DFX）为设计人员提供分析和重新设计的指南。装配设计（DFA）和制造设计（DFM/DFMA）是最受欢迎的两种	设计产品时需要考虑的因素有很多,比较成熟的应用是面向制造和装配的设计,在设计过程中考虑工艺需要,进行设计优化
65	工位设计	解决工位中的浪费问题,设计精益化的工作场所	工作动作分析、物料位置摆放、工作台设计、周转设计、人因工程分析等辅助工具	新产品或者新工作场所导入时使用

① 等待的浪费、搬运的浪费、加工本身的浪费、库存的浪费、生产过剩的浪费、不良的浪费和无效动作的浪费。

第二节　标准工位与精益产线

　　精益工具方法的应用必须与企业的生产经营紧密结合。单纯地推广精益工具方法,而不能解决企业生产经营中存在的具体问题,就毫无意义。要让精益工具方法的应用真正落地生根,取得成效,就必须结合生产经营过程的改善,解决企业存在的实际问题,提升企业价值创造能力。为此,中国中车开创性地开展了精益载体建设,按照"点—线—面—体"的路径,从生产现场的制造过程改善开始,逐步向企业整体能力提升发展,以创建标准工位、精益产线、精益车间进而创建精益企业为抓手,取得了明显的实效。

一、标准工位建设

工位是指产品在生产线上流动时，员工在一个节拍内完成规定的作业内容，产品相对停留的区域。工位是由一组要素（人、机、料、法、环、测）集合而成的具有特定功能的功能体，它是最小的作业管理单元，是价值创造的平台，是企业一切管理活动的对象和落脚点，也可称为管理原点。工位建设主要包括以下内容：

（一）切分和建立工位

根据客户需求速度（生产节拍）和产品制造周期，合理确定工位数量，并将作业内容进行切分、组合，均衡地分配到相应的工位，以保证整个生产过程的均衡性和节拍的兑现。

（二）配置工位要素

根据生产节拍和工位的具体作业内容，识别各工位所需的生产要素，即"人、机、料、法、环、测"，以保证各工位能在规定的时间内完成规定的作业内容。各资源归口管理部门按照工位配置清单要求，完成"六要素"配置，并形成工位地图。

（三）明确工位要素管理标准

工位"六要素"都会对管理目标（安全、质量、效率、效益及成本）产生影响，造成一定风险，要识别并评估这些风险，找出风险项点，并明确每个要素各个风险项点的管理标准，加以有效控制，以降低管理风险。

（四）策划并开展对六要素的管理活动

从管理目标出发，结合各要素的风险项点和管理要求，系统策划开展管理活动，包括安全和环境管理、质量管理、生产管理、成本管理、设备管理、人事管理和信息管理，即"七大任务"管理。每一项管理活动的策划须包括管理目标、结果指标、活动内容、活动目标和活动道具等方面。具体的管理活动必须包含三个维度：维持活动、改善活动和人才育成，旨在通过活动的开展，不仅要保证管理目标的实现，还能持续改善，提高要素质量，提高员工的改善技能和管理水平。

（五）快速处置要素异常

由于各种原因，在实际生产过程中，工位的"六要素"都会出现不符合配置要求或不符合管理标准的情况，并影响正常生产，称之为生产异常。异常包括设备故障、物料短缺、质量问题、人员缺勤、生产条件缺失、停电、停水等，一旦出现异常，企业应快速、有效地处置，恢复生产，把异常造成的损失降到最低，并能采

取必需的措施，防止再发。

（六）有效控制要素变更

实际生产过程中，"六要素"的变更难以避免，如设计变更、工艺变更、材料变更、设备工装变更、工卡量具变更、人员变更、生产条件变更等，这些要素的变更会影响产品质量、生产效率、成本控制，甚至影响生产安全。企业须对变更进行有效控制，从变更的发起和落地执行全过程进行管控。要明确变更对象和内容、变更原因、变更可能造成的影响、变更的应对措施，做好对变更执行者培训、变更执行及其验证，有效地控制变更可能带来的对实现管理目标的影响。

标准工位建设就是将上述过程的结果和要求固化成企业的管理标准，并严格执行，即做到工位切分和建立标准化、工位要素配置标准化、工位要素管理标准化、要素管理任务标准化、异常处置标准化和要素变更管控标准化。如果能达到上述标准，则可称为达标工位或标准工位。

二、精益产线建设

产线是制造型企业重要的生产组成单元，是其生产组织模式的载体。中国中车精益产线是指以提高质量、效率、效益和消除浪费为目标，应用精益生产思想、工具方法，建设具有示范引领作用并达到中国中车精益管理体系标准要求的精益化生产线。

精益产线建设是中车各子公司所属生产单位按工位制节拍化流水生产模式的要求和方法，结合自身产品特点，全面重构生产组织方式的工作载体，是中国中车践行精益理念、推进精益生产的重要方式，也是精益改善从点到线的主要表现形式，它的建设步骤和要点如下：

（一）示范线建设

精益产线建设之初，中国中车采用成果认同、示范引领、经验共享、复制推广的实践路径推进精益产线建设。选取典型产线，集中优势资源和力量进行专门打造，率先建立示范线，形成最佳实践和方法论，通过经验和模式的输出、复制和平移，推动其他产线及其他子公司精益生产示范线的建设。

精益产线建设的主要内容概括为"七化"，即制度规范化、布局合理化、生产平准化、作业标准化、管理目视化、运行高效化、改善持续化。精益产线管理项点及内容见表12-2。

表 12-2　精益产线管理项点及内容

基本要求	管理项点	管理内容
制度规范化	管理制度	车间精益产线的推进组织责任明确,领导、职能人员的作用发挥到位
		产线正常运行的管理制度(如停线制度、异常处理制度等)执行严格,奖惩落地
	班组管理规范	班组(工位)管理制度、台账、原始记录规范、齐全,为产线运行提供支撑和保障
布局合理化	合理布局	产线的工艺布局方案按精益生产的要求进行优化,进行布局设计
		组装精益产线推行工位作业,根据产品特点采用 U 形线、单件流、小批量等方式提高生产效率
	优化节拍	正确应用精益工具设计生产节拍,并在实际运行过程中不断完善
		合理布局优化物料运输路线,减少搬运浪费
生产平准化	节拍生产	产线严格按规定的节拍组织准时化生产,对拉动物料、质量、现场服务等各环节有明显效果
	看板拉动	采用看板等工具建立后补充生产的物流配送体系并实施
	准时配送	生产线有完备的物料清单,物料实行按工位准时配送
	线边货店	货店、配送的零部件有专用的周转器具,标识清楚,数量固定
作业标准化	规范作业	作业标准涵盖产线现场各生产作业要素,标准作业文件规范、完整、易于理解和操作
		标准作业的文件目视化,便于员工随时学习并遵守
		员工严格执行相关文件
	持续优化	实行动态管理,不断进行优化完善,提高作业效率
管理目视化	三定管理	生产现场推行"三定管理"(定置、定容、定量)合理配置工位器具。
	色彩标识	标识制作规范化,符合要求;现场区域画线、色彩管理要求统一,按照标准实施
	TPM 目视化	点检、润滑、清扫、紧固标准并目视化,进行单点课程(OPL)教育,记录齐全
	管理板	根据实际需要配置目视化管理板
		管理板进行动态规范管理
	信息化	应用信息化管理手段如 MES、ERP 等对过程进行控制,逐步应用
运行高效化	事先控制	产线推进方案经过充分论证,有实施方案和实施计划
	过程控制	产线对异常问题信息的反馈、响应和处理符合要求,响应迅速,责任明确,记录齐全
		职能部门积极配合产线推进工作,及时解决异常问题
	质量控制	产线现场质量控制体系完善,严格执行三检制,记录齐全,防错措施在现场得到较好应用
	评价考核	产线有合理、可测量的目标值,定期进行考核评价,对问题有改进措施
		产线对提高经济效益、作业效率、产品质量等作用明显,工具应用和改善有量化分析,目标达成

（续）

基本要求	管理项点	管理内容
改善持续化	创意提案	运用多种手段和方式推动创意提案活动
	员工培训	开展精益工具培训,提高员工应用精益工具的水平和进行精益改善的能力
	交流、宣传	通过会议、报纸、板报等媒体进行典型案例、经验的宣传、推广

精益示范线以提高品质、效率、效益和消除浪费为目标,应用精益生产思想、方法和工具,从节拍、工位切入,建设具有示范引领作用的机车、客车、货车、动车组、城轨地铁车辆及专有技术延伸产品的制造、修理精益化生产线。

（二）覆盖全产线

全面精益管理要求在生产制造环节实现全产线、全项目精益化,因此仅建设示范线还远远不够,需要实现全产线精益制造,这是制造型企业实现数字化转型的重要基础。在推进全产线精益化的过程中,有的企业按照先打造示范线,进而全部推广的做法来开展,却没有收到预期效果,看似多数产线都运行得很好,产品质量、生产节拍、在制品等都得到有效管控。但是,放眼整个企业,生产运营绩效却并不理想,各产线间的衔接、项目成本的管控、最终产品的交付都可能存在诸多问题,原因就在于全产线精益制造并非简单的全部精益产线的合集,而是需要科学、系统的推进。

1. 科学划分产线

划分产线的主要原因是产品的制造过程过长,不利于细化管控,因此将其按一定规则进行划分。但无论怎样划分,产线的主要目的是要在保证安全、质量的前提下,实现准时交付,且成本更低。

产线划分的原则要结合企业产品特点及工艺路线制定,通常的做法是采用产品数量-工艺流程分析,划分产品族。对制造过程、工艺方法完全不同的产品,按产品族来划分产线;对可以归入一类产品族,则按照主要部件或主要工序来进行划分。在现实工作中,这两种划分方式相互结合使用。

2. 统一生产节拍

为了实现准时交付、成本更低,统一生产节拍非常必要。有的企业在对产线做改善时,经常提出要将节拍时间优化,使产线的效率更高。但实际上,面对全产线,生产节拍受到瓶颈工序限制,如果只实现局部的节拍时间优化,不消除瓶颈,则并不能产生实际效果,甚至会造成等待和库存的浪费。因此,必须要统一全产线的主生产节拍,保证各产线、工位同步,这是实现准时化的一个重要基础。

统一后的生产节拍是主产线的生产节拍，各零部件、支线的生产节拍要与主产线的生产节拍相匹配。以整台机车、整节地铁的生产节拍为例，如果要将节拍时间聚焦到零部件上，则要考虑零部件和整个产品的数量对应关系，例如一台机车包括两个转向架及六条车轴，那么转向架和车轴的生产节拍就应该是机车生产节拍的 1/2 和 1/6，这样才能实现节拍统一。当然，完全统一生产节拍在现实中并不容易实现，例如热处理工位（工序），在生产的过程中必须要考虑成本，所以往往需要进行二班，甚至三班排产，这时单个产品的循环时间（CT）是要明显长于节拍时间（TT），但是因为节拍时间的定义通常是在一个工作日内，则该工位（工序）日产能和其他工位（工序）日产能要相匹配。此外，应科学设置工序在制品，以保证产线整体节拍化流动。

3. 健全指标体系

产线担负安全、质量、交付、成本等管理绩效，通过建立产线运行评价指标，将产线的运行过程绩效进行量化动态管控，这也是打造数字产线、实现数字化转型的一项基础工作。应从不同的维度来监控和管理产线运行，如从生产制造的角度，重点关注的是产线的生产计划完成情况。从项目管理角度，经过产线的每个产品都要明确其项目属性，按项目来进行统计。在设计产线、工位时，充分考虑指标的统计和采集需求，提前做好策划。

（三）覆盖全产品

在开展精益产线建设初期，多数企业通过选取典型产品来搭建精益产线，以保证该产线具有较好的平台基础。事实上，由于市场需求多样化，产品也呈现多样化的特点，每条产线往往要生产各种不同型号的产品。精益产线建设除了能够实现主型产品的工位制节拍化流水生产之外，也要能够实现非主型产品生产，以应对客户多样化的需求。除了在研发设计端要实施平台化、模块化之外，在生产制造端也要实施平台化，提高生产柔性，快速响应市场需求，最大限度地满足用户的要求，创造价值。

第三节　精益车间（工厂）

一、精益车间概述

中国中车精益车间建设以提高中车企业基层车间（分厂、事业部、工段等，

以下统称车间）的管理水平为目的，以提升质量、效率、效益为重点，以深化精益思想、方法和工具应用为手段，以打造精益管理链、精益产线、精益班组（工位）为主要内容和载体，持续巩固精益现场，深化精益管理，打造精益车间，为精益企业奠定坚实基础。与精益产线一样，精益车间是中国中车在精益生产领域的又一独创性应用。

中国中车精益车间建设主要以精益指标为导向，以精益管理链建设为核心，以精益产线建设为重点，以精益班组（工位）建设为基础。

（一）以精益指标为导向

精益指标重点关注品质、效率、效益和安全，根据车间实际，建立相应的提升指标。精益指标既要保持其先进性，又要保证指标的可操作性和可测量性，便于统计分析，能衡量实际绩效，有利于车间提高管理水平。

（二）以精益管理链建设为核心

精益管理链建设以精益制度管理链、JIT 生产管理链、精益物流管理链、TPM管理链、5S 现场（安全）管理链、成本管理链、质量管理链为主要内容，建立车间基层管理的精益模式，形成基础扎实、上下贯通、层次清晰、运行高效的精益管理体系，构筑一流的精益现场管理平台。

（三）以精益产线建设为重点

精益产线建设以制度规范化、布局合理化、生产平准化、作业标准化、管理目视化、运行高效化、改善持续化为主要内容，持续深化工具应用，优化管理流程，拓展建设范围，建立改善机制，重点突破。

（四）以精益班组（工位）建设为基础

精益班组（工位）建设以中国中车工位制节拍化流水生产方式为基础，将车间管理"七大任务"分解落实到班组（工位），优化班组（工位）的"人、机、料、法、环、测"等管理要素，打造标准化的班组（工位）管理单元，为精益车间建设夯实基础。

二、精益车间建设

在开展精益车间的建设过程中，要充分应用精益生产的思想、方法和工具，充分协调好企业内部各方面资源，按照精益车间建设的相关标准和要求，制订详细的精益车间推进方案和实施计划，带动全员共同按照实施计划有序开展精益车间的各

项建设工作。生产车间通常情况下是按照对象专业化或工艺专业化的要求来划分的。例如，转向架分厂、城铁车间等是按产品来划分的，铸造分厂、涂装车间等按工艺方法来划分的。对于前者来说，可以将其看作一条总生产线加上各条管理线作为支撑，这种情况下，车间工作主线是围绕所负责产品的质量、效率、成本指标进行改善。对于后者而言，各条产线之间在工艺路线上往往没有串联关系，但是经常出现多种产品同期交付的情况，它更像是若干同类型产线的合集，这时候如何排产往往会摆在突出位置。但是不管哪种情况，各个职能涵盖工艺、质量、成本、设备、物流等都必须紧紧围绕产线来开展工作，衡量这些职能工作绩效的最主要依据就是产线的运行效果。

为了做好精益车间建设工作，必须注意以下内容：一是以责任文化推动价值创造，通过打造责任文化来促使职能人员聚焦产线，聚焦价值创造。在本书前面的章节中介绍了层级职责会议的相关内容，它就是打造责任文化的一个很好的载体。二是以指标体系促进管理提升，将产线团队成员的个人绩效与产线运行效果进行挂钩，通过指标体系进行展示和评价，若产线能够创造出更多的价值，那么团队成员就会获得更多收益，这也符合"谁精益，谁受益"的思想。三是以标准工位支撑数字赋能，打造标准化的工位可以有效实现制造资源的精益化、结构化和标准化，使生产和管理有清晰的落脚点，这对支撑数字化转型具有重要意义。

第四节　精益企业

精益企业是精益生产沿产品价值流方向的扩大和延伸，它将产品价值创造过程的所有环节有机地连接起来，形成贯穿企业全业务流程的高效协同的组织，能够为企业在当今市场需求复杂多变、技术创新层出不穷、竞争日益激烈的经营环境中生存和发展提供新的有效手段，并且不断实现企业自身的改善和提升。

打造精益企业，实现精益一体化，要持续探索全价值链上包括精益设计研发、精益营销、精益供应链、精益客户关系管理等管理领域。

精益营销和精益客户关系管理就是要将精益的理念和思想，融入市场开发、产品营销、售后服务和客户管理的过程之中，正确分析和把握市场发展趋势，掌握市场需求变化规律，合理细分市场，快速精准地捕捉市场机会，以最快的速度和最低的成本获取市场订单；全面、正确理解客户需求，为设计提供充分有效的信息，为

制造系统的生产技术准备和管理准备创造条件，快速、及时交付满足客户要求的产品和服务；建立完善的售后服务体系，在快速高效地为客户解决相关问题并提供增值服务的同时，及时、准时地向设计、工艺和制造系统反馈相关信息，以促使企业有针对性地改进设计、工艺和制造，为客户提供更加优质的产品和服务；建立和维持良好的客户关系，不断挖掘潜在的客户。

精益设计研发就是要将精益思想从制造向设计环节延伸，在设计活动中实现设计流程和设计状态的精准控制和优化；推行标准化、模块化、通用化、系列化设计；运用并行模式，实现设计、工艺、采购、生产等系统在设计阶段的资源和经验共享，使设计适应性、工艺适应性、成本适应性等在设计时就得到保障。

精益供应链是精益一体化的重要一环，供应链的水平决定着企业的产品研发、产品质量、产品交付和生产成本，是影响企业品质、效率、效益的重要因素，也在很大程度上影响企业的品牌与形象。因此，建设精益供应链，要与供应商建立良好的战略合作伙伴关系，使供应商无论在品质保证、成本控制、交付周期等方面，能快速响应并满足企业的要求，成为利益共同体。同时，要打造全流程的供应保证体系，研究快捷高效的外部物流和内部物流配送体系，满足快捷制造的需要。

精益企业的打造，要贯穿企业经营管理过程中原材料到实物产品交付的制造过程、获取订单到服务回款的运营过程、概念到投产的设计过程、内部物流到外部供应链的采购供应过程，搭建基于"产品链、供应链、价值链"的价值协同管理体系，构筑协同管理生态系统，实现品质、效率和效益指标的全面改善，提高企业整体的价值创造能力与核心竞争能力。

案例一 以结构化工艺为核心驱动的标准工位建设

一、项目综述

该项目是基于结构化工艺文件的搭建，将工艺作为设计到制造的纽带，通过定义与验证结构化工艺，建设标准工位，最终实现智能制造加速推动公司数字化转型进程。

二、目标设定

1. 项目背景

随着市场对产品质量、运营等方面需求的日益提升，对产品制造过程的质量控

制、快速交付、成本控制提出更高要求。传统生产制造模式在生产组织与作业过程等方面以人为参与为主，需要通过数字化技术实现工艺策划、生产制造过程的模式变化，实现生产效率、交付周期与成本管控等方面的改善。

2. 改善方向

基于一切业务数据化，围绕产品全生命周期管理，聚焦新造与检修业务融合，以转向架组装过程为载体，利用 MOM 系统，将 PDM 下发的结构化工艺文件数据和生产工单进行绑定，通过 BOP、物料号、工艺路线带出相关工序的制造数据。

3. 改善目标

（1）实现工艺文件结构化和标准化，文件与各类工艺资源库连接，提高策划与执行的质量。

（2）实现工艺文件、质量记录无纸化并自动派发，MOM 系统通过 BOP 和生产订单，取消文件管理和发放人员，并提高文件管理和下发的准确性和高效性。

（3）实现工艺文件执行端数据互联，通过驱动智能设备、工具，通过 IoT 平台采集过程数据，提高数据的采集效率和质量。

三、具体做法

1. 定义结构化工艺文件

依托 PDM、MOM 系统，使工艺文件和 MBOM 物料号关联，在系统内生根，按照角色编制内容，使工艺文件作业内容标准化。与各工艺资源有效结合，结构化文件 MOM 手持端，携带便捷，直接与智能工具、设备通信，操作过程可控。

2. 通过转虚拟仿真验证可行性

通过完善虚拟制造业务体系，依托 PDM 系统实现业务流程落地，针对动车组转向架装配工序开展工艺仿真应用，实现基于虚拟环境的三维化工艺验证，提前验证工艺策划质量，验证结构化工艺文件的可行性。

3. 建设工位制节拍化产线、标准化产线

以标准结构化的工艺文件为基础，围绕工位制节拍化产线，将大制造体系的"人、机、料、法、环、测"等数据固化到系统中，建立标准工位和标准化产线。在信息化系统中建立标准的工位制节拍化产线，通过标准的 BOP 模板和制造资源库，最终实现工艺和质量策划的标准化。基于产品平台，在信息化系统中建立公司产线级动车组产线模型，在其下层建立专业产线级的标准产线模型，在产线模型下

层建立流程级的标准作业流程，在工步级下层建立动作级的工步描述，实现信息化系统中的公司产线级—专业产线级—流程（工序）级—工步级—动作级—数据级的全贯通，并保证数据的唯一性和准确性。

四、效果描述

1. 数据驱动的作业模式

建立标准工艺资源库，文件与各工艺资源有效结合，按照标准化产线建设模型，策划、管理、使用 MOM 系统内各级工艺资源，按照标准的工位建设模型，规划各类专用结构化文件与通用结构化文件，其中通用结构化文件有 100 余份（转向架专业），固化了标准工位制建设成果。数字化产线建设示意如图 12-1 所示。

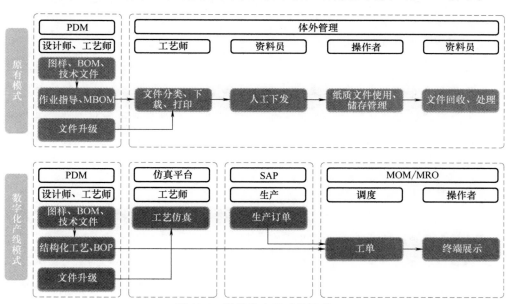

图 12-1 数字化产线建设示意

2. 智能交互的操作模式

实施前，生产现场操作者手工进行作业，通过纸质版表单记录作业数据。通过项目实施，作业数据自动回传记录。智能设备、工具提高工序作业效率，减少物料损耗，工序作业效率提高 20%，综合效益为 80 万元/年。

3. 高效精练的质检模式

实施前，自互检项点重复、繁多，生效流程烦琐。通过项目实施，生效链条短、检验流程顺畅，记录结构化、数据可追溯，项点设置精简、检验效率提高。检

验项点的精简提高了现场检验作业效率，平均约减少 50% 的互检比例。

4. 数字孪生的设备监控模式

实施前，管理人员进行现场巡检设备状态，事后故障提报，维修延迟。通过项目实施，IoT 系统内设备三维组态孪生，在线进行设备故障检验与管理，App 数据交互与在线控制。有效降低设备故障率，提高运行效率，实现办公室远程监控，年节约电费 7 万元。

5. 数据支撑的精准决策模式

实施前，手动统计的数据滞后性高，影响决策判断。通过项目实施，制造数据按照既定模型直接呈现，实时性高，决策准确性强。

案例二　基于"三全"覆盖的标准工位全要素管理

一、现状分析

随着"中车精益制造制造体系"在企业内不断深入贯标落地，工位制节拍化流水生产制造模式在产线持续深化，对现场管理的颗粒度要求不断精细化，某企业越来越关注生产制造的效率、效益、产品质量、安全等指标的不断优化提升。标准工位推行十多年来，虽然取得了较好的成效，但随着现场管理颗粒度的不断细化，目前存在着以下几点不足或弊端：

一是工位管理风险梳理不够全面。目前工位在梳理工位管理风险时，主要是以安全、质量管理风险为主，忽略了人事、设备、环境、成本等维度的管理风险，工位风险预案管理不完善，造成工位在处置异常问题时会出现未预料的情况。

二是工位管理内容不够清晰和明确，未形成较为完整的工位管理清单。主要体现在七大任务的管理制度及要求在工位的落地执行，均需要工位长牵头执行，日常管理工作多而繁杂，经常会出现部分管理行为遗漏或执行不到位的情况。

三是工位管理指标逻辑性和指向性仍需要进一步加强，主要体现在各专业职能对于现场的点检或评价侧重于单一管理维度的评价，造成多头检查、重复检查的情况，存在较为严重的管理浪费。

二、目标设定

为解决以上存在的不足，该企业结合生产现场实际，经过了长期的探索、研究

和实践，以"六要素"间两两要素共同作用交叉影响为抓手，识别出工位管理过程中存在或潜在的七大任务的管理问题和不足，然后以价值引领"八少"为指引，开展原因分析，制定整改或预防措施，进一步完善工位管理项点，细化防范措施，同时针对管理行为开展有效性分析，提炼管理评价指标，分层级管控，构建了一整套涉及工位风险识别、管理行为梳理、管理指标提炼、评价体系搭建的标准工位建设及管理模型，如图 12-2 所示。

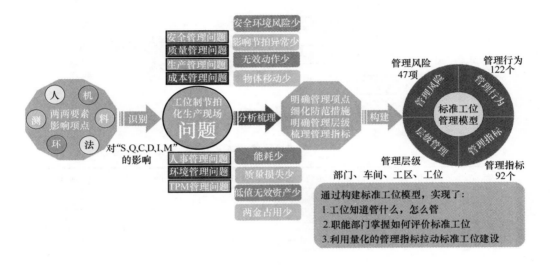

图 12-2　标准工位建设及管理模型

三、具体做法

1. 识别管理风险，梳理管理风险清单

以产线的实物流"六化"提升和价值引领"八少"为指引，通过头脑风暴、管理活动指向分析、生产现场写实、员工访谈等方法，从安全、质量、效率、效益、成本等多个维度，识别出工位管理中六要素（人、机、料、法、环、测）中两两要素的相互交叉和干涉，导致的对工位制节拍化流水生产模式的正常运行产生的潜在或已经发生的影响因素（见图 12-3）。

通过以上方法，全面识别工位管理风险，累计识别出工位管理中涉及安全、生产、质量、成本、人事、环境、TPM 等七大类 47 项工位管理风险，汇总形成了工位管理风险清单（见表 12-3）。

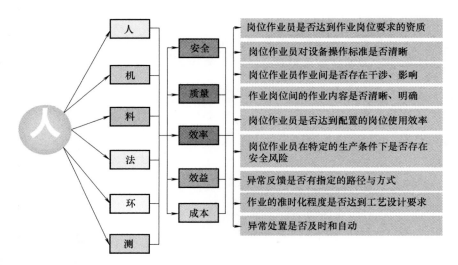

图 12-3　管理风险识别模型

表 12-3　工位管理风险清单（部分）

序号	要素	工位管理潜在或存在的风险	问题类别
1	人	作业人员技能水平不足，对作业标准不熟悉，标准执行不到位	人事
2		人员质量意识、责任心不强	人事
3		员工疲劳作业（体力方面：作业时间长、节拍内工作量大、加班加点）	安全
4		员工疲劳作业（精神方面：员工有情绪、有精神压力）	安全
5		人员不稳定（辞职、借调等），经常更换作业人员	人事
6		新到岗员工对各项工作不熟悉	人事
7		人员使用消耗料存在浪费现象（节约意识差）	成本
8		员工未能按照时间要求上岗（迟到、早退）	人事
9		人员经常调出至售后，导致人员不足	人事
10		各项管理工作员工的参与度不高	成本
11		个别员工消极情绪影响整体团队士气	安全
12		清扫人员作业无固定时间和清扫频次，清扫无标准（相关方管理）	环境
13	机	维保、日常管理标准不完善	TPM
14		清扫、润滑、点检等项点执行不到位	TPM
15		定保、小修、大修等执行不到位	TPM
16		工装、工具、设备等异常处置时间长	TPM/生产
17		工装、工具、设备等利用率不高或配备不合理，造成资产闲置	TPM
18		工装、工具、设备配置不足，无法满足节拍生产需求	生产
19		备品备件准备不足，造成异常	生产

2. 开展原因分析，梳理管理行为

工位管理行为即工位的管理内容，通常所说的工位管理内容是安全、品质、生产、成本、设备、人事、信息等七大任务管理内容。

针对识别出来的管理风险清单，以价值引领"八少"为指引目标，运用鱼骨图、乌龟图等精益工具、方法，结合企业现场管理实际，逐条开展原因分析，查找出风险发生的要因，针对风险发生原因制定防止或减少管理风险发生的管控措施，每条管控措施即为管理行为（见图12-4）。

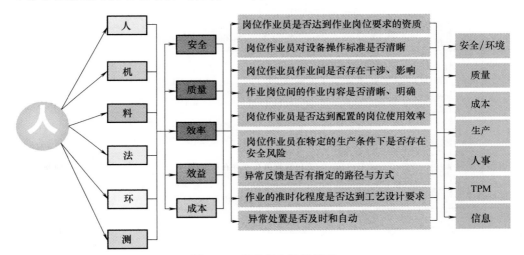

图 12-4　管理行为识别模型

按照以上方法，该企业对前期识别出的管理风险全面开展了原因分析，共计梳理出了 122 项管理行为（见表 12-4）。

表 12-4　管理行为梳理表

要素	序号	风险点	问题	质量	管理行为
人	1	作业人员技能水平不足，对作业标准不熟悉，标准执行不到位	人事	QDCS	1. 开展技能鉴定，理论、实作培训
	2				2. 开展技能道场培训
	3				3. 签订导师制协议
	4				4. 开展质量损失指标分解
	5				5. 严格按照作业标准开展标准作业
	6				6. 开展工艺记录专项检查
	7				
	8	人员质量意识、责任心不强	人事	QCS	1. 质量管理（意识）等相关培训
	9				2. 作业结果与绩效挂钩开展奖惩

（续）

要素	序号	风险点	问题	质量	管理行为
人	10	人员质量意识、责任心不强	人事	QCS	3. 典型案例分析、教育；典型质量问题图片展等
	11				4. 开展工位交接管理，执行"三不"原则
	12				5. 细化明确工艺切分
	13	员工疲劳作业（体力方面：作业时间长、节拍内工作量大、加班加点）	安全	SMQ	1. 工序重新切分，合理安排作业人员的工作量
	14				2. 作业工装、工具设备配备齐全（配备合适或先进作业工装工具，持续改善员工作业工装工具），降低员工劳动强度
	15	员工疲劳作业（精神方面：员工有情绪、有精神压力）	安全	SMQ	1. 合理安排员工周末休息
	16				2. 组织开展多种形式的文体活动
	17	人员不稳定（辞职、借调等），经常更换作业人员	人事	QDM	1. 固化工位作业人员（人员稳固）
	18				2. 工位设置固定顶岗人员
	19				3. 多能（多工序）工培养
	20	新到岗员工对各项工作不熟悉	人事	QCS	1. 入职培训（含三级安全教育等）
	21				2. 岗前培训
	22				3. 安排师徒带徒（签订导师制协议，制订培养计划）
	23				4. 开展（一线主管技能培训）TWI 培训，提升导师指导徒弟效率

3. 归集管理行为，完善管理制度和流程

全面梳理出管理行为后，对管理行为进行了层级梳理，共分为部门级、车间级、工区级和工位级四个层级，并将部门级的管理行为归集至相关的职能管理部门，纳入部门职责管理；同理，车间级管理行为归集至相应的职能管理人员负责，纳入岗位职责管理；工区级和工位级管理行为分别由工区长和工位长负责执行到位。

按照以上方法，结合各职能部门的管理业务流程及相关要求，对前期梳理出来的管理行为全面开展了管理行为的归集工作，将管理行为归集到"6621 运营管理平台"职能接口，制定管理行为的管控流程，并在管理制度中进行标准化管理，完善了管理制度和管理流程（见表 12-5）。

表 12-5　职能部门管理行为表

管理部门	序号	管理行为
安技环保部门	1	开展 5S、红牌作战活动
	2	垃圾分类回收处理

（续）

管理部门	序号	管理行为
安技环保部门	3	开展工位危险源识别,并开展原因分析,制定整改对策
	4	开展改善提案活动
	5	严格按照异常管理办法处置异常
	6	开展高频次问题对策书的编制工作
	7	根据环保要求标准,采取相应措施、方法或设备改进
工艺部门	8	开展工艺记录专项检查
	9	作业工装、工具设备配备齐全(配备合适或先进作业工装工具,持续改善员工作业工装工具),降低员工劳动强度
	10	完善作业标准,开展相关培训
	11	加强过程管理,定期点检评价,建立奖惩机制并实施
	12	对消耗物料使用情况进行现场记录、写实,明确消耗料定额,并持续优化
	13	对物料使用情况进行现场记录、写实,明确物料定额,并持续优化
	14	开展工位规划和作业岗位设计,合理安排作业人员的工作量
	15	根据工位各工序需求配置合适数量的工装、工具、设备
	16	在下发物料变更通知时,明确变更前的物料处置方法和处置单位
	17	建立防错管理机制
	18	工艺文件按照统一模板规范编制,工艺部门提高审核标准
	19	车间开展对规对标检查,及时反馈问题项点至工艺部门进行修正
	20	合理安排工艺人员数量
	21	增加员工发现工艺文件问题点的奖励机制,提高员工积极性
	22	沟通技术、涉及负责解释工作
	23	建立质量问题的分析统计

4. 提炼管理指标，完善指标体系

工位的管理行为确定后，通过目标管理法，首先要针对梳理出来的管理行为和管理流程，研究、确定管理行为应该达成的管理目标，提炼出保证管理行为达成可量化的管理指标，然后将提炼出的管理指标按照管理流程可以分为"工位—工区—分厂（车间）—部门"四个层级管理。累计提炼出92项管理指标，完善了公司指标管理体系。完善后的管理指标体系能够确保工位管理行为及流程高效运行，管理相关数据向上逐级高效传递，同时管理部门能够运用管理数据更有效地开展标准工位建设，优化提升管理（见表12-6）。

表 12-6 职能部门管理指标表

指标担当	序号	管理指标	评价方式/计算公式
安全管理部门	1	工位物品三定率	工位物品已定置数量/物品总数量
	2	三级安全教育100%	实际培训人数/应培训人数
	3	红牌作战开展次数(每季度一次)	每季度一次
	4	工位危险源识别、整改数	每月不低于20条
	5	改善提案率	提案数量/总人数
	6	异常处置及时率	异常处置及时数/异常总数
	7	开展高频次问题对策书的编制工作	每季度编制一份
	8	根据环保要求采取的措施	一定时间内有何改善(定性)
工艺部门	9	工艺纪律检查每月1次	工艺纪律检查每月次数
	10	工位员工"一人一序"	工位员工是否"一人一序"
	11	定期开展工位节拍写实,绘制工序推移图和员工作业山积图	工序推移图覆盖率100%(1.绘制工序推移图、员工山积图;2.采用取消、简化、合并和重排的方法优化员工作业工作量)
	12	工位物料齐套率	实到物料/应到物料
	13	变更执行及时率	变更执行数/变更下发数
	14	生产项目模拟生产线建设覆盖率100%	生产项目模拟生产线建设数/生产项目模拟生产线建设计划数
	15	生产项目模拟配送线建设覆盖率100%	生产项目模拟配送线建设数/生产项目模拟配送线建设计划数
	16	人员各项培训率(岗前培训、实作培训、道场培训等)	实际培训人数/应培训人数
	17	建立防错管理机制	建立防错管理机制
	18	增加员工发现工艺文件问题点的奖励机制	一个问题点奖励100元
	19	质量问题的分析统计	质量问题的分析统计
	20	变更信息按时确认签署率	按时签署数/计划应签署数
	21	组织学习使用防错工具	学习范围
	22	多能工比例	多能工数/员工总数
	23	人员顶岗	人员顶岗数/人员总数

四、效果描述

标准工位管理模型的成功构建后,该企业积极以"三全"覆盖、"三对"管理提升为指导,以实物流"六化"和推进成效"八少"为目标,全面开展了标准工位全要素管理,三年以来取得了较好的成效,具体如下:

1. 完善标准工位管理体系

通过标准工位管理模型的构建，进一步明确了在标准工位建设及评价的目的和意义（Why），以及在标准工位管理过程中应该由哪些人员（Who），在什么时间（When），什么区域（Where），运用哪些管理工具和方法（How），使用多少管理和制造资源（How much），进行什么样的管理行为（What），要达成什么样的管理目标。它可以指导职能部门正确、快速、高效地开展标准工位建设和评价，全面构建并完善了标准工位建设、管理、评价的工位管理体系。

2. 标准工位建设成效显著

公司标准工位建设成效显著，累计建成标准工位424个，达标率达到96.13%。工位现场管理清晰明确，现场点检每月发现的问题由2.3条/工位下降至1.1条/工位，下降了52.2%；同时促进了生产异常的逐步减少，车均生产异常由4.5条减少至2.1条。

3. 促进精益载体建设

通过标准工位建设工作的不断深化，促进了精益车间、精益示范线等精益载体的建设，近两年来，9个分厂和26条生产线在安全、质量、效益、效率、成本等方面取得了长足的进步，促进5个精益分厂升级、4个精益分厂新建和15条精益示范线（区）的建设工作，达成了精益载体建设全覆盖的目标，精益车间分厂和精益示范线（区）建设达成率分别达到了88.9%和89.3%，在集团处于领先水平。

4. 各项管理指标显著提升

标准工位管理模型的构建和全面运行，有效促进了公司各项管理指标的全面提升：一是节拍兑现率由2018年的不足70%提升至2022年的93.4%；二是物料齐套率由94.2%提升至97.9%；三是物料配送准时率由的94.3%提升至98.8%；四是车均生产异常数量由4.57条降低至2.35条；五是城轨车辆日产能由7辆提升至10辆；六是160km动车组项目日产能由2辆提升至4辆；七是2022年人均改善条数达到1.12条，参与率达到89%，每年创造有形价值约为5000万元。

案例三 基于多品种小批量并行生产的工位制节拍化流水生产线建设

一、现状分析

近年来，机车制造模式由批量节拍化制造向多品种小批量混线节拍化制造转

变，2022 年机车新造项目 23 个，生产任务 572 节，除国铁各型主机外，还有路外机车及个性化需求的城轨工程车辆制造。机车多品种小批量制造使机车制造原有的物料紧缺、业联执行、补装等制约生产的困难因素呈几何级增长，给事业部生产组织及生产资源调配带来巨大挑战。

二、具体做法

在单一项目稳步实现工位制节拍化流水生产的基础上，深化构建多品种小批量混线并行工位制节拍化流水生产线，主要是做到了以下几点：一是从全局柔性化制造、计划、进程和物流，搭建多品种小批量混线并行的工位制节拍化流水生产体系；二是抓住混线并行工位制节拍化流水生产对强大生产计划的需要，构建适应混线并行生产的计划体系；三是抓住混线并行生产中的关键物流控制，进行现代物流体系构建；四是提升混线并行生产效率效益，进行智能设备应用；五是系统构建柔性化机车生产线。

1. 混线并行工位制节拍化流水生产体系建设

进行节拍、工位、岗位策划。选取 HXD1 项目，开展节拍、工位、作业岗位策划，针对整车 145 道工序，运用组合票、山积图等工具，进行 ECRS 分析，解决作业内容干涉等各类问题共计 57 项，实现产线节拍稳定运行在 4h，工位作业平衡率由 77.74% 提升到 90.64%。推广智能扭力扳手、智能工具柜及智能胶脂柜等使用，消除工序作业瓶颈，实现了效率的提升。以 HXD1 系列机车法兰组件安装为例，通过储运一体化工装、紧固和标识防错防呆工装、扭力紧固以机代人等改善，实现作业过程减少 2 人，作业效率提升 70%。

运用模拟线管理，以项目制管理为抓手，将精益管理与专业管理、职能管理相融合，实现管理流程、接口的标准化，全年共在 23 个项目上推行模拟线管理和工位制节拍化流水生产线，实现了全项目、全流程、全产线的推广应用。以某工程车模拟线为例，通过节拍、工位、制造资源、管理流程等策划和模拟，提前识别厂内无法开展部分试验、蓄电池容量过大等风险 22 项；通过终端制造拉动、多部门协同管理，有效解决设计异常 37 项、质量异常 17 项、物料异常 64 项。顺利推进生产试制，圆满完成项目按期交付。

2. 计划下达精细化

以计划为纲，建立事业部、车间、员工三级计划管理体系。运行 MES 系统结

合物料齐套率，提升计划的准确性，强化计划执行力。通过日督查、周通报、月考核等机制，跟踪管理生产节拍兑现情况，利用公司云之家 App 开发的异常管理系统，形成了异常管理"2-4-8-24"小时逐步自动升级处理机制，提升了异常处理效率。实现准时开完工率达 93.25%，异常响应率提升到 99.8%，异常总数从 386 件/台下降到 112 件/台，同比下降 70.98%。

3. 精益物流建设

针对多品种小批量混线并行生产的特点，事业部项目部根据 HXD1 系列机车、工程车及 FXD1 动作组物料的储运规律，将机车配送分为物流部件的齐套化形迹化配送、直送件储运一体化工装的 JIT 准时化配送和大部件（Kit-cart）小车+天车分段配送三种模式，有效地提高了物流效率，降低了操作员工的等待浪费。

开展工位 Kit-cart 小车形迹化配盘方案设计，积极拉动物流部进行物流配送优化，输出"HXD1 项目 Kit-cart 小车形迹化配盘方案"，实现了 Kit-cart 小车由 120 台减少为 42 台；大部件方面定置区域管理，采用平板底托的方式进行 AGV（运送单元为整台电动机线圈量）转运，4 台 50t 天车实现南北分区运行，单台车大部件天车转运距离约缩短 2.16km，减少员工等待天车浪费 1h/台。

4. 智能设备应用

通过自动化、信息化技术运用，化解瓶颈工序，提升产品质量。搭建接插件自动化生产线，作业效率提升 30.25%；引入线缆加工自动化，剥线效率提升 6 倍；屏柜自动化下线，实现线缆下线精度提升到 100%，效率提升 14%；便携式线号识别仪，避免员工人工查找纸质线表，清线效率提升 50%；运用三维激光扫描技术，实现 FXD1-J 的开闭机构、头罩 100% 零打磨装配；此外还有智能工具管理系统、智能扭矩管理系统和正在组装调试中的接插件自动化生产线等。

5. 信息化建设

建设事业部数字化管理平台，为满足事业部"多品种、小批量"的灵活管理需求，通过自主开发信息化程序弥补公司信息化框架空隙，实现事业部各项业务数据化和信息化、业务过程透明化、业务数据共享化。2022 年共开发人力资源板块、生产辅助板块、管理模块等三大模块 17 个 App，填补了事业部信息化管理的空白区域，还收集整理了大量的业务数据，为事业部精细化管理、数据化决策提供了数据支撑。

建立事业部生产指挥中心，整合柔性制造、节拍计划、物流信息、制造进程、

异常信息处理、工位员工信息、品质控制、安保监控等模块数据，输出经筛选、合并的数据，以图表化、目视化进行生产平准化管理，逐步推进事业部精益生产向柔性化、信息化以及自动化方向发展。

三、效果描述

1）全面完成 2022 年 23 个项目 572 节新造机车生产任务，实现 HXD1 系列机车组装周期稳定在 5 天，FXD1-J 动力车组装周期 8 天。

2）全面完成公司下达的安全与环保指标，全年内无生产安全事故。

3）通过工艺优化，流程优化及管理改善，2022 年实现降成本 350 万元。

4）实现机车产品一次交验合格率达 96.3%。

5）通过物流改善攻关，实现物料齐套化率由 72% 提升至 77%，配送及时率由 72% 提升至 80%。

6）任务量较 2021 年大幅度提升的情况下，实现用工数量不变，人均劳动生产效率提升 12.2%。

7）其他成效。基于 MES、金蝶企业应用套件（EAS）的数据运用云苍穹平台进行了个性化需求深度开发，建立了"两个平台"，将计划流、物流、信息流等数据转变为可视的图表并开展生产管理，直观地了解现场的实时生产动态；通过精益计划流、精益物流及信息化建设，事业部项目管理迈上了新的台阶，管理效率得到了有效提高，使机车制造在多品种小批量制造领域走在了前列。

案例四　"精益化+自动化+信息化"工位制节拍化产线升级

一、现状分析

由于铁路货车行业的局限性，行业整体制造技术水平不高，普遍存在技能人员老龄化、作业人员招聘困难、劳动力成本持续上升、原材料价格上涨、自动化信息化程度不高、人力资源效能低下的困境。实现转型升级，提高产品质量和企业运营效益至关重要。

在认真总结行业特点，对标先进企业的基础上，某公司提出"精益化+自动化+信息化"（"三化"）促进铁路货车制造技术升级方案，以管理精益化为指导思想，以产线自动化为支柱，以生产信息化为基础，对铁路货车制造技术进行升级，

并在"三化"的基础上进行数字化升级，最终实现具有铁路货车行业特色的智能制造方案。

二、目标设定

按照"管理指向工位、要素落地工位、数据源于工位、成果基于工位"的原则，以"6621"精益管理逻辑为指导思想、产线自动化为支柱、生产信息化为基础，立足"精益化+自动化+信息化"开展工位制节拍化产线升级建设。在建设策划阶段，该公司以工位为作业组织单元，按照节拍化均衡生产的方式，同步开展产线升级技术方案、精益管理方案、信息化方案策划；通过精益价值分析，应用数字化技术、工业机器人、数控车床、传感技术、有轨穿梭车（RGV）自动传输等多式物流技术、MES制造执行系统等手段，在车轴生产线、摇枕侧架转向架组装三线合一生产线、车体生产线等产线上实现工位制节拍化流水生产。

三、具体做法

在车轴节拍化产线建设中，通过机械手把车轴生产数控加工设备连成一线，实现了标轨、窄轨和米轨车轴的共线生产；通过产线布局优化，作业改善，实现"一人双机"作业模式；通过MES制造执行系统，利用手持移动终端扫描采集车轴加工信息和质量信息，实现自动将生产线的数据反馈信息上传（报工），提升车轴加工的质量、设备、物流和人员管理，打通各个生产要素间的连接，车轴生产线生产效率提升172%，减少各类用工17人。

在摇枕侧架转向架组装三线合一生产线建设中，通过机械手、RGV和输送线把摇枕生产线、侧架生产线和转向架组装生产线三条生产线连成一线，实现转K5、转K6型转向架生产的快速切换和共线生产；通过手持扫描摇枕、侧架上的条形码，采集生产信息和质量信息，完成报工并自动记录摇枕、侧架配对信息，实现转向架生产状态的实时管理；转向架组装生产线由原来的两班制变为一班制生产，三线合一生产线单班产能达到30辆，共减少各类用工18人，整体效率提升23.7%。台车车间车轴生产线、摇枕侧架转向架组装三线合一生产线入选2021年度智能制造"人机协同"优秀作业场景国家级名单。

在车体节拍化生产线建设中，公司充分考虑铁路货车车体钢结构制造的前瞻性、平台性和精益性，系统性采取多式物流技术，实现生产线内部RGV自动传输，

有效减少天车吊运需求，提高物流效率；使用通过式组焊技术，保证车体每个工位满足生产线通过式要求；以模块化、柔性化、系列化、标准化为设计理念，形成具有典型特点的功能模块族系技术，让车体线不同工位的相同零部件实现互换；通过实施机器人自动焊，实现端墙与侧墙之间连接焊缝的自动焊接。目前，车体线已初步实现 X70 平车、C70EH 敞车、FMG 矿石敞车、RoyHill 矿石敞车共线柔性化生产。

在做好产线"精益化+自动化"建设的同时，充分挖掘和运用生产信息系统中的数据，推进作业现场全要素、全过程的可视化管理。公司自主开发节拍化生产动态的监控平台，采用数据集成方式，开发数据集成接口，定时或实时抽取业务系统的数据到统一的数据集成平台，进行数据清洗、分析、处理和展示；自动集成核心应用系统的数据，形成生产实时节拍、异常动态展示、工位物料配套供应等十余种特色看板，通过看板直观透视现场动态（包括每个产品、每条产线、每个工位的动态），提高协同管理效率。结合生产节拍动态监控，搭建生产异常 5 级响应管理系统，完善运营指标，实现数据贯通、自动提取、自动核算、自动评价功能，实现工位要素异常从反馈到处置到预警到自助分析到 KPI 自动评价的全过程管控，拉动异常快速处置，提高生产管理效率。

四、应用的精益工具和方法

5S、目视化、TPM、节拍拉动、标准作业、价值流分析、精益物流、异常管理、快速切换、防错技术、改善提案。

五、效果描述

通过一期和二期项目的实施，整体制造技术能力得到了大幅提升，为实现市场订单保质保量地快速交付奠定基础；设备和产线自动化改造后，一期、二期已减少操作工和管理辅助人员约 150 人，三期项目完成后预计还可减少操作工和管理辅助人员 50 多人；通过 MES 信息化的建设，生产组织更透明，管理效率提升，产品信息和质量信息向过程可追溯迈进。

六、推广应用

"精益化+自动化+信息化"促进铁路货车制造技术升级方案已成功投入应用，

在国内铁路货车制造行业产生了比较积极影响，从同行业的反映情况看，具有较好的可推广性；该方案提出产线自动化改造走低成本路径，提升项目的投资回报率，创造经济效益，有利于提高企业实施的动力，从经济效益方面来看，具有较好的可推广性；同时，铁路货车行业制造工艺有高度的同源性，各企业的产线设备相似性较多，"精益化+自动化+信息化"促进铁路货车制造技术升级方案系统性解决了铁路货车行业制造技术升级路径，按总体规划、分步实施的思路，具有较好的可实施性，从实施方面来看，具有较好的可推广性。

案例五　动车牵引变压器精益车间建设

一、现状分析

1）指标体系分解、分级管理不完善，利润率等部分指标未进行层级分解。

2）信息化排产线上线下一致性、计划协同性有待提高。

3）无效动作、搬运和资源等待浪费多。

4）用工成本占总成本比例较高。

5）信息系统存在孤岛，线上线下业务流程存在脱节。

二、目标设定

1）利润等经营指标达到设定要求。

2）在制品资金控制在指标范围内。

3）物流配送、作业效率得到提升。

4）产线平衡率得到提升。

5）直接用工、辅助岗位用工数量下降达到设定目标。

6）实现基础信息系统互联互通、各模块深化应用。

三、具体做法

1. 基于价值创造的工位制节拍化产线建设

节拍与工位设计：新式动车牵引变压器产品具有重量大、移动难度大、生产节拍时间长、移动频次低的特点，考虑客户需求存在高低峰期周期性变化（高峰期需求2台/天），综合设备批量作业下的能耗经济性，采用两套并行工位资源，根

据节拍变动，通过成套增加或减少工位资源的投入，实现快速调整生产批量，适应节拍分别为 1 天和 0.5 天下的生产需求。

信息实物流统一：应用价值流工具，识别信息传递、信息转化不畅通、信息实物流不一致等改善点，推进客户需求、项目制造、工序作业、物料供应计划联动排产；深化 SAP、MES 的系统集成，通过 MES 系统同步 SAP 系统订单，每日下达派工单到工位，指导工位开报工，锁定三日物料配送需求，指导工位拣料与配送；应用大屏幕电子看板，展示产品的生产状态，及时暴露生产异常，拉动异常快速响应与处理，并通过后台统计每月高频异常，指导异常攻关方向。通过信息化、计划联动机制等手段，最终实现信息流、实物流统一。

物流布局优化：对器身装配、引线装配、总装配区域进行工艺布局调整，释放缓存区域面积 $20m^2$ 以上，缩短产品转运、物料配送路线 50m 以上，整体呈 U 形布局；采用工位制成套配送方式，实现物料由上架、拆包到直送工位、小火车一体配送的转变，消除总装配物料从暂存库到工位的二次分拣，减少配送频次与劳动强度。

标准作业改善：开展各工位工步作业时间、人数、作业顺序写实，梳理关键作业路径，识别各类瓶颈因素、工步最小作业人数等要求，通过联合作业分析、作业路径分析、ECRS 分析法改进工位作业，针对瓶颈资源进行工艺改进、排产调整，最终在保持产能不变情况下，整合精简作业人员 4 人，输出各工位作业组合标准，人员利用率提高 14.1%，产线平衡率提高 5.9%。

2. 基于维持与改善的七大任务管理活动开展

按照 PDCA 模式，以工位作业管理为落脚点，推进班组管理围绕维持与改善活动展开。维持活动方面，依托 MES 系统，开展过程质量、设备线上开工前点检、作业资质开工前验证，推行线上生产开报工、异常上报与响应处理，保障生产正常运行。改善活动方面，开展一日安全员、设备安全排查、安全知识培训等活动，识别并消除事故隐患，保障生产安全；以材料、人工、能耗、委外成本等为切入点，开展专项降本活动，实现典型产品成本优化；通过建立奖励机制，拉动各部室、各工段多维推进降本，实现全员参与成本优化；持续推进作业改进优化，提高生产人员人均工时，降低车间总体工时投入；通过多技能培训，精简现场用工，输出富余人员赴内部单位、集团其他公司不同岗位助勤；开展质量控制（QC）小组、质量微创新等质量改善活动，解决质量难题；统计分析设备故障，制订设备改善计划，引进设备厂家入厂培训、推进设备自主改善。

3. 基于经营目标达成的自主理财指标管控

深入推进生产经营从成本管控模式向自主理财的模拟利润中心转型，明确车间、部室、工段的职能职责，基于年度经营责任状中利润等经营效益、两金压降等经营效率以及项目交付等指标，分解形成各部室工段过程关联指标，按月、季、年度定期对报表数据进行分析，拉动各部室、工段，围绕两金与费用管控、内部结算流程完善、成本优化项目、人均效能提升等方面积极开展自主理财经营，最终实现年度目标。

四、应用的精益工具和方法

5S、目视化、班组管理、标准作业、ECRS 分析法、价值流分析、异常管理、TPM、精益物流、改善提案。

五、效果描述

1）实现利润等经营指标的超额达成。
2）年度在制品资金控制在指标范围内。
3）消除总装配物料二次分拣，减少配送频次 50% 以上。
4）整合精简作业人员 4 人，人员利用率提高 14.1%。
5）产线平衡率提高 5.9%。
6）实现 SAP、MES 等系统互联互通，生产、质量等模块的深化应用。

案例六　定子制作车间精益车间建设

一、现状分析

某公司牵引电动机车间主要承担轨道交通机车、动车和城轨三大业务板块类电动机的新造业务。定子制作车间主要承担各型牵引电动机的线圈制作和定子装配等工作，是牵引电动机车间作业人员最多、劳动强度最大的工段。具体问题分析如下：

1. 整体工艺布局不合理

一是生产场地利用率低，台位、呆滞品、设备堆积占用大量作业空间；二是工序间流转距离过长，产线布置未按照"一个流"方式布局，产品转运"绕路"情况较多；三是作业方式为孤岛式，产线按功能区块布局，各个工位之间缺乏联系，现场形成诸多孤岛。

2. 生产组织过程信息化程度低

一是现场在制品堆积，中间缓存区多、缓存量大；二是人员等待浪费过多，生产信息衔接滞后，工序间等待；三是质量数据记录方式落后，质量数据以纸质卡片填写记录为主。

3. 生产方式以手工作业为主

一是员工劳动强度大，员工作业时间为 10～12h/天；二是生产效率低下，产能为 48 台/天，无法满足生产需求；三是产品质量稳定性差，产品包扎率一致性差。

4. 价值流流动不畅

一是工序间存在大量在制品；二是涨形机数量不足，形成瓶颈，需通过 3 班完成生产任务；三是需人工监控电磁线质量；四是耐压检测无法在单根线圈中识别，正在验证是否可以下移至嵌线工序。

二、目标设定

1）产线清晰化。目前，现有工艺布局已调整为动车城轨线和机车线两条产线模式，兼顾灵活性，使机车线兼容城轨线。

2）智能化升级。产线应用绕线机电磁线视觉识别检测、激光去绝缘、六轴数控包带（端部包扎范围提升 50%）等新技术，并新增涨形机、激光去绝缘、线圈浸水检测线的自动上下料，同时进行信息化升级改造。

3）自动化物流。从绕线、去纱、涨形至浸水检测工序，按串行作业模式，采用智能输送线物流（运送单元初定为 12 个线圈），绝缘包扎工序按并行作业模式、人机结合布置，采用 AGV 输送的物流方式。

4）全要素提升。通过智能化等手段提升工艺质量；通过优化布局使产线效率提升 10%、生产周期优化 20%；通过设置环形人流通道等提升安全性。

5）科技度提升。通过信息物理融合、工业设计、技术创新成果展示等，提升现场的技术营销效果。

三、具体做法

1. 产线布局设计

1）功能分区。工位切分：重新规划生产节拍，合理配置资源，建立拉动规则。

布局优化：调整产线整体布局，实现"一个流"连续生产，引进线圈物流线，实现连续流动，减少在制品并消除孤岛。

瓶颈优化：探索线圈包扎"一人两机"，培养多能工，提高生产效率。

2）工位设计。根据工位写实结果及资源现状分析，将原混线流生产模式改变成按产品类别单件流生产，实现均衡生产。

2. 布局优化

绕线—成形工区设计成单件流，按照辊道方式设计进行工序间转运。改善前后平衡率对比见表 12-7。

表 12-7　改善前后平衡率对比

改善项点	布局方式	转运方式	转运数量	中转区	生产周期
改善前	功能区划分	推车转运	整台	6 个	3 天
改善后	产线流水线设计	辊道托盘转运	12 个线圈(1/5 台)	3 个	2 天

包扎工区设计成细胞作业单元，由 AGV 负责工序间转运。

四、应用的精益工具和方法

1. 价值流分析

通过产线价值流分析可知产线主要存在信息化水平不高、推动式生产模式、增值时间占比小、作业节拍不平衡，如涨形设备资源不匹配、工艺（设备）技术需升级、原材料（电磁线）品质待提升等问题，并着重针对问题开展相应改善。

2. 信息化系统应用

定子线圈生产线的中控系统需实现设备作业信息、工位信息、物料信息、工艺质量数据的采集处理，以及与公司 SAP、MES、TC 等信息或业务管理系统的通信。接收上位系统的生产订单信息、工艺资源信息，并将系统终端采集到的信息实时、可靠地传输到上位系统。

1）终端机应能做到自动推送与工位作业内容对应的工艺文件，并可直接清晰显示本工位的工作步骤和工艺细节。

2）工位来料能通过扫描方式识别和记录相应的产品、配件信息。例如，当托盘到达本工位时，应自动识别托盘编号，并自动记录工位质量信息并将其与产品关联。

3）由传感器、视觉系统、检测系统等装配采集到的数据应能自动与产品关联起来，并自动保存。

4）根据工位作业内容自动调用设备运行参数，如涨形机程序、绕线机参数，并记录设备运行信息、能耗信息，发送异常报告等。

3. 智能制造技术应用

视觉识别设备：研究线圈缺陷自动视觉检测技术，实现线圈绕制过程中的缺陷同步检测识别，解决电磁线缺陷遗漏检的技术难题。

进口数控涨形机：涨形机通过伺服电动机控制自动化程度高，控制精度高适用涨形线圈种类多，可以涨形直线电动机线圈。

激光去纱：过程自动化、程序化控制，双工位设计，自动完成循环作业；尺寸精确，不损伤铜导体。

六轴自动包带（产能瓶颈突破）：线圈的同一层绝缘实现连续包扎，起头和收尾各一次（较四轴包带机减少一次），机包范围扩大至距非引线端鼻部50mm处（四轴包带机无法包扎鼻部），操作者作业时间集中，更好地实现"一人两机"，提高生产效率。

五、效果描述

取得的成效见表 12-8。

表 12-8　取得的成效

序号	评价维度	改善前	改善后	效益分析
1	最大产能	48 台/天	54 台/天	产提升 12.5%
2	效率提升	人均工时 501h/月	人均工时 550h/月	作业效率提升 10%
3	生产周期	4 天	2.5 天	生产周期压缩 37.5%
4	中间工序在制品数量	在绕线—成形、成形—包扎工序间存在大量缓存品，数量为两天生产总量 108 台	仅在成形—包扎工序预留 1 个班次缓存品，数量为 27 台	（1）释放流动资金 116 万元 （2）在制品周转率提升 3 倍
5	质量控制	以手工填写纸质质量数据为主	无纸化质量检验卡与设备自动采集质量数据相结合	（1）质量信息追溯性提升 （2）生产周期压缩可提升质量问题处理及时性，避免出现大批量报废情况，节省资源

（续）

序号	评价维度	改善前	改善后	效益分析
6	标准作业	现场作业标准化程度较低,员工作业行为习惯一致性有待提升	智能输送线作业模式对现场标准作业程度要求较高,也可促进现场制造能力提升	（1）产品质量一致性提升 （2）员工作业效率显著提升
7	现场效果	工序间产品流动不明显,工序间产品积压	实现产品工位制节拍化流转,在制品库存量降低	打造具有工业美感的线圈制造基地,现场参观体验显著提升

第十三章
数字赋能全面精益管理

中国中车面对新一轮科技革命与产业变革，在全面精益管理的框架下，推动企业全流程、全场景、全产业链的数字化应用，实施精益研发数字化、生产运营数字化、经营管理数字化、产品全生命周期管理数字化，推动业务与数据深度融合，形成可推广、可复制的中国中车产业数字化解决方案。

第一节 数字化精益管理概述

一、数字化精益管理建设目标

数字化精益管理建设目标是在全面精益管理的框架下，通过扎实推进业数融合，以提升产品和服务的"质量、成本、交付周期"（QCD）核心指标为目标，建设数字化企业，促进产业数字化转型。

二、数字化精益管理建设的实施原则与主要内容

（一）数字化精益管理建设原则

1. 基于精益管理基础原则

基于精益管理基础原则是通过精益管理指导数字化的模型搭建和功能梳理，立足于精益管理建设成果开展数字化建设；以精益思想为指导，运用精益工具，在数字化转型各模块建设中，充分考虑人机工效、数据分析等内容。

2. 基于业务增值场景原则

基于业务增值场景原则是秉承精益思想，抓住增值场景，用数字化技术和工

具，进一步消除管理浪费，提升组织运营柔性。

（二）数字化精益管理的主要内容

1. 产业数字化精益管理建设模型

中国中车产业数字化精益管理建设模型如图 13-1 所示。

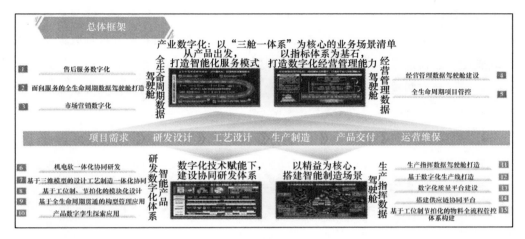

图 13-1　中国中车产业数字化精益管理建设模型

注：“三舱一体系”是指生产指挥数据驾驶舱、经营管理数据驾驶舱、全生命周期数据驾驶舱和智能产品
　　研发数字化体系。

2. 生产运营数字化主要内容

基于“6621 运营管理平台”核心管理逻辑，以典型产品和项目实现过程为核心，增强基于数字孪生的设计、工艺、制造一体化水平，推动各企业产线标准化、柔性化、自动化、数字化和智能化，重点实现产品质量检测的数字化和关键工序的智能化，提升质量、成本、交期等核心指标，建立“生产指挥数据驾驶舱”；基于工位制节拍化流水生产，开展智能制造数字化建设，推动装备、生产线和工厂的数字化网络化智能化改造，推进作业现场全要素、全过程的可视化、透明化和在线化，加快形成动态感知、预测预警、自主决策和精准执行能力，提高生产质量、效率和资产运营水平，为产品及形成过程的降本增效提供数据支撑，打造高端装备制造的数字化典范。

3. 产品全生命周期管理数字化的主要内容

打造数字化产品，建立“全生命周期数据驾驶舱”，实现服务智慧化突破；以产品全生命周期技术体系建设为基础，实现数据贯通和统一管理；推动产品和服务

的数字化改造，提升产品与服务策划、实施和优化过程的数字化水平；打造差异化、梯次化、场景化的数字产品和服务，探索新型商业模式，培育市场增量；实现产品的数字孪生，打造典型数字化产品平台，开发具备协同感知、云边诊断、智能决策等计算、通信、控制（3C）能力和信息物理系统（CPS）特征的典型智能产品平台；建设敏捷响应的用户服务体系，以标准化产品为先行示范，实现从售前营销到售后运维全流程的按需、精准服务，动态采集产品使用和服务过程数据，提供在线监控、远程诊断、预测性维护等延伸服务，丰富完善服务产品和业务模式，提升产品全生命周期响应能力，探索平台化、集成化、精准化的增值服务，拓展智慧化服务的新市场空间。

4. 智能产品研发数字化体系的主要内容

数字化技术赋能，建立"智能产品研发数字化体系"，加快推动产品研发数字化。落实"加快高端化发展"战略，推进研发设计数字化转型，依托产品构型的数据管理平台，构建基于模型（三维）定义的数字孪生体系，构建基于客户需求的协同研发模式，建立"智能产品研发数字化体系"，实现三维模型驱动的设计、工艺、制造、服务一体化协同研发。将产品研发数据纵向贯通到产品制造、质量控制、供应链协作等过程，从设计源头驱动数据贯通。建立面向服务的集团数字孪生产品平台，提升全过程的数据融合价值，为产品智能化、服务智慧化、经营管理数字化的实现提供支撑。

5. 经营管理数字化的主要内容

突出数字化驱动，建立"经营管理数据驾驶舱"，建设一体化经营管控平台。立足集团公司经营管控需要，聚集关键经营指标，根据集团战略建立一体化、结构化的高质量经营指标体系。以数据管理和数据应用为抓手，完善数据支撑架构和流程，打通总部和全级次企业之间的经营管理数据流，逐步形成集团各类经营管理数据自动采集、自动汇总、授权使用的数据管理机制，打造集团管控大数据平台，建立"经营管理数据驾驶舱"，支撑企业绩效管理和集团战略管控，进一步提升集团和子公司两级精细化综合管控能力和现代治理水平。纵向以集团管控为核心，集成整合资产、人事、财务、供应链、安全、环保等既有信息化建设成果，打破数据壁垒，建设实时、动态、共享的数据中心，提升集团综合管控和决策效率；横向以产业链供应链协同为方向，提升市场、技术、产品、管理的感知能力，提升企业内部管理协同能力、数据分析能力和决策优化能力，为企业提质增效赋能。

第二节　数字化精益管理要点

一、数字化精益管理建设基础

（一）生产要素及管理要素的标准化

工位制节拍化制造模式是离散型制造业价值创造的最佳方式，通过建立工位制节拍化流水生产方式，将生产要素、管理行为固化，为产品模块分解、固化提供基础。

一是通过建设标准工位，将生产要素进一步切分，形成以工位为最小作业管理单元、工序为最小管理单位的生产组织基础，实现工位"六要素"和产品的标准化固化。同时，通过标准工位中标准作业的建立和生产节拍的设计，将生产作业过程按照工位、工序切分，将对应的产品模块和对应的制造动作落实到具体的工位上，实现作业人员行为的固化和产品分解的固化。二是通过"七大任务"管理机制建设，将职能部门管理流程、制度转化为具体的管理表单和管理标准项点，实现管理行为和管理标准的固化。

（二）工位要素资源配置与运行的标准化

模拟生产线、模拟配送线是中国中车精益管理体系中管理流、信息流向现场实物流转换的衔接点。在模拟生产线、模拟配送线建设中，通过风险管控和资源配置为现场输出有序、标准、有效的工位"六要素"资源配置与运行标准。

一是实现了不同项目之间工位"六要素"配置的稳固，进一步稳固了工位制节拍化流水生产方式；二是通过风险项点识别管控、生产作业过程设计，进一步稳固了产品模块切分和作业动作切分，拉动建立产品标准工位结构树，拉动作业动作和产品模块的细分和固化。

（三）管理流程与接口的标准化

通过管理线与管理平台建设，实现项目执行、管理全过程上的流程和接口标准化。形成以生产制造过程为圆心的协同作战方式，各管理部门通过流程接口向工位制节拍化流水生产线提供输出和支持。通过明确的管理流程接口，实现项目执行过程的清晰和固化，为信息快速传递、记录、追溯提供支持。

全面精益管理之策

二、企业基础数据的数字化、结构化

通过精益管理导入，厘清业务价值链条，在固化生产要素、行为、产品、要素配置机制和管理流程等之后，识别出企业的增值场景，这些增值场景是企业进行数字化转型的最小单元。数字化转型则围绕着这些识别出的增值场景展开，主要从要素（物）、过程（行）、信息（果）和算法（需求）这四个方面去进行数字化定义。数字到数据的过程如图 13-2 所示。

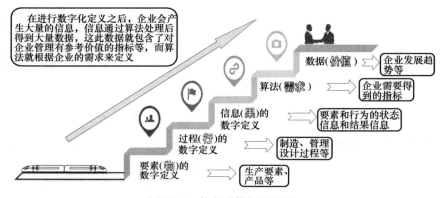

图 13-2　数字到数据的过程

一是对要素"物"的数字化、结构化定义。这是数字化转型的必要条件，首先从生产管理和生产制造两个层面梳理生产运营涉及的关键信息，利用数字化技术，通过标准化、结构化、数据化、信息化方式将工位"六要素"与"七大任务"的相关信息存储于资源库。

二是对过程"行"的数字化定义。过程数字化定义主要包括管理行为、制造行为和设计过程。管理行为主要是直接面向生产，为生产执行提供服务的生产组织和管理活动，以及为生产组织和管理提供间接服务的管理活动。制造行为主要是以时间、流程、标准为依据切分制造流程，对其进行数字定义，进而确定各产品制造过程中的信息。

三是对信息"果"的数字化定义。"果"是指在业务场景中，要素、行为的状态和结果信息，在对要素、产品和行为进行数字化定义后，按照定义采集、存储数据。

四是对算法"需求"的数字化定义。构建基于业务场景的智能化辅助算法。智能化辅助算法是指要基于业务的开展逻辑，开发数据信息的整理、分析算法，为

业务开展提供数据支持。

五是利用算法实现在全产线、全项目和全流程上的数字化赋能，对各类信息进行记录、统计、分析，实现生产运营过程的微观治理、实时治理、追溯治理，以此提升生产效率、运营柔性，为产品优化创新、满足客户多样化需求提供有效支持。

三、基于业务开展逻辑的数字化建设要点

（一）生产运营数字化

1. 数字工位建设

工位是精益管理的圆心，是一切精益管理活动的落脚点。因此，在进行数字化建设时，同样应以工位为圆心开展建设工作，要基于典型产品和项目，围绕生产"六要素"实现工位"人、机、料、法、环、测"等生产资源的数字化管理，建设数字化工位和数字化产线，实现生产任务下达、生产执行记录和反馈。

数字工位建设的主要内容包括：一是对工位设备设施进行数字化改造，实现设备、生产资源与工业系统间的协同工作，提升信息交互能力、采集并反馈生产过程信息的能力。这些信息包括但不限于加工信息、质量信息、设备状态信息、维护信息、故障报警信息、刀具管理信息和能耗数据。二是对生产工位"六要素"和生产动作进行数字化定义，以便于在各类信息系统、智能终端之间快速传递信息。需要进行数字化定义的"六要素"部分信息见表 13-1。

表 13-1　需要进行数字化定义的"六要素"部分信息

要素		数字化定义的内容
人	"人"要素状态是否符合标准，记录下在何时何地，由何人完成何项操作，并比对标准的"人"要素配置标准	采集的信息
		人员编号
		人员工作经验
		人员技能信息
		人员绩效
		人员考勤
	标准信息	人员清单
	状态信息	出勤人与岗位是否符合
机	"机"要素状态是否符合标准，记录设备、工装、工具状态，比对记录是否符合标准	采集的信息
		设备编号
		设备型号
		设备维护保养记录
	标准信息	设备清单
	状态信息	设备与岗位是否匹配

要素		数字化定义的内容	
料	"料"要素状态是否符合标准,反映工位实时生产物料配送情况,反馈信息补货保证生产	采集的信息	物料编码
			物料所处工位信息编码
			物料入库、分拣、上架、配送各时间节点
		标准信息	物料编码
			工位物料需求时间
			工位物料需求计划（配送计划）
		状态信息	物料是否准时足量配送到工位
法	按照标准作业执行情况,记录生产工序执行顺序、时间等信息	采集的信息	节拍开始时间
			工序开始时间
			节拍完工时间
			工序完工时间
			设备工艺参数
		标准信息	生产节拍设计安排
			工序推移图
			设备工艺参数
		状态信息	是否按节拍设计、作业岗位设计完成节拍生产
环	记录生产环境数据,反映现场危险源受控状态	采集的信息	环境（温度、湿度、照明、通风）
			危险源编码
			危险源点检记录
			危险源预防、劳保用品穿戴
		标准信息	环境要素标准
			危险源布局图
			危险源防护措施
		状态信息	环境要素是否符合标准
			危险源是否可控

2. 数字产线建设

数字产线是基于工位制节拍化流水生产方式,通过产线规划建设,将数字化工位组合起来,提升关键工序数字化生产设备网络化、制造过程智能化水平。数字化产线建设的要点在于产线间各数字化工位之间的数据传递和生产协作。

3. 数字车间建设

在数字产线建设基础上,采用统计学手段,利用数字化模型对采集到的产线性

能现场数据进行分析，精确地表达真实产线的行为，为生产运营的日常管理、工位节拍化产线的日常运行提供数据支撑。利用传感器、智能化生产设备和物联网技术等，实现数字化模型和真实物理产线的实时同步（包括设备设施、生产资料、操作人员、需求订单和工厂环境等的实时状态、位置及其他属性等），使数字模型成为包含所有信息和知识的镜像超写实模型，形成生产制造实绩的数字孪生。

数字化车间对采集到的产线信息数据进行初步处理和加工，包括数据分类、统计，对异常风险自动预警等。

4. 生产指挥驾驶舱建设

生产指挥驾驶舱关键在于通过打通市场、研发、制造、服务全流程，搭建工位产线评价标准，对生产运营信息综合分析，实现生产运营的数字化管控。

生产指挥驾驶舱建设内容包括：生产指标体系、生产运营数据湖仓、生产运营分析数据模型和绩效改善机制。

（二）精益研发数字化

1. 打造智能产品

以模块化平台建设为核心，开展智能产品技术平台建设，推动产品和服务的数字化改造，提升产品与服务策划、实施和优化过程的数字化水平。

产品是公司经营、生产制造的核心要素之一，智能产品是精益研发数字化的对象与落脚点，对产品的数字化改造是完成数字化转型的核心工作之一。产品的数字化改造包括两方面，一是开展构型管理建设，完成对产品的数字化定义，通过将产品构型码与项目执行过程和要素资源编码关联，实现将产品设计、制造、运维过程信息的全景式记录和追溯。二是开展产品智能化改造，通过应用数字化技术，为产品加装智能化、数字化设备，实现产品制造过程和运行过程的自我记录，形成产品全生命周期履历，以便于开展数据追溯、产品健康预测等能力。

2. 实现协同研发

协同研发是基于产品构型和产品模型的设计、工艺、制造、服务一体化及产业链协同的产品研发。协同研发主要体现在三个方面：一是突破专业壁垒，基于产品数据管理平台，实现设计部门内部的机、电、软件等专业设计师协同管理。二是突破部门壁垒，建立基于模型定义（MBD）的三维标准体系，构建 MBD 协同研发平台，实现三维模型驱动的设计、工艺、制造、服务一体化协同研发。三是突破企业壁垒，加强产业链上下游联合设计、并行设计、协同设计。

（三）经营管理数字化

1. 经营管理指标体系

构建基于经营的指标体系，研究影响经营目标达成的关键因素，从效率、效益维度，建立"集团—公司—部门"的涉及市场、研发、工艺、制造、售后等维度的指标体系，制定指标规则、评价标准，规范指标评价流程与方法，形成基于价值创造活动一体化、结构化的高质量经营指标体系。

以经营指标为基础，以关键业务环节为抓手，以信息化手段为支撑，建立覆盖公司经营管理的主要指标、关键业务环节的经营管理平台，打通核心经营指标数据流，实现数据的自动采集、分析、预警，支撑集团战略管控和企业的经营管理、绩效管理，打造服务于部门指标管理、车间指标管理的经营看板，为子公司高层管理者、中层管理者、基层管理者提供实时的经营数据，提供可视化的决策依据。

2. 经营管理数字化赋能

从三个方面推进经营管理的数字化赋能：

1）建立关键作业动因分析模型，通过业务计划牵引财务预算，形成二者的一体化编制，进一步将预算管控向业务端延伸，通过数字化手段形成业务的微观治理，打造基于业务实施过程的事前控制、事中监管、事后评价的管理体系，提升企业风险控制及预测能力。

2）通过集成整合企业资产、人力、财务、供应链等相关信息系统，打破企业传统的协作模式，以数字化的方式将部门原有职能融入业务流程中，提升组织分工和绩效管理水平，赋能公司提质增效。

3）建设项目全生命周期管理平台，以项目执行为主线，将研发、生产、管理、服务等环节的数据贯通，实现项目总体计划与专业计划（如研发工艺、采购计划、生产计划和工位作业计划）的协同管理，从多项目运营能力角度，感知项目全生命周期的状态，将多项目执行数据形成项目执行过程数据数仓。

应用大数据技术，从项目进度保障能力、质量保障能力、成本控制能力、风险管控能力和技术稳定能力五个方面进行精准分析、风险预警和项目评价，实现五项能力的一体化管理。

通过数字化实现经营管理的数字化赋能，关键在于通过对业务场景的解剖分析，将组成业务场景的要素、管理动作和评价标准进行数字化、结构化改造，形成基于业务逻辑的大数据仓。

3. 经营管理数据驾驶舱打造

经营管理数据驾驶舱关键在于"感知"能力和"指挥"能力的打造。

1）通过信息化系统集成和运营管理数据结构化建设，采集记录项目执行微观数据，实现用户与产品关联、产品与数据关联、数据与业务关联，实现经营指标数据的自动提取，建成运营的大数据平台。

2）以服务战略、融合业务、集中资源、控制风险为原则，以经营指标体系为牵引，充分利用经营管理信息化平台数据，搭建以数理或机理模型为核心的多层级经营管理驾驶舱，开展经营数据分析和挖掘，实现经营洞察、风险预警、业务决策，进而对运营体系进行全面优化，提升经营管理效益。

第三节　数字化转型实施保证

一、明确实施原则

1. 战略统领、顶层规划原则

围绕企业战略目标，统筹规划产业数字化方案，分层次、分步推进，打造典型产品和业务场景的最佳实践案例。

2. 需求拉动、梯次推进原则

遵循精益思想，"需求"才具备价值。全面精益管理的数字化转型是围绕"价值"展开的，以市场及下游业务需求为导向开展数字化转型建设，并以绩效提升为导向开展数字化转型建设评价。

3. 急用先行、逐步覆盖原则

数字化转型是一项长期工作，建设推进中既要兼顾全局项目，又要优先推进能够快速解决企业经营管理的难点、痛点，以及给业务模式带来良性改善的数字项目。

二、组织的支持

全面精益管理的数字化转型是一项系统性的变革，需要调动企业各方面资源，才能保证数字化转型的顺利推进，所以应该建立专项工作团队来策划、组织和推动数字化转型。推进组织建设应该考虑以下三个方面的工作保障。

1. "一把手"工程保障

数字化转型不亚于对企业进行一次重构，这个过程中必须要由企业"一把手"亲自挂帅，调动企业资源，形成战略决策，推进数字化建设展开。

2. 广泛参与的组织保障

数字化转型涉及企业的方方面面，不是单一部门就可以推进实施的，需要各部门相互配合，梳理企业价值链条，识别增值场景。

3. 严肃的计划管理机制

数字化转型具备高投入性，应该建立严肃的计划管理机制，保障和推动管理数字化转型工作的策划和实施。

三、人才队伍的支持

数字化转型是一项典型的复合性工作，企业应立足业务实际，强化数字化转型人才队伍建设。需要建立数字化人才培育机制，培养一批同时具备数字化和业务专项管理能力的高端复合型人才。

案例一 产业数字化建设

一、现状分析

中国中车某企业经过近三年的标准化、数字化建设，业务信息化系统架构日益完善，核心业务与信息化系统融合应用，市场、技术、制造、服务和管理等维度的数字化应用水平显著提升，在行业、集团形成了一定的影响力。但还存在以下问题：一是企业数字化转型的长效推进运行机制仍不健全；二是业务数字化转型的价值收益不足；三是数据资产化及价值应用开展不足。

二、目标设定

1. 数字化建设思路

在集团数字化转型战略目标指导下，该企业数字化建设围绕制造业产品全生命周期价值链、资产运营价值链和业务履约价值链三条价值链，打造产业数字化转型标杆，助力企业高质量发展。数字化工作推进整体方案如图13-3所示。

图 13-3　数字化工作推进整体方案

2. 数字化建设目标

一是构建一套行业先进的业务模型和数字化应用典范，降低项目制造总成本，压缩项目制造总周期，提升企业营利能力，改善经营品质。二是打造产品研发数字化体系，实现行业一流的产品研发创新能力和技术贯通应用；通过"产品+"智慧化服务模式创新，打造产品全生命周期成本竞争优势。三是探索业态转变，探索与供应商、客户等合作伙伴在资源共享、产品运维服务和配件服务等方面的共建、共创、共赢的新业态。

三、具体做法

围绕市场、技术、制造、服务、管理五个方面，通过业务模式转变，利用数字化手段实现产品生命周期价值链、资产运营价值链和业务履约价值链等跨价值链协同，建立基于数据的评价机制，为各环节业务优化创造必要条件。

1）创新营销模式，搭建数字化营销平台，强化项目管理水平，支撑市场拓展。以"全口径、全成本、全过程"的全要素项目管理为基础，开展营销管理和项目管理标准化建设，建立标准化基础数据库，建立统一的销售报价结构模型，搭建内外协同的"政、企、研、学、媒"平台、市场需求管理平台和数字化营销平台，实现多部门协同、与客户及供应商实时交互及项目执行过程的精细化管控。

2）打造产品研发数字化体系，创新产品数字化开发能力，支撑内外部产品技术需求。依托平台产品，强化构型技术，增强试验能力，掌握零部件级全周期数据，实现产品的数字化组合，形成以全生命周期为核心的数字化技术和产品平台，打造全生命周期服务技术优势。一是完善产品研发数字化体系，搭建产品技术的内外部高效协同模式；二是完善产品数字化精益研发平台，实现产品技术数据一体化协同应用；三是利用数字化样机，开展产品研发技术验证、市场推广新模式。数字化产品研发体系整体架构如图 13-4 所示。

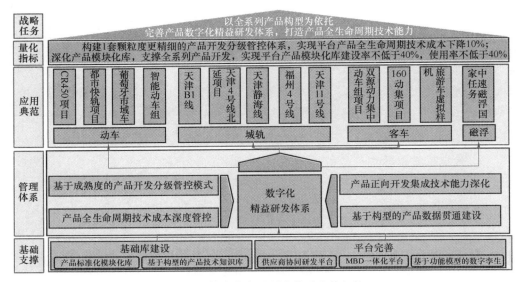

图 13-4　数字化产品研发体系整体架构

3）完善数字化制造，建立"生产指挥数据驾驶舱"，打造定制化柔性制造优势。构建制造运营指标体系，完善"生产指挥数据驾驶舱"，实现基于制造数据驱动的生产制造调度指挥实时化运作。开展制造产线的精益柔性化改造，制定数字化精益产线建设评估标准，实现示范应用；通过打造高效工艺制造技术服务体系，面向制造过程的工艺仿真验证分析与优化，提升工艺设计水平；构建或完善公司供应链、数字化排产、资源管理、质量管控、安全管控业务模型，合理调度公司制造资源，降低制造资源、能源消耗，降低在制品周期，有效支撑降本增效，打造行业一流的制造成本绝对竞争优势。数字化制造整体架构如图 13-5 所示。

4）完善数字化服务，打造"产品+"模式，建立"产品生命周期数据驾驶舱"，实现智慧化服务突破。以客户需求为中心，通过产品全生命周期数据管理，

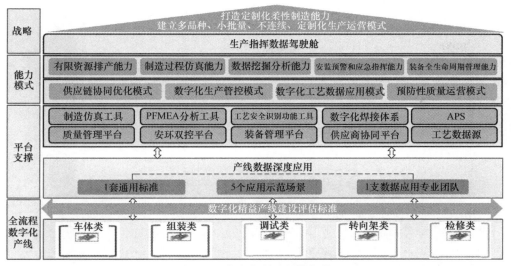

图 13-5 数字化制造整体架构

利用市场、设计、制造、运维、检修和运营等数据，在产品服务端建立"全生命周期数据驾驶舱"，实现产品全生命周期数据的可监控、可评价；在数字化、智能化产品基础上，对外打造智慧化服务，深度融合数字化、智能化产品与智慧化服务，实现业务系统间数字化深度集成及流程高效协同，打造"产品+"新型商业模式，培育市场增量。数字化服务整体架构如图 13-6 所示。

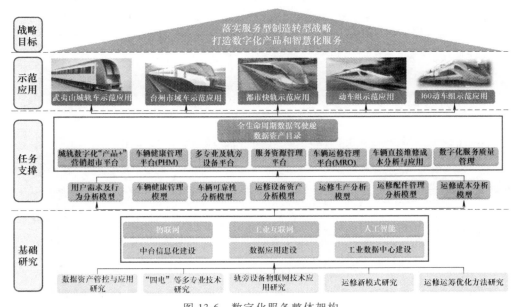

图 13-6 数字化服务整体架构

注："四电"是指轨道交通四类业务，即与车辆强相关的供电、信号、通信、工务。

5）固化运营管控模式，建立"经营管理数据驾驶舱"，实现数据化经营管控。构建以经营计划为牵引、以全面预算为主线、以指标体系为索引、以项目为管控载体、以数据驱动运营分析为手段、以绩效考核为推动的现代化企业运营体系。落实"小总部、大业务"的组织管控模式。以项目为载体，深度开展内外部对标分析，打造企业项目总成本竞争优势；开展经营类数据治理工作，建立经营数据资产，打造公司、事业部和产线级"经营管理数据驾驶舱"。数字化经营整体架构如图13-7所示。

图 13-7　数字化经营整体架构

四、效果描述

1. 扎实推进数字化研发，提升技术标准化、产品智能化水平

提升产品数字化、智能化水平，搭建面向产品全生命周期服务需求的产品智能化技术架构，实现关键系统或部件自感知、自诊断覆盖率不低于50%，故障辨识准确率大于75%；构建基于系统工程的研发数字化体系，持续完善产品构型管理体系，保持构型管理在新产品中100%覆盖；持续深化模块化建设，时速160km动车组、B型地铁等订单产品模块化使用率达到50%；完成电气仿真、电气布线和软件管控平台的优化升级，实现电气设计失误降低10%，成本降低5%，周期缩短5%。

2. 扎实推进数字化制造，提升制造过程全要素管理效能

深化"三全三对"，打造数字化产线示范标杆，建成七条应用型产线，新建四条贯通型产线。基于要素协同驱动，打造业务与数据融合新模式，建立精益排产模式，实现智能排产在智能动车组和时速 160km 动车组项目上推广应用；深化供应链大数据分析应用，搭建数字化供应链管理驾驶舱，实现建设的数据标准对仓储运输业务覆盖率达到 100%；强化装备互联建设，打造装备全生命周期管理平台，形成装备预测性维修能力，实现设备故障诊断效率提升 50%，装备维修执行效率提升 10%，工装工具管理业务执行效率提升 10%。夯实线上、线下两线运行（"两线运行"）基础，促进技术、生产高效协同，通过深化精益体系及仿真模拟技术研究，做实模拟生产线建设。

五、推广应用

1. 扎实推进数字化服务，提升产品全生命周期服务能力

推进市场营销数字化，按产品谱系建立完善国铁、城轨等产品推介材料库，打造数字化产品营销超市并进行推广应用。深入推进产品运修服务数字化，打造 I Servo 智能服务体系及配套系统，实现城轨车造修比为 1∶1.5 的目标。建立多专业产品智能运维平台，搭建城轨车 PHM 模型不少于 30 个，关键部件的模型覆盖率 90% 以上，模型准确率 85% 以上；搭建城轨配件服务管理平台，实现城轨车配件需求、供应、仓储一体化管理。打造产品和服务数据驾驶舱，完善市场、设计、制造、运维、检修等产品域数据资产，形成面向产品服务端的数据分析和应用。

2. 扎实推进数字化经营，提升核心价值链运营管控能力

完善数字化运营管控平台，实现各类业务的异常报警和预警管理，运营分析报表自动化生成率达到 80%；建设数字化绩效评价管理体系，搭建经营管理三级驾驶舱，实现面向最小管控单元的线上、线下两线运营管控；优化经营预算管理体系，建设标准化业务数据库，完善标准价格体系，实现基于项目和组织维度成本数据贯通。优化全生命周期项目管理，做实"四级计划"及"三级费用"联动机制（"四三联动"），项目成本数据的自动、实时提取率达到 80%；全面推进运营共享中心、人力共享中心、资产共享中心建设，实现企业各项资源与产业结构发展匹配。

案例二 基于典型项目的数字化全流程系统建设

一、现状分析

1. 背景介绍

中国中车某企业随着企业规模不断扩大及产品品种逐渐增多,现有的信息系统和传统的管理手段已经无法支撑企业的快速发展。新形势下,急需进行数字化转型升级,实施"三舱一体系"建设,打造数字化产品,突出数字化驱动,推进数字化制造,数字化技术赋能,加快推动产品研发数字化。

2. 存在的问题

1)业务覆盖不全面。全面预算、客户关系管理、供应链管理、质量管理、仓储及物流管理等信息化业务支撑管理不足,精益制造管理平台在制造现场未全面覆盖。

2)协同创新不够。该公司本部与子公司、供应商间没有实现研发协同,供应链协同程度不高。

3)精益管理程度不高。财务管理精细化程度不高、未完全实现基于项目的全过程数据分析管理,缺乏精益生产现场管理的实时反馈数据。

二、目标设定

构建企业全流程、全场景、全生命周期、全产业链的数字化应用,实现业数深度融合。总结形成可推广、可复制的中国中车产业数字化解决方案。主要改善目标如下:

1)建立以产品构型为基础,统一检修数据收集的全生命周期数据驾驶舱;提高故障排查效率;实现部分故障预警;建立配件服务线上流程,提高流转效率。

2)建立以 TC 为中心,融入多功能设计平台,数据互通,协同工作的数字化研发体系,打通设计数据壁垒、疏通数据传输通道、保证产品数据源的设计质量和规范性、提升设计工作效率,降低设计成本,提高数字化赋能价值。

3)以数字化的方式将部门原有职能融入业务流程中,实现管理表单数字化;以项目执行为主线,实现项目全生命周期的状态感知、精准分析、风险预警和项目评价;以经营指标体系为指引,利用经营管理信息化平台数据,搭建经营管理驾

驶舱。

4）以精益制造为核心，搭建生产指挥三级数据驾驶舱；以智能产线为依托，完善现场精益制造 MES 执行工位"六要素"管理与分厂"七大任务"管理，贯通现场生产数据和各大职能模块，打造数字分厂信息系统。

三、具体做法

1. 推进服务数字化转型，打造"全生命周期数据驾驶舱"

企业建设的数字化售后服务方案，基于构型管理，以故障专家系统为理论依据，以 PHM 故障预测模型及配件服务系统为技术支撑，以 MRO 系统为应用载体，针对售后的故障检修、日常维保、车辆架大修，以及日常管理业务进行数字化改进。根据现有的数据积累进行数据挖掘和智能分析，通过建模与运算，达到快速决策援助和运营管理支持的目标。打造现代化的维修车间，提高车辆架大修、高级修业务能力，并通过数字化服务站，形成一套面向售后服务的可视化平台系统。设计与搭建售后服务数字化应用系统，通过运用设备全生命周期管理，缩短服务响应时间，提升服务水平，促进设计水平和生产工艺的改进和提高。

2. 推进研发数字化赋能，打造"智能研发数字化体系"

推进基于"大平台、小模块、标准接口"精益研发理念的模块化设计。通过产品数字化设计，打通设计与结构、工艺布线的数据桥梁。基于三维模型设计，打通 TC 与数字化工艺平台链接，实现全三维数字化产品与工艺协同设计，并完成三维标注、三维工艺快速设计、模型轻量化及可视化发布等多项功能，实现基于 MBD 的产品与工艺协同设计。根据各专业计算机辅助工程（CAE）分析，建立模型和属性需求表，建设设计仿真协同平台。以构型为管理模型，依托车辆数据信息的转换建立以构型为框架的设计树、工艺树、制造树及维保树，建立全生命周期的车辆数据管理。

3. 打通业务流程数据、建立"经营管理驾驶舱"

以数据驱动业务，以净利润及资本回报率（ROIC）为核心，厘清指标之间的逻辑关系，建立以经营指标为核心的经营数据分析模型。模型从经营决策、企业运营、项目运营、制造运营四个方面进行建设。经营决策主要开展企业总体生产经营状况为核心的数字化建设，为企业领导宏观了解企业经营状况提供依据；企业运营主要开展以体现公司生产经营效率、效益的综合性指标为核心的数字化建设；项目

运营主要开展项目管理过程中可能会对企业生产经营造成较大影响的关键数据数字化建设；制造运营主要开展生产制造过程中可能会对企业生产经营造成较大影响的关键数据的数字化建设。

4. 推进生产透明化、智能化，建设"生产指挥数据驾驶舱"

1）生产指挥数据驾驶舱以产线、工位为落脚点，围绕"6621运营管理平台"中6条管理线开展各项生产工作。每个分厂级的驾驶舱主要包含6个数据子舱及分厂、工区、工位的三级驾驶舱。

2）引入计划管理模块和产线准备管理模块，形成计划驱动MES、进行产线"六要素"匹配，实现精准开工。各工位现场围绕"七大任务"标准，对精益制造MES平台的相关车间管理工作进行延伸和补充，实现车间与MES在数据层和管理层的双向贯通。

3）进一步完善工艺、质量、采购等系统业务数字化。工艺设计系统：建立工艺系统与制造MES的数据交互机制，实现人机协同、生产信息透明化。质量监控系统：创建一个集成、高效的网络化协同数字化质量管理系统，构建完整质量信息链，实现项目全过程的质量数据采集、关键制造过程和管理过程的质量控制、基于质量大数据的决策支持和持续改进。对于采购管理系统，统一构建"1门户+7平台"的产业链供应链协同平台。

四、效果描述

1）打造的基于最小可维修单元的全生命周期寿命管理数据，在10个项目进行了测试及优化；搭建的数据归集与管控平台，推广应用于127个项目之中；基于构型的市场营销数字化，在三局联采项目中得到应用。

2）通过数字化协同平台建设的机电一体化，试制技术问题数量降低约20%，设计效率提升15%。建立模块化设计的平台可减少以往设计过程中20%~30%的重复工作量，提高设计效率15%左右。基于企业产品构型平台，依托工位制节拍化精益理念，建立了以"设计树""工艺树""制造树""服务树"为基础的产品全生命周期数据贯通体系。

3）建立的覆盖公司经营管理的盈利能力及项目执行能力分析模型，能够自动生成企业运营健康评价结果，初步实现智能运营管理。围绕指标数据产生的流程节点、组成要素，组织推动全业务经营数据的数字化建设，实现驾驶舱全部数据的自

动获取，实时提供生产经营决策依据。

4）总装产线数字化工位，实现了100%无纸化，变更执行周期由3天缩短至1天，异常反馈处理时间由24h缩短至1h，生产效率提升15%，提高了数据自动采集能力及数据透明度，提高了产线柔性化，新项目资源可用率92%。此外，以工艺数据直接驱动产线终端硬件作业，建立了工艺、计划、制造和质量一体化作业新模式。

案例三　面向精益企业的产业数字化转型升级实践

一、现状分析

面对新一轮科技革命与产业变革机遇期，中国中车某子公司仍然存在产品制造周期长、质量监控滞后、生产效率低、现场数字化和自动化程度低、生产现场信息量大等急需解决的问题。围绕高质量发展要求，企业的产业升级、智能制造应用水平提升也成为迫在眉睫的重点工作。该公司以车钩缓冲数字化工厂建设为主要实施载体，全力推进智能制造示范项目建设，通过产业升级解决事业部相关产业发展的各类瓶颈。

二、目标设定

通过自动化组装产线、智能化仓储系统等的建设，以及ERP、MES、QMS等系统信息化建设，提升生产效率，缩短生产节拍，降低产品不良率，缩短产品升级周期。通过精益化管理体系构建、数字化管理手段的提升和高效应用，为产品的研发、试制、量产、检修等一系列环节提供重要的支撑和保障。目标生产节拍缩短50%以上，产品升级周期缩短30%以上，产品不良率降低20%以上。

三、具体做法

1. 优化组织机构，完善管理要素

优化管理控制系统和组织结构，建立扁平化、流程化、标准化、规范化的组织结构形态，创新部门组织与项目管理的矩阵式模式，有效提升业务协同能力和制造过程的控制。以效益指标为导向，从组织职能、主业务设计、管理责权利三个方面，对事业部内部各项职能进行合理优化和分工，实现组织高、中、基层权力环环

相扣、职责层层落实、绩效目标层层分解，管控、监督到位（见图 13-8）。

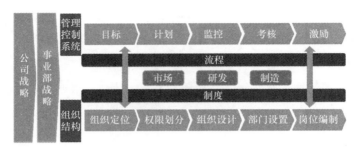

图 13-8 事业部组织架构模式

2. 分级管理指标，实现指标引领

创新部门分级管理的指标体系，重点聚焦部门运营"S、Q、D、C、I"五大核心指标，将指标进行层层分解，建立适合事业部的指标树（见图 13-9），每个层级的指标通过看板进行日常管理和改善，将工厂运营目标有效转化为可分解、可测量的绩效指标。围绕各层级分解的指标项，使用适合的目视化手段，通过定期监控指标数据的走势，及时发现问题并驱动问题快速解决，以达成工厂运营目标。

3. 实施自动化建设，实现全过程的工业化管理

基于各类主要产品的生产方式，对涵盖各类流水线、单元工作站、仓储物流装备、测试工装及设备等生产资源进行详细的布局分析和设计，形成工厂生产布局规划。围绕车钩组装过程建设了四条智能化装配生产线，兼容装配和检修的功能需要。以组装生产线为核心，建设了智能仓储物流系统，提高运输配送效率。通过对制造全过程改造升级的实践，创新以过程数据为核心的全过程的工业化管理模式。

4. 实施信息化建设，实现全流程的数字化管理

基于公司整体信息化规划蓝图，围绕 ERP、SRM、计算机辅助工艺规则或设计（CAPP）、MES、WMS、QMS 等系统，优化和再造研发设计、生产、质量、物流、售后等业务相关核心业务，明确各信息化系统接口，制定接口标准，充分保证各系统间的高效集成，实现涵盖产品研发、生产制造、售后运维全生命周期的信息化系统应用。优化再造业务流程 80 个，实现了业务流程的贯通和数据的互联互通，创新了离散装备制造业价值链协同、工程链贯通的数字化管理模式，如图 13-10所示。

钩级事业部层级指标树

层级	类别	S-安全	Q-质量	D-交付周期	C-成本	I-库存
T3（主管→生产部长）	指标	生产安全事故次数	零件一自合格率（自检）；产成品合格率	承诺项目完成率；项目准时完成率	成本入营比收；归母利润	存货总额
	汇报频次	日	日；周	日；日	月；月	月
	责任部门	部长	部长	部长	部长	部长
T2（班组长→主管）（员工→主管）	指标	安全事故次数	自制（零件）（北区）合格率；内部产成品（南区）合格率	生产计划完成率按时；到货检验及时率；入库及时率；配送及时率	与单位标准成本偏差率；销售造价费用占比；材料设计控制可降B；成本O际M贡献比	委外物料材品资；发货成品开票库存
	汇报频次	日	日	日	月	月
	责任部门	主管	主管	主管	主管	主管
T1（员工→班组长）	指标	安全隐患次数	合格零件接自制数量不；不一合格次数交检数			
	汇报频次	班组	班组			
	责任部门	班组	班组			

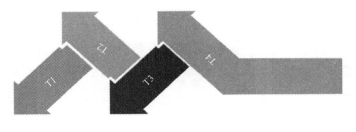

T1.子公司或事业部层级

T2.子公司专项或职能管理层级

T3.子公司项目组或产线（机加工类工段）层级

T4.班组（工位）或者岗位层级

图13-9　事业部层级会议指标树

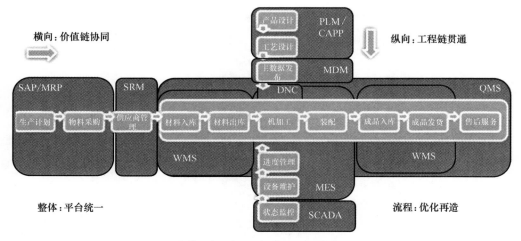

图 13-10　价值链协同、工程链贯通的数字化管理模式

四、效果描述

通过精益化管理体系构建、数字化管理手段的提升和高效应用，提升了公司的行业地位及车钩缓冲数字化产品的竞争力，为产品的研发、试制、量产、检修等一系列环节提供重要的支撑和保障。实现生产节拍缩短 62.5%，产品升级周期缩短 39.4%，整体产品不良品率降低 25.8%。

通过精益化、数字化管理，助推公司智能制造转型升级，实现业务流程的贯通和数据的互联互通，实现人机结合的工业化和全流程的数字化管理。车钩缓冲数字化智能工厂的成功建设，实现研发、设计、工艺、生产、质量、仓储物流等全流程信息贯通，实现全产品、全流程、全要素的标准化、数字化管理，通过运用新一代信息技术和智能技术，打通了各业务流程，消除信息孤岛，提高管理效率，打造了透明化智能工厂。

五、推广应用

车钩缓冲数字化智能工厂的建设，对公司提升研发、制造、市场竞争优势有着深远的意义。开展智能制造新模式试点，可为轨道交通、航空航天、海洋装备制造等相似领域的离散型制造企业的数字化转型提供有效借鉴，也为上下游企业的数字化转型升级提供参考依据，同步带动了行业和地区其他企业"两化融合"相关工作的深化。

第五篇

全面精益管理之行

　　上述各篇章阐述的是中国中车全面精益管理的基本法则、行动纲领、实现途径和具体工具，本篇主要阐述的是保证行动落地和取得成效的行动策略和保障机制，它是中国中车持续深化全面精益管理、践行全面精益管理之道的工作方法和根本保证。

第十四章
全面精益管理的策划实施

"谋定而后动，知止而有得，万事皆有法，不可乱也"。全面精益管理是一项复杂的系统工程，是一项长期、艰巨的事业。要想让全面精益管理在企业落地生根、取得成效，需要企业坚持系统思维，加强顶层设计，做好统筹谋划，健全保障机制，营造文化生态，一步一个脚印地扎实推进，久久为功，善为善成。

第一节　理念导入

一、理念是行动的先导

"知者行之始，行者知之成"。成功的精益实践都是由正确的精益理念来引领的，理念是否正确，从根本上决定着实践的成效，甚至成败。

精益管理是衍生自日本丰田生产方式的一种管理哲学，与大批量生产方式相比，精益生产方式在质量、成本、交付周期、库存等方面有着独特的优越性，它的管理思想、管理理念、管理方法、管理工具等都与企业的传统管理方式有着根本的差异。企业要想将传统、粗放的管理方式转变为全面精益管理方式，需要先全面导入精益理念，革新思想，颠覆认知，打破固有观念，取得广泛的价值认同。只有把精益管理理念转变为企业全员的集体意识，逐步改变组织的思维模式和行为习惯，才能有效地将精益管理转变为企业的集体行动和实践。

中国中车自 2008 年导入精益管理之始，就充分认识到在拥有 17 余万名职工的企业中导入全面精益管理无疑是一场刀刃向内的自我革命，更确切地说，这首先是

一场思想革命和理念革命。正确的行动需要正确的思想理念来引领，理念先导是中国中车为推进全面精益管理率先采取的行动策略。

中国中车导入精益理念是一个动态的过程，在精益工具方法导入、精益载体建设、全面精益管理体系建设、全面精益管理体系迭代及优化等不同的推进阶段，都非常注重精益理念与精益知识的提前导入与宣传贯彻。在集团和子公司两个层面，通过多渠道、多形式、多途径、多层次广泛开展精益管理系列培训，系统导入精益理念、方法、工具与优秀案例，将精益理念讲全、讲透、讲通，确保员工掌握相关的方法、工具后，再去部署和推动具体工作的开展。思想指导行动，多年来，中国中车坚持采用理念先导的行动策略，在全集团范围内大大提高了全面精益管理的共识度和认同感，不断助推全面精益管理实践探索向纵深发展。

二、精益理念导入的对象

对于企业而言，精益管理是一项系统性的变革，涉及企业经营与管理的方方面面，这就从根本上决定了精益管理是"一把手工程"的属性。因此，精益管理不是一个人的事，也不是一部分人的事，而是需要企业全体人员共同参与才能顺利推进的一项事业。纵向来看，需要企业高层、中层、基层人员的共同参与；横向来看，需要端到端的全价值链条上相关业务人员及市场、安环、人力、财务、资产、信息、售后等各条线职能管理人员共同参与、协同配合。在推进精益管理的过程中，不同层级、不同岗位的人员扮演着不同的角色，发挥着不同的作用，因此精益管理理念导入的对象包括企业高层领导者、中层管理者和基层实施者。

在导入精益管理时，中国中车从集团层面统筹策划，分别按照不同的角色定位对相关人员开展相应的精益理念、精益知识、方法及工具等培训，全方位赋能成长，为开展全面精益管理奠定坚实的基础。

高层领导者在精益管理工作中扮演着"掌舵者、领航人、主心骨"的角色，是精益理念的传播者、推进路上重大困境的破局者、改善成效的最终检阅者，是企业系统性浪费的识别者和消除者。因此，在对高层领导者导入精益理念时，中国中车主要侧重于精益管理的起源、发展历程、核心思想、经营理念、管理模式、优越性等更为基础和宏观层面的培训，旨在从思想层面上让高层领导者对精益管理取得价值认同和系统认知，实现从单纯的"领导"角色向"教练"角色转变。

中层管理者是连接企业"头脑"和"四肢"的"脊梁"。精益管理能否成功很大程度上取决于其是否有强大的执行力，而执行力的强大与否又取决于其是否拥有高效的中层团队。中层管理者是企业的"中坚力量"，在精益管理工作中扮演着"推动者"的角色。在对中层管理者导入精益理念时，中国中车主要侧重于精益理念、精益管理体系、精益载体建设、精益制造、精益运营、精益研发、精益供应链等价值链的培训，旨在让中层管理者掌握某一领域较为系统的精益知识体系，以便在某一具体领域更好地推动和开展精益管理工作。

基层执行者是精益管理的"源泉"。精益管理强调发动全体群众广泛参加，尊重员工，发挥全体员工的智慧。员工才能的浪费是企业最大的浪费。精益管理的"灵魂"是让员工得到进步，得到他人的尊敬，获得内心的净化和提升，成就人与人之间的信任和团队精神。因此，在对基层执行者导入精益理念时，中国中车主要侧重于精益理念、七大浪费、十大改善原则、5S 管理、5Why 分析法、A3 报告、价值流、标准作业、改善提案等一系列精益改善方法与工具的培训，旨在让其掌握具体的改善方法与工具的应用，以便能够立足本岗位，不断发现并消除浪费的本领，练就工匠精神。

三、精益理念导入的策略与方法

精益管理涉及知识领域广、方法工具多、实践案例丰富，是一套全新的企业管理理念与方法。在导入精益理念时，中国中车采用既借助"外脑"又激活"内脑"的策略。

在借助"外脑"方面，通过开展市场调研，甄选有完备的精益理论知识体系和丰富精益实践经验的专业咨询机构开展长期战略合作。在集团层面，与咨询机构联合组织开展精益领导力、精益骨干、精益班组长等系列精益培训。在子公司层面，邀请专业老师以咨询项目方式开展专项合作，包括现状诊断、改善方案制订、培训导入、过程指导、效果评估与验证等。

在激活"内脑"方面，中国中车自导入精益管理开始，就致力于培育与打造集团内部精益管理专家团队，团队成员来自机车、客车、货车、机电等不同的业务板块。成员既对该业务板块的特点有深入的了解，也对精益管理理念和知识掌握透彻，能够将理论与实际有机结合，探索研究适用于中国中车自身特点的精益管理模式，并在集团和子公司层面广泛开展精益系列培训和企业指导服务，传播精益理

念，撒播精益种子。

中国中车在导入精益理念时注重多方法、多渠道、多形式激发各层级人员对精益管理的兴趣。方法包括召开精益启动会、举办精益特训营、建立精益道场、建立精益课程库等。

集团及下属各单位在初步导入精益理念时，将高层领导、各单位负责人、骨干人员等组织起来召开精益管理启动大会，通过启动会宣传贯彻精益思想，明确精益管理工作的目的、意义，阐明中长期精益管理工作愿景、未来方向、实施路径及重要举措等。通过启动会导入精益理念，统一思想认识，明确行动方向。

为了提高企业不同群体对于精益管理的认知水平，中国中车定期举办特训营，包括针对中高层的精益领导力特训营、针对主管人员的精益骨干特训营、针对基层班组长的精益班组长特训营等，通过行动学习法在让学员充分参与的情况下导入精益管理理念、知识和方法，收到了事半功倍的效果。

为了在企业内部传播精益理念，中国中车将精益文化、精益理念、精益方法、精益工具等融为一体，建立精益道场，在道场中通过场景模拟、沙盘演练、模型制作等方式将精益理念进行有效传播。

为了在全集团范围内规范地传播精益理念，中国中车组织内部精益管理专家团队自行开发设计系列精益课程标准课件，形成标准课件库并下发到下属各单位，便于精益推进部门和人员以大量课程讲授的方式推广、传播精益理念。

第二节　规划部署

一、明确精益管理愿景

中国中车自 2015 年 6 月整合成立后，明确提出组织的使命是"连接世界，造福人类"，组织的愿景是"成为以轨道交通装备为核心，全球领先、跨国经营的一流企业集团"。在中国中车愿景中，一流的含义包括"技术一流"和"管理一流"，技术与管理是企业发展的两个车轮，是企业一体之双翼，两者互相促进、缺一不可。中国中车全面精益管理的战略愿景是：构建世界一流的"可平移、可复制、可输出"的精益管理体系。

二、制定精益管理专项规划

中国中车明确了全面精益管理的基本思路是：围绕公司发展战略，融合精益管理理念，遵循"战略引领、业务主导、管理支持、面向全球"的基本原则，按照精益生产、精益管理、精益企业"三步走"的实施路径，锁定品质、效率、效益目标，建立总部管理统筹、企业主体实施的两级工作机制，实施分类指导"差异化"推进策略，推动中国中车制造体系向精益智能化转型，拉动中国中车管理体系向精益数字化提升，努力构筑高效精益管理支撑平台，持续打造具有中国中车特色的精益管理体系。

按照基本思路，中国中车每五年制定一次全面精益管理战略规划，作为未来五年的行动纲领。中国中车精益战略规划遵循以下六个步骤：

第一步，对战略环境（形势与任务）进行分析和预测。

第二步，明确指导思想和工作原则。

第三步，明确战略目标。

第四步，制定战略规划实施路径（分阶段的行动计划）。

第五步，确定战略执行过程中的重点任务。

第六步，制定战略实施与战略落地的保障措施等。

按照上述六个步骤，中国中车从集团和子公司两个层面制定全面精益管理战略规划。在集团层面，中国中车根据集团整体战略及产业发展规划，对标世界一流企业集团先进管理水平，基于外部形势与任务分析，组织内外部精益管理专家制定中国中车全面精益管理五年规划，擘画战略蓝图，明确战略目标、实施路径、重点任务和保障措施等。在子公司层面，各单位以集团精益战略为基本遵循，按照差异化推进策略，结合自身产业发展和管理现状，制定子公司级全面精益管理实施战略规划，并纳入子公司发展战略规划，作为支撑集团精益战略规划的重要组成部分。

三、部署年度精益管理工作要点

为了更好地贯彻落实全面精益管理战略规划，中国中车注重做好年度精益管理重点工作部署，从集团层面制定并印发"中国中车年度精益管理工作要点"，明确全年精益管理工作目标、重点工作任务、重点举措等，对工作要点所需的各种资源，从时间和空间上进行统筹安排，并将它作为全年精益管理工作的纲领性文件。

下属各子公司以本单位全面精益管理战略规划为基本依据，根据集团年度精益管理重点工作总体部署和要求，制订本单位年度精益管理工作方案和实施计划，明确年度工作目标、重点任务、改善项目、载体建设等事项，并分解到季度、月度或周进行日常管控。

为了有效部署年度重点工作，中国中车每年都会组织召开全集团范围的年度精益管理工作会议，集团总裁、副总裁、相关部门负责人及各子公司总经理、副总经理、精益主管部门负责人参加，公布上一年度评价结果，表彰上一年度先进单位，继而躬身自省、刀刃向内，深刻剖析当前工作中存在的问题及不足，并且由集团总裁、副总裁亲自部署安排本年度集团精益管理重点工作目标和工作任务。为有效贯彻落实集团精益管理工作会议精神，中国中车下属各子公司均会召开本单位年度精益管理工作会议，由各单位总经理、副总经理亲自向本单位各部门部署安排年度精益管理工作目标及重点工作任务。通过集团及子公司两级精益管理专题会议的方式，自上而下，将全年精益重点工作进行层层部署和安排。

第三节　系统推进

一、系统策划，分步实施

为了有效衡量各单位精益管理工作的成效及当前所处体系的成熟度水平，中国中车系统策划并建立了精益管理体系成熟度评价标准。体系成熟度评价标准包括总则、精益制造、精益运营、精益研发、精益供应链、体系指标等模块，标准满分为1000分。按照现场评价分值，由低到高将成熟度分为"三阶九级二十七个成熟度"。其中，"三阶"是指精益生产、精益管理、精益企业三个阶段；"九级"和"二十七个成熟度"为每个阶段分为一、二、三级，每一级分为高、中、低三档成熟度，并赋予每个成熟度相应的分值，下属各子公司共同遵守同一套评价标准。由于各子公司精益管理水平所处阶段不同，具体实施过程中，按照"强基、赋能、攀高"实施路径，精准把脉，一企一策，从低到高，差异化实施，步步为营，扎实推进各项工作，避免"拔苗助长"。

二、依托载体，推进落地

为了更好地推进精益管理落地，中国中车充分意识到精益管理首先是生产方式

的大变革，最根本的是管理思想和管理体系的革新，不仅需要现场精益化，更需要与现场相关的各部门管理人员在思想上转变，行动上配合，否则难以持久。即使再好的生产线、再高技能的一线工人，在原有陈旧管理思想的制约下，都将付诸东流。

为了让全面精益管理之"道""法""术""器"在集团内部各企业落地生根，避免产生"两张皮"现象，中国中车采取了依托载体推进落地的行动策略，即找到合适的承载物，将精益管理理念、方法和工具落实在载体建设上，让其在载体上落地生根、开花结果，并以载体建设的成果来评判和检验精益管理工作的成效。

中国中车精益载体建设秉承"现场为王"的原则，强调现场是离客户信任最近的地方，是客户价值实现和企业价值创造的场所，企业的一切管理都应聚焦和服务现场。中国中车全面精益管理就是要将传统的、粗放的离散型生产制造方式转变为"工位制节拍化流水"生产方式。该方式的实施以生产现场为核心，通过节拍化生产及时暴露和快速处理生产现场异常问题，拉动生产、工艺、物流配送、采购供应、质量管理和现场管理各部门，以工位为最小作业管理单元开展工作，并从"点—线—面—体"多维度推进：

点——标准工位（生产工位的"六要素""七大任务"管理；管理工位的管理要素、管理流程的标准化）。

线——工位制节拍化流水生产线、六条管理线、六个管理平台、模拟生产线、模拟配送线。

面——精益车间（工厂）。

体——精益企业。

在建设标准工位、精益产线、精益车间、模拟生产线、模拟配送线、管理线、管理平台时，采用生产现场"拉动"管理提升的方式，达到一切管理改善和提升皆为生产现场服务的目的。

三、示范引领，典型带动

作为中央企业集团，中国中车拥有机车、客车、货车、机电、城轨等完备的轨道交通装备产业结构，下属一级及重点二级制造型子公司近40家，在如此大规模的企业集团中导入全面精益管理，革新思想意识，不确定性因素较多。为了减小推进阻力，中国中车厘清思路，分清主次，抓住重点，树立典型，避免"眉毛胡子

一把抓",采取了"示范引领、典型带动"的策略,突出试点攻坚,强化示范引领,严控"关键少数",使其发挥"风向标"作用。

在具体推进过程中,中国中车主要从创建标杆企业、建设示范载体、树立优秀改善项目等维度立标杆、树典型。在各产业板块企业中,通过对标世界一流企业,开展创建标杆企业行动,建立各产业板块内部标杆企业,供其他企业参观、学习、交流。各子公司在本单位贯标精益管理体系时,通过选定主型产品建设标准工位、精益示范线、精益车间、模拟生产线、模拟配送线等示范载体,及时总结经验,形成工作指南,以完善工作标准固化改善成果,为后期各类载体建设的全面推进减少了障碍和阻力。在推进全员改善项目时,通过评比树立优秀改善项目,树立典型,发挥榜样力量,凝聚改善动力,继而形成上下同欲、众心齐一的良好局面。

经过多年持之以恒的生产及管理实践,中国中车的全面精益管理范围已经从个别示范、局部引领层面广泛扩展到全产线、全项目、全流程,实现了精益管理"全覆盖"。形成多个标杆范式、多家标杆企业、成百上千个示范载体和优秀改善案例。

通过检查评价来选拔标杆、表彰标杆、激励标杆、推广标杆,通过年度精益管理会议宣讲、下发改善案例集、交流学习来宣传标杆。

四、聚焦重点,突破难点

矛盾的发展是不平衡的,凡事要抓主要矛盾和矛盾的主要方面。中国中车在推进全面精益管理的过程中,采用了"聚焦重点,突破难点"的工作策略。

中国中车及下属各子公司立足"三全三对"过程方法,对于难点、重点问题及关键环节,进行专题立项,揭榜挂帅,配置优势资源,健全激励政策,开展突破性改善。在改善项目推进过程中,公司领导会对重点、难点项目加大关注力度,亲自推动,匹配资源,促进多部门联动解决,定期督查与跟踪,确保重点、难点项目取得突破和成效。

近年来,中国中车推动开展的专项突破行动主要有"改善不良、杜绝浪费"专项活动、人员效能提升专项课题、产业数字化建设专项行动、精益供应链建设、精益研发探索等。子公司结合自身需要,自行组织开展多种多样的突破性改善提升活动,均取得显著成效。

第十五章
全面精益管理的机制保障

在全面精益管理推进过程中，中国中车从"组织保障、沟通交流、评价机制、激励措施"等维度建立健全各项工作机制，强化保障，确保全面精益管理各项举措平稳推进、有效落地。

第一节　组织保障

全面精益管理导入之初，中国中车就将其定位为"一把手"工程，强调全员参与。中国中车在集团及子公司层面，成立了两级推进机构。在集团层面，成立了中国中车精益管理委员会，下设领导组、工作组、精益管理推进办公室（简称"精益办"）。其中，领导组组长由中国中车董事长、总裁担任，领导组成员是经营班子组成人员，经营团队成员向精益管理委员会汇报分管业务的精益工作，从组织上明确了全面精益管理的"一把手"工程定位；工作组由集团副总裁担任组长，由各业务相关部门负责人任组员；成立精益管理办公室，专门负责推动各项具体工作落实。在推进组织中，明确界定了各层级组织的工作职责和角色定位，以确保各司其职，各安其位，各尽其责，各得其所。在子公司层面，各单位参照集团推进组织，成立了本单位精益管理委员会、精益管理推进办公室、精益实施组等，明确各级构成人员、工作职责和角色定位等，并根据企业规模，配备必要数量的专职和兼职推进人员，确保各项工作有承接、有推动、有落实。

第二节　沟通机制

为引导各级人员解放思想、转变思维、打开思路，将全面精益管理打造成

"开放、聚智、共享"的平台，中国中车从多维度、多渠道建立常态化交流沟通机制，促进集团公司及下属各单位与世界一流企业、兄弟单位之间互相交流借鉴，共促提升。

一、对标机制

精益管理的核心理念是"消除浪费，持续改善"，它的本质是不断向世界优秀企业最佳实践看齐。全面精益管理强调对标提升，并系统策划与推动对标工作的开展，强调要突出精益管理理念、精益方式和方法的全方位对标，把握"合理建标、科学对标、严格达标、全力创标"四个环节，通过"走出去学习"及"请进来指导"等方式，与世界或行业一流企业进行有效交流，并把对标管理作为提升精益践行效率的重要途径。

（一）推进对标提升工作的主要原则

一是坚持现状透视和改善提升相结合的原则。既坚持透视企业自身实际情况，又给出提升方案，实现向协同要效率、向补短要增长、向提质要效益。

二是坚持短期推动和系统工作相结合的原则。既能迅速启动全方位多层次的对标工作，又坚持系统思考、科学支撑、反馈提升，逐步构建中国中车经营管理数据驾驶舱，提升精益管理水平。

三是坚持整体策划和改善落实相结合的原则。既通过牵头部门推动方案组织落实，又联合各部门共同整改问题，以取得实际效果。

四是坚持全面对标和分层分类相结合的原则。既围绕"三全三对"全要素开展全面对标，又结合业务类别、企业特点、时间变迁、重点项目等多维度进行拆解，保证科学性及可落地性。

五是坚持学习先进和自我创新相结合的原则。既学习标杆企业的先进经验，学以致用，又对比自身效果提升情况，提炼梳理固化形成行之有效的管理方法，创新提高。

（二）推进对标提升的路径方法

一是高度重视，认真组织。围绕"三全三对"做好统筹组织，系统总结好各项工作，规划好对标的具体路径和内容。

二是突出重点，全面总结。突出年度工作重点，结合中国中车精益管理体系标准和各项载体建设要求，通过开展调研和年度评价全面、系统、客观地总结梳理企

业精益管理现状和主要指标提升效果。

三是强化路径，建好平台。以"三全三对"工作开展情况为基础，系统思考强化实施路径，在对标过程中既要在结果上对标，又要在过程中对标。通过工作开展找到自身差距，建好企业内部对标工作平台，组织好数据采集和分析改善。

四是营建机制，落实责任。企业应建立健全对标工作点检推动、总结反馈机制。跟踪项目进展，协调资源、解决问题；明确好对标责任部门和责任人，应定期点检实施进展，做好典型经验的梳理和总结。

五是指标提升，体现成效。把对标提升结果体现到经营成效上、体现到价值创造上，推动全产线、全项目、全流程提质增效。把"三全"覆盖的领域和"三对"工作的具体成效作为精益体系评价的重要内容。

在集团的统筹策划与指导下，各子公司积极落实"三对"要求，以体系标准为指引，围绕核心经营指标，聚焦难点、痛点，建立对标提升工作机制，围绕"S、Q、D、C、I、M"等维度探索构建结构化的指标体系，通过方针管理锁定重点改善课题，运用 X 矩阵等工具进行逐层逐级分解落实，并通过经营改善作战室、层级会议等方式进行过程督导，发挥对标提升及指标拉动改善的积极作用，并取得明显成效。

精益对标机制包括集团统一国外对标、子公司自行外部对标、子公司互相对标等。在集团统一国外对标方面，联合专业咨询机构定期组织国外研修团队，如成立赴日团组和赴德团组，分别到日本、德国多家先进制造企业实地考察、现场"取经"，追本溯源，零距离感知精益管理的现场应用，领悟精益管理的内涵和真谛。在子公司自行外部对标方面，各子公司结合自身需求，可以灵活选择国内外对标对象，全方位开展对标提升工作。在子公司互相对标方面，各子公司可以自行邀请先进兄弟单位相关人员进入现场指导或组团到先进兄弟单位开展一对一交流学习。

建立对标机制的好处：一是为企业提供了优秀的管理方法和管理工具，提供了不断改进的思路，使企业获得持续的竞争力；二是对标管理是追求卓越的过程，帮助企业进行策略性定位，塑造企业的核心能力，对标时将焦点放在过程上而不是结果上，帮助企业达成突破性的绩效改善；三是对标管理让企业形成一种持续学习的文化，认识到"赶、学、超"的重要性，促进企业不断地进行自我修正和自我突破。

二、会议机制

在推进精益管理时，为了高效部署工作，加强跟踪进度，有效传达要求，及时了解现状，中国中车建立了全面精益管理会议机制，通过定期召开各类会议，推进各项工作有效开展落实。

精益管理会议主要包括：集团年度精益会、集团精益课题专题研讨会、子公司年度精益会、子公司月度精益推进会、各单位精益周例会、优秀改善案例交流分享会等。

1. 集团年度精益工作会

集团年度精益工作会议由中国中车精益管理委员会提出，集团总裁、副总裁参会。通过集团年度精益工作会自上而下向各单位负责人部署全年精益工作目标及重点工作任务。

2. 精益课题专题研讨会

集团通过精益课题专题研讨会组织内外部精益专家，对重要精益课题进行专题研讨，研究制定解决对策。

3. 子公司年度精益工作会

子公司承接落实集团精益工作会议要求及工作要点，由子公司负责人召集年度工作会议，并通过子公司年度会议向内部各部门部署安排本公司全年精益工作目标及重点工作任务。

4. 子公司月度精益推进会、精益周例会、优秀改善案例交流分享会

子公司通过月度精益推进会、精益周例会等点检跟踪各项工作月度、周度计划完成情况，对于未完成的情况，及时制定补救措施，确保各项工作按时保质保量完成；子公司通过优秀改善案例交流分享会及时总结分享各类精益载体、改善课题等取得的成果及成功经验，形成相互借鉴、取长补短、共促提升的良好局面。

三、知识共享机制

在推进精益管理的过程中，各单位会涌现出大量的精益实践案例，集团为了促进子公司之间信息互通、知识共享，开发建立了专门的精益管理网站。该网站包括精益战略规划、精益工作新闻动态、精益月报、精益工作交流等模块，各模块中上传的材料其他单位均有权限查看、下载与学习。

精益战略规划模块，有集团及各子公司精益五年战略规划；精益工作新闻动态模块，集团及各子公司及时将开展的有关精益工作动态进行分享；精益月报模块，有下属各单位每月提报的当月精益工作进展情况简报，简报基于各单位精益月度及集团公司精益工作月度进展情况撰写，精益月报于次月 5 日前上传；在精益工作交流模块，集团及下属各子公司将精益年度会主要领导讲话材料、重大项目改善情况、培训材料等及时上传，供其他单位借鉴、学习。

精益管理网站的建设与动态更新，为各子公司提供了一个知识共享平台，通过专门网站各单位可以及时了解集团及其他单位精益战略规划、年度工作部署、精益工作动态、优秀改善案例等，促进精益知识传播和精益实践共享。

四、过程监督机制

为了及时掌握下属各子公司精益管理工作进展情况和取得的成效，在部署完全年工作目标和重点任务之后，中国中车非常注重加强过程监督，并建立过程监督机制，包括月报机制和年中调研机制。通过建立月报机制，每月及时掌握下属各子公司月度工作开展情况；通过建立年中调研机制，采用书面调研和现场调研相结合的方式，对下属各子公司开展全方位精益工作调研和诊断，及时掌握各单位精益推进机构调整情况、精益激励制度建设情况、精益人才育成与培训情况、全员改善情况、精益年度重点课题进展、存在问题及需要提供的帮助等，根据调研结果，及时采取补救措施和纠偏措施，为确保全年工作目标和工作任务的完成奠定重要基础。

五、现场督查机制

为了确保精益管理各项工作落实到位，中国中车建立了领导者现场督查机制，并把现场作为检验精益管理工作成效的试金石。在集团层面，集团主要领导、精益推进部门领导会不定期地亲临各子公司生产现场，监督检查精益管理各项工作的进展和取得的成效，并对存在的问题提出整改意见和建议，从集团层面推动各单位精益工作的开展，确保精益管理动真格、见真章、出真效。在子公司层面，各单位负责人、主管领导、精益办公室、相关部门负责人会定期亲临现场督查各部门精益工作进展情况，立足现场找问题、立课题、做改善。通过自上而下的领导者督查机制，传递客户及领导对精益管理工作的期望和要求，确保精益工作形成合力。

第三节　评价督导

为了强化过程监督，中国中车建立了评价机制，包括体系评价和日常点检。

一、体系评价

中国中车精益体系评价主要分为子公司自评、公司集中评价、精益管理委员会审定三个阶段。各子公司按照《中国中车精益管理体系评价标准指引》进行内部自评价，同时负责对二级及以下子公司进行评价，并择优推荐至集团参评。

在自评方面，中国中车下属各子公司根据中国中车精益管理体系标准要求及年度精益管理工作目标和工作任务，组织开展精益体系内部评审，对标对表检查各项工作完成情况及体系达标情况，输出内审报告及内审问题点清单，督促各部门围绕问题整改提升。

在集中评价方面，中国中车为保证评价过程更加规范、高效，每年集中评价前制定并印发"关于开展××年度精益管理工作评价的通知"，综合研判内外部环境与形势，选定评价时间，快速启动，高效组织，多组并行，开展集中评价。评价开展前，中国中车组织召开评价专题说明会，对评价重点、工作程序、评价计划、评价范围、评价对象、评价要求以及注意事项等相关内容进行了系统部署和安排。评审专家团队坚定落实"三现主义"，综合评价效果与效率，采用现场评价为主、视频评价为辅的方式，对下属制造型所有一级子公司及重点二级子公司进行全面诊断与评估。通过现场访谈、高层访谈、评价培训、现场交流等方式，传播精益思想，指导精益方法，诊断突出问题，提出改进建议，输出评审报告、评审得分、评审问题点清单等，并以评审组为单位向中国中车推荐被评审单位精益体系所处等级、精益车间建设等级、优秀模拟线项目、优秀"改善不良、杜绝浪费"改善项目、优秀管理案例等名单，由中国中车精益管理委员会统一评定、综合决策后进行公布。

二、日常点检

下属各子公司按照年度精益管理推进计划，对各部门开展周、月、季等日常点检，确认各项工作进度、验证各项工作成效，并根据点检结果，结合精益管理考核制度，进行过程考评和结果通报，督促各部门按计划节点保质、保量完成各项工作。

第四节　激励机制

为了最大限度地调动各子公司及各级人员对精益管理工作的积极性，提升精益改善的广度和深度，激发内在动力，中国中车在集团及子公司两个层面建立了以正激励为主，负激励为辅，正负激励相结合的双向激励机制。

在集团层面，从物资与精神两方面对下属各子公司建立正激励机制，根据年度精益集中评价结果，授予体系等级荣誉称号、新建或升级精益车间称号、优秀模拟线、优秀管理案例、优秀"改善不良、杜绝浪费"项目等，并匹配一定额度的奖金。对于精益管理推进过程中各单位表现较为突出的个人选入集团精益人才库，包括授予集团首席精益专家、集团资深精益专家、集团精益专家、集团改善能手等。通过扣分考核对下属各子公司建立负激励机制，针对连续三年不升级的子公司对其整体及该单位领导班子进行绩效扣分，并在全集团范围内通报。

在子公司层面，各子公司参照集团激励方式结合本企业实际情况，从正负激励两方面建立双向激励机制，激励方式丰富多样。正激励包括：精益人才津贴激励、精益"三挂钩"机制、全员改善提案激励、优秀载体激励、优秀改善项目激励；负激励包括：未完成年度目标的，对部门进行扣分考核，减免干部及职工薪酬等，并在全公司范围内通报。

第十六章
全面精益管理的文化生态

精益管理是全球制造业公认的最佳管理范式之一。"一年企业靠产品，十年企业靠品牌，百年企业靠文化"，任何一家制造型企业要想实现永续经营和基业常青，保持永久的竞争优势，成为行业的标杆，推进精益管理模式是必然的选择。中国中车通过多年管理实践和积累，构筑形成了具有自身特色的精益管理体系，同时在这过程中不断以精益文化建设促进并带动精益管理模式推广。

中国中车精益文化是中国中车企业文化的重要组成部分。集团领导一直高度重视精益文化的塑造。2022 年 8 月 31 日，中车股份董事长孙永才在集团"BI 登高工程"启动大会上提出，只有将中车文化精神传承与品牌意识融入企业经营发展的每个步骤、每个环节，让每个中车人成为中车文化与品牌知行合一的践行者，我们才能在激烈的国际竞争中立于不败之地，才能让中国中车这张"国家名片"持续熠熠生辉。集团总裁楼齐良指出，要进一步实施精益等一系列专项提升行动，以更高标准树立标杆。通过加强领导形成合力，突出文化引领力。通过固化制度完善机制，体现文化渗透力。通过创新载体全员参与，彰显文化影响力，使精益成为中车人自觉追求完美的内在需求，形成特色精益文化的引领态势。

第一节　精益领导力建设

没有精益领导力，就没有精益企业。企业能否成功导入精益思想并实现精益变革，领导力作用的发挥具有决定性意义。领导者通过领导能力的建立和完善，转变自身观念，身体力行，亲自参与精益实践，以实际行动影响和感染团队成员，促使团队成员在工作过程中不断实现业务精益化。

一、精益领导力的内涵

精益领导力是各级领导者采取多种措施，激发员工共同实现精益管理目标的能力。精益领导力包含领导者设定目标、兑现目标、推进改善、培养下属等四大能力。

1. 设定目标的能力

它是指领导者在真正理解精益哲学及其基本管理原则的基础上，带领内部成员制定企业战略（愿景、目标、核心价值观）、设定企业发展方向和奋斗目标的能力。

2. 兑现目标的能力

它是指领导者通过强化自身的责任意识，不断提高对精益的认识和实践，确保目标有效兑现与达成的能力。

3. 推进改善的能力

它是指领导者以身作则，主动策划并推动改善，提高自身统筹推进与掌控精益改善的能力。

4. 培养下属的能力

它是指领导者通过培养下属来促进精益变革目标达成的能力。领导者要关注对下属的培养，将培养下属作为核心的工作之一，持续改进人才培养方法。

除了公司董事长、总经理及其他领导层成员，精益领导力中的"领导"还指各级组织的第一管理者，如职能部室管理者、事业部管理者、生产车间管理者、工段长、工区长、工位长等。他们在其管辖范围内承担推进、落地精益管理的责任。

二、精益领导力建设的重要作用

1. 确保领导者具备建立与传递目标的能力

制造型企业战略目标，最终都要转化为运营管理目标，就是运营管理的五大要素："S、Q、D、C、I"。一个制造企业的管理者必须很清晰地理解这五个要素，并最终通过科学转化，将企业高层的愿景目标变成运营目标，使企业的每一位员工都清晰地理解和传递企业目标。制造企业的领导者必须掌握如何建立目标，如何管理目标。

2. 为精益文化传播提供顶层驱动力

通过精益领导力的打造，促使各级领导者学会精益的语言、工具方法，掌握精益变革的要素，领导团队实施精益改善，驱动员工行为转变，形成精益改善文化，达成企业运营目标。

3. 培育可传承的领导力

在企业运营管理过程中，通过精益领导力的培育，确保各层级管理者充分发挥企业人才的能力，使人们充分发挥自身的能力，并最终反映到工厂运营目标的实现上。

三、精益领导力的"一把手"工程属性

第一管理者要在思想上高度重视、认识上高度统一、理念上高度认同、路径上高度坚定、改善上高度参与。

第一管理者是组织层面的"一把手"，要担负领导责任，加强组织推动；按照体系贯标要求，分管领导是精益工作的管理者代表，是推进层面的"一把手"，要担负组织责任和工作责任；精益办公室的负责人和各管理部门、生产单位的领导，是实施层面的"一把手"，要担负推进精益的主体责任。要建立"责、权、利"相匹配的工作机制，协调好工作资源，强化责任的落实和考核激励，建立推动精益管理的动力机制。要逐步建立围绕战略目标分解的指标体系，形成目标导向、指标落实、过程管控、评价考核的实效机制。

四、提升精益领导力的提升步骤

提升精益领导力从易到难可分成六个递进步骤，包括语言、要素、管理、变革、示范和指导，概括为精益领导力提升六步法，如图 16-1 所示。

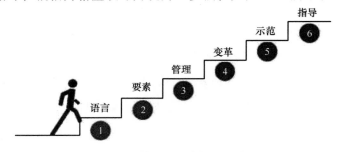

图 16-1 精益领导力提升六步法

第一步是语言。每一级领导者在推行精益管理时，首先就是要学习并掌握精益的语言，了解精益的基础理论知识，准确理解和掌握精益的内涵，学会精益相关的工具方法，并能够在实践过程中不断提升对精益的认识与对事务的洞察力。

第二步是要素。领导者学了精益的语言之后，应掌握成功部署精益工作的五个要素愿景（Vision）、承诺（Commitment）、资源（Resource）、技能（Skill）和计划（Plan），这五大要素是领导者成功部署精益工作的指南针，精益工作部署是否有效可以从这五个方面来判断和衡量。

1）愿景。领导应对推进精益的愿景、目标有清晰的认识，要明确精益推进的方向，预计可能达到的效果及所需的资源。

2）承诺。成功推进精益需要各级领导者，特别是最高领导者给予的承诺和支持。领导者需要在三个层面承诺：参与定期的改善活动、定期领导的改善活动、为改善活动提供相关的支持和资源。

3）资源。在实施精益过程中为精益推进配备必要的人、财、物、时间等资源，建立持续改善的合理化组织架构。

4）技能。各级领导都要学会如何运用精益的工具方法来取得效果。

5）计划。通过制订有效计划，达成设定的方向和目标。

第三步是管理。在了解推行精益成功的要素之后，各级领导者应掌握推行精益管理的四个核心要素，并在日常工作中组织推进。推行精益管理的四个核心要素分别为领导者的标准作业、目视控制、能力培养和领导纪律，具体如下：

1）建立领导者标准作业，按照层级积极推进。

2）开展目视化管理，建立问题改善的流程，以便及早发现问题。

3）持续提升自身精益认知能力，持续培养员工解决问题的能力。

4）亲自到现场去，理解并改善增值过程；帮助员工解决问题等。

第四步是变革。在精益的变革过程中，仅掌握一些精益工具和方法是远远不够的，领导者应掌握如何引领变革，管理变革，改变我们固有的工作模式，应掌握以下三方面变革要素：

1）掌握变化规律。领导者应掌握精益变革的几个阶段，各级领导应该洞悉从震惊、否定、拒绝、挫折、认可、尝试直到接受的整个过程，明确各个阶段需要做哪些工作。

2）了解变革形式。变革的形式可以分为日常改善、突破性改善和系统性改善

三种形式。

3）重点关注人的变革。领导者应抓住精益变革中的重点，重点关注研究人的改变，对支持者、中立者、反对者采取不同策略，确保精益变革的顺利推进。

第五步是示范。领导者在引领变革的过程中应以身作则，树立正确的行为规范，以正确对事物的看法和对待问题的态度，为改变各级人员的行为模式树立正确的示范与榜样。

第六步是指导。领导者应扮演导师和教练的角色，在思维方式，工作方式、方法上给予下级员工有效指导，教导员工学会思考问题、解决问题的方法，引导并提高员工对事务的准确把握能力和解决问题的能力。

五、实现精益领导力的方法和手段

支撑精益领导力实现的方法和手段包括：方针管理、分层例会、大野圈、现场巡视、快速响应、变革管理、沟通管理、T字形卡片系统等。

第二节 精益人才队伍建设

人才是企业唯一具有竞争性的资源。精益人才则是具有精益思维，能够应用精益方法论及工具技术助力企业实现精益化的复合型管理人才。培育、打造一支高水平精益人才队伍是实现全面精益管理的基本保障和有力支撑。

精益人才和队伍的持续成长不是经过一场培训、一个项目就能够成长起来的。它是在长期业务实践过程中，通过理论培训、业务实践、成长机制成就的。理论培训和业务实践解决精益人才培育问题，成长机制解决精益人才持续成长与发展问题。从岗位、薪酬、荣誉、职业生涯发展等方面建立可持续的人才培养保障机制或激励机制，可最大限度地发挥精益人才自身的价值。

一、建立多层次人才培养体系

（一）集团层面：标杆参访、学习培训

1. 标杆参访

本着"将正确的事做正确"的基本做事原则，中国中车在强化自身学习认知的基础上，积极开展与世界一流企业对标活动。一是"走出去"，组织各单位高层

领导及精益办主任、专员到世界一流的国际化公司去进行现场交流和对标，追本溯源，零距离感知精益管理的现场应用，领悟精益管理内涵和真谛。同时为了能够使对标结果更广泛地被集团内部各层级人员了解、认知并付诸实践，中国中车将外出学习交流人员的对标研修报告编撰成册并下发各企业学习。除了走出去到国外对标外，还组织团队成员到国内一些先进企业对标学习，如智能制造的"灯塔工厂"、数字化应用示范企业等。

2. 学习培训

组织开展各类人员的精益培训。每年举办一期针对公司高管的精益领导力培训，针对业务骨干的精益骨干特训营和针对班组长的产线长管理技能专题培训；同时，通过年度工作会议、专题会议及专项培训的形式，针对精益推进专职人员开展精益管理体系、精益文化建设等系统化的培训。通过各级、各类培训的开展，形成共识、统一行动，确保精益管理体系全面落地实施。

（二）子公司：集团内交流、内部讲师培养、人才培育

1. 集团内交流

中国中车非常重视各子公司间的对标、交流与分享，在年中和全年调研报告中均会设置专项项点以了解各企业间的对标、交流情况。与世界一流企业对标，是为了找寻差距，集团内对标则是为了找寻同行业中的最佳实践。各企业通过上传中国中车精益管理平台的"精益月报"了解、学习各企业的优秀做法，发现值得学习借鉴的优秀实践，组团进行现场交流和学习，取长补短，互学互长。例如，某子公司采用管理者标准作业及层级会议的优秀做法，使得一度落后的经营绩效全面提升，并一跃成为行业业绩突出的制造企业。管理者标准作业及层级会议也在中国中车部分子公司得以平移应用，均取得较好的效果。

2. 内训师培养

中国中车内训师培养从内训标准课件体系与内训师队伍建设两个层面实施。

一是形成中国中车精益管理内训标准课件体系。为了能够持续强化内部培训，中国中车组织内部专家研讨确定内训课程明细，并面向集团旗下40多个子公司发布，组织开展课件认领工作。各企业认领各自擅长的课程，组织内部精益团队及专业业务团队共同研讨编写培训课件。课件编写工作本着三项原则，一是将课件里涉及理论知识的底层逻辑讲明白；二是要现身说法，结合自身实践，将精益思想、工具及方法在本企业应用案例讲清楚；三是要形成课件讲义，指导更多人讲好课程。

经过课件认领—编写—集团内部专家组评审—修订—定稿等环节后，将编写好的课件纳入中国中车精益管理标准内训课件库进行管理。中国中车精益管理标准内训课件库共有包含精益思想概论、精益管理体系标准及覆盖全价值链的各类工具应用技术课程共计 37 门。

二是培养专业内训师队伍。从集团公司层面，各企业负责编写课件团队成员是课件的第一授课人员，在中国中车层面培训由该团队推荐成员进行授课。各子公司根据工作推进需要，可以邀请集团层面第一授课人进行授课，也可以培养自身内部团队成员通过课件学习、研究开展内训工作。子公司在中国中车发布的标准课件体系基础上，结合自身实际需要确定精益管理体系系列课件，内部团队成员结合企业自身的案例对课程进行本土化完善，形成"破茧成蝶，蜕变新生"精益管理系列课程。通过"英才大讲堂"进行线上、线下专题培训，在推进企业持续精益化的同时，培养一支覆盖企业各业务领域的精益内训师队伍。

3. 人才培育

中国中车将"百千万"精益人才工程纳入人才发展战略规划。通过组织企业内训，开展外部研修，强化人才梯队和团队能力建设。搭建精益专家人才库、内审员人才库、改善能手人才库，选育覆盖各管理层级、涵盖各专业领域的复合型精益专家队伍。2020 年，中国中车首次组织开展各类人才选拔、评聘入库员工作，共评聘集团级精益管理高级顾问 6 人，首席精益管理专家 1 人，资深精益管理专家 25 人，精益管理专家 46 人，精益内审员 111 人，精益改善能手 661 人。同时，各下属子公司同步建立自身的精益专家人才库，入库人员达到 800 余人，通过评聘工作的开展，实现精益专家团队"量、质、能"同步提升。这些精益骨干人才是中国中车精益管理行稳致远的重要基础。

1）精益人才的选拔。遵循系统培养和注重实践相结合的原则，中国中车系统地对各岗位各层级人员（如部门经理、主管、工程师、调度、班组长、生产现场员工等）进行精益培训与训练，以确保符合岗位精益理念和能力要求。培养对象选拔主要分为组织推荐+报名参选、组织评审、结果发布、名单备案几个步骤。例如，组织推荐+报名参选相结合的方式，一是从组织业务成长需要来考虑，在不同业务领域由组织推荐需要培养的人才；二是注重个人意愿，有意愿才有动力，两者相结合，才能够将既符合组织意愿又有个人主观能动性的人选拔出来，人才培养的价值和成效才能最大化。

2）精益人才的培养。根据各岗位职责与管理需求，分析各级岗位应掌握的精益知识清单，确定各级岗位精益培训知识矩阵。相应岗位日常需掌握的精益知识矩阵见表 16-1，各企业可根据自身需求进行梳理和识别。

结合精益知识矩阵，进行精益人才培养工作策划，包括课程体系搭建（包含课程类别、课程设置范围、主要培训渠道、课程目标、培训对象、培训讲师等）、课件开发、内训师培养、培训计划、实践计划等，输出年度培养方案。根据年度培养方案，以专题培训、沙盘模拟、主题研讨、课题实战等形式开展培养工作。根据不同岗位和层级，明确实战课题的输出要求，将理论学习用于课题实践，用实践验证理论培训效果并夯实。

3）培养效果评价。为检验精益人才培养效果，需要进行人才培养评价，可以分为理论考试与实践课题发布相结合的方式。理论测评：根据年度培养计划中的课程编制理论测评试卷并组织理论测评，设定通过分数线，并将其作为是否通过年度评价的条件之一。实战测评：根据年度提报的实践课题，进行课题总结发布，评价精益知识和工具应用情况及效果，优秀课题可推荐参与年度发布。理论测评与实践测评结果用于是否结业、优秀学员评选、精益层级晋升、精益管理专家评定等。

二、精益人才的梯队建设

中国中车按照"专业引领、注重业绩、突出示范"的原则，评聘、设置不同业务领域、不同专业方向的人才梯队，目前的人才梯队按照精益管理专家、精益改善能手及精益内审员队伍三类进行入库和管理。

（一）集团精益管理专家

集团精益管理专家是指在集团范围内既精通精益管理理论知识，又具备丰富的精益管理实践经验的管理人才。集团精益管理专家库人才在集团公司精益管理委员会领导下，按照中国中车发展战略和精益规划，负责开展精益管理顶层设计、重点课题研究、重点项目突破、重点领域培训和精益管理体系的建设、输出及推广等工作。对集团精益管理专家人才按层级实行分层管理，将其分为精益管理首席专家、精益管理资深专家和精益管理专家三个层级。集团精益管理专家在子公司精益管理专家库中评审产生。各子公司将熟练掌握精益工具和方法，承担精益管理体系推进、精益培训、精益管理项目实施，取得显著成效的精益人才纳入子公司精益管理

表 16-1　精益知识矩阵

岗位类别	岗位名称	精益理论基础						精益工具方法											
		精益思想导入	精益概论	精益制造概论	精益物流概论	5S及目视化	标准作业	快速换型（SMED）	异常管理	TPM管理	价值流分析与设计（VSM&VSD）	浪费识别与消除	精益物流	问题解决方法（"5WHy"分析法、鱼骨图、A3/8D报告）	精益研发（QFD、DFA）	防呆防错	精益运营管控方式	精益领导力	方针管理
业务类	部长	●	●	●	●	●	●		●	●	●	●	●	●	●	●	●	●	●
业务类	研发岗	●	●	●	●	●	●					●		●	●	●			
业务类	工艺、质量岗	●	●	●	●	●	●		●	●	●	●		●		●	●		
业务类	计划岗	●	●	●	●	●	●				●	●	●	●		●	●		
业务类	采购岗	●	●	●	●	●	●					●	●	●			●		
业务类	班长、调度	●	●	●	●	●	●	●	●	●	●	●	●	●			●		
业务类	操作工	●	●	●	●	●	●	●	●	●	●	●		●					
业务类	检测试验岗	●	●	●	●	●	●					●		●					
业务类	库房管理岗	●	●	●	●	●	●		●			●	●	●		●			
业务类	项目管理岗	●	●	●	●	●	●	●		●	●	●	●	●		●	●		
业务类	销售岗	●	●	●	●	●	●					●		●					
管理类	精益管理岗	●	●	●	●	●	●				●	●	●	●			●		●
管理类	规划发展部	●	●	●		●	●					●		●					●
管理类	运营管理岗	●	●	●	●	●	●				●	●	●	●					●
管理类	科技管理岗	●	●	●	●	●	●				●	●		●	●				
管理类	质量管理岗	●	●	●	●	●	●		●			●		●		●			
管理类	党群服务岗	●	●			●	●					●		●		●			
管理类	文化宣传岗	●	●			●	●					●		●					
管理类	人力资源岗	●	●			●	●					●		●					
管理类	审计合规岗	●	●			●	●					●		●					
管理类	财务管理岗	●	●			●	●					●		●					
管理类	安全与环境保护岗	●	●			●	●					●		●					
管理类	后勤服务岗	●	●			●	●					●		●					
管理类	综合管理岗	●	●			●	●					●		●					

专家库。入库人才负责企业精益管理体系推进和实施、精益工具应用、重大课题改善等工作，参与集团精益管理课题研究及专项工作等。

（二）精益改善能手

中国中车将各子公司具有精益改善思维、改善能力突出、实施重大改善项目、做出突出贡献、取得显著成效的技能人才和精益改善骨干纳入精益改善能手库管理，围绕企业重点、难点改善课题，具体实施专题改善，发挥典型引领作用。

（三）精益内审员

为扎实推进精益管理体系贯标、评价，建立集团精益内审员库和子公司精益内审员库。集团公司将熟悉中国中车精益管理体系标准，具有丰富精益管理体系推进实施经验的精益人才纳入集团精益内审员人才库，承担精益体系持续建设和贯标、内审、外审、精益管理培训等工作，参与中国中车精益管理体系标准的建设和完善工作。集团精益内审员在子公司精益内审员中推荐产生。子公司精益内审员负责本企业的精益体系持续建设和贯标、内审、外审、培训等工作。

三、精益人才保障机制建设

（一）人才培养机制建设

为保障精益人才的可持续培养和价值的最大化发挥，激发全员参与精益人才培养、精益理念传播、精益管理及改善工作，有效支撑精益运营体系的落地和运行，最为核心的是建立精益人才培养可持续的保障机制。要将精益人才培养纳入公司的人力资源培训体系，作为人力资源培训体系中一个不可缺少的部分，并且建立适应企业的牵引机制。具体可参考如下几种方式：将精益能力纳入各岗位任职资格，并作为任职条件之一；建立精益等级评定，与层级评定等关联；设定与薪酬体系的关联或额外奖励；授予精益荣誉，如精益改善能手、精益管理专家、资深精益管理管家、首席精益管理专家等；具体可根据各企业自身情况进行设置。

（二）人才成长机制建设

通过建立精益人才成长机制建设，强化各级人员精益理论与实践的训练，使其掌握精益理念和工具方法，才能不断提升精益改善能力，促进精益改善的推动和实施，促进精益人才的发展和价值体现。中国中车重视人才成长机制建设，持续建立健全精益人才的考核评价机制，理顺精益人才成长通道，促进精益人才快速成长。针对纳入"中国中车精益管理专家库"的精益人才，各企业优先推荐参评中国中

车核心管理人才，同时从集团层面要求各子公司，将精益人才纳入职业发展通道，建立分层分级的人才育成机制，匹配相应的层级待遇和薪酬体系；要求各子公司建立健全精益人才考核评价机制，制定完善激励机制，实现精益人才业绩动态管理；要求各子公司做好精益人才荣誉的管理、应用，发挥好专家专才的引领和示范效应。

第三节　全员参与的精益改善

全员参与的多层级精益改善是纵深推进精益管理的载体和抓手。中国中车从战略规划层、职能协同层及全员参与三个层级开展不同类型的管理提升与专项改善活动，持续提升组织效能，营造全员参与的精益文化氛围。

一、战略规划层改善

战略规划层改善主要是从公司战略发展的高度来组织、开展的精益改善活动。这些活动包括精益企业创建评价，精益车间、精益产线、标准工位等精益载体达标创建活动，强基工程，以及系列数字化转型项目。

（一）精益企业创建评价

为了系统推进中车精益管理体系要求的落地实施，中国中车建立"精益管理体系评价标准指引"，按照标准每年对下属子公司进行精益管理体系达标升级评审活动。评价标准将企业分为精益制造、精益管理及精益企业三个阶段，每个阶段分为三个层级，每个层级又分为三个成熟度。年初各企业根据管理实际情况确定年度推进目标，并报集团备案。一年内子公司聚焦提升目标，建立内部提升工作计划及具体措施，组织实施。年末自评确定目标达成情况，并上报集团。集团组织专家团队对子公司精益管理体系成熟度推进情况进行系统评价，按照评价结果，确定最终层级。

（二）精益车间、精益产线、标准工位等载体达标创建活动

中国中车建立精益车间、产线及标准工位评价标准及各层级精益企业载体建设达标指标，引导各企业开展精益车间、产线、标准工位等载体创建工作。载体创建过程中，一方面强调精益载体建设覆盖率，重在评价活动开展的宽度与广度；另一方面在创建覆盖率的基础上强调达标率这一结果，重点强调载体建设的深度。通过载体覆盖率与达标率指标的设置，为各级精益领导力作用的发挥指明了方向。

（三）强基工程

为了解决在管理过程中存在的管理理念、管理体系和方法论不融合、不协同、不匹配、不平衡等问题，消除全流程的价值改善系统呈滞后化、分散化、碎片化现象，中国中车从全局、全系统、全流程、全要素、全价值链的角度，客观审视基础管理现状，全面查找基础工作短板，高定位、高标准建立"三年强基"实施方案。方案瞄准世界一流水平，坚守精益管理主线，聚焦突出问题，补齐管理短板，夯实基础平台，以强化"基本制度、基础工作、基本能力、基层管理"为主要内容，实现"无死角、无漏洞、无隐患、无事故、无风险"的管理目标，为全面推动中车高质量发展，创建世界一流示范企业提供强有力支撑。强基工程实施方案分为集团级与公司级。集团建立强基工程项目管控平台，对所有立项项目进展情况进行跟踪落实。

（四）数字化项目

在企业数字化转型的过程中，中国中车重视产业数字化顶层设计，强调以产品为主线、以订单项目为支撑，实现从设计、生产、经营到服务全流程数据贯通，选定 19 个产业数字化系统工程项目，全面覆盖到中国中车各业务板块与市场，覆盖到产业供应链上的主机与核心配套企业。为确保项目实现预期效果，集团与 19 个项目承接单位的第一管理者签订目标责任书，实施系统化推进。

二、职能协同层改善

职能协同层改善强调的职能管理部门聚焦业务短板所开展的改善活动，包含"改善不良、杜绝浪费"活动，管理线、管理平台改善活动等。

（一）"改善不良、杜绝浪费"活动

"改善不良、杜绝浪费"活动是以价值最大化为根本原则，从精益的思维和视角出发，系统辨识、消除全价值链端到端的不良和浪费所开展的专项改善活动。通过活动的实施，深入挖掘价值增值点，改善减利点，消除劣质点，通过活动的开展每年降本约 2 亿元以上。

（二）管理线、管理平台改善活动

为了深入推进精益管理体系标准建设，中国中车成立精益管理体系建设"雁行"项目组。项目组以推动最佳实践、总结提炼标准、覆盖平移推广为实施路径，以推进精益研发、精益供应链、精益运营、精益制造等四大模块的建标提升为目

标，全面构建完善精益管理系列标准族。通过制定具有可操作性的工作指南和评价标准，形成推进体系改善的统领性指导文件，建立完善精益管理项目工作机制，系统推进体系的建设与完善。首批"雁行"项目包含精益运营管理体系总体策划、基于精益制造的指标改善系统、精益物流管理标准、精益工艺管理线、精益生产管理线、贯标精益制造体系等六个项目。通过项目组、项目运作形式，项目均已取得显著成果，并落实在体系建设的标准中。同时为了让管理线、管理平台更能适应企业的项目运作模式，集团每年通过专项改善计划的方式征集各企业管理线、管理平台建设优秀案例，并实施年度评价，推选优秀的管理线与管理平台，并进行激励与推广。

三、全员改善提案

全员改善提案活动是各级员工参与精益管理的载体与抓手。中车各子公司开展了形式多样的改善提案活动。在长期的管理实践中，通过建立"人均提案数"与"人均改善项目数"两项指标，搭建并实施透明、便捷的改善提案"全员共创平台"，不断提升全员参与精益改善活动的热情与激情。

第四节　促进价值流动的组织建设

"价值、价值流、流动、拉动、尽善尽美"是精益思想的五大原则。聚焦客户、识别价值并让价值流动起来是精益管理的核心与关键。在组织内部，任何与客户价值实现相关的活动只有流动起来，才能创造价值，这样的流动不仅包括物料的流动、信息的流动，还包括人员的流动。物料和信息的流动能够缩短制造周期、降低库存和制造成本，提升产品质量。人员的流动则能够更进一步激发人才的价值，让人员在流动中不断地学习、挑战舒适区、培养新技能。

多年的管理实践证明，价值不会自己流动起来，在组织内部我们总是想方设法地采取措施以促进价值流动，但实际的效果并不理想，投入了资金却迟迟不能得到回款；采购了物料却迟迟不能应用在产品上并将产品转化为商品交付给客户，导致库存长期高居不下；部门墙厚重，信息流流动缓慢，致使产前技术准备时间过长，致使产品交付周期不能满足客户的需求等，建立一个能够引导和促进价值流动的组织，并使之免于淤塞，避免资源过度浪费是各企业当前面对的共性且迫切的问题。

促进价值流动的组织建设是一项系统性的工程，它涉及组织的方方面面，其中对价值流动具有重大影响的要素主要为精益化的组织架构建设、支持流动的营销与供应链管理系统、面向流动的设计、面向流动的测量和会计处理、培养支持流动的员工等。其中，组织机构的不精益是组织中最大的浪费。

一、组织机构精益化设计的"八大原则"

组织的精益化很大程度上取决于组织的结构设计，组织机构一旦确定，部门职责、相互关系、业务及管理流程就确定了。它的缺陷是很难通过后天的改善来克服解决的。因此，组织的精益化设计是企业精益管理顶层设计中一项十分重要的工作。

组织的精益化设计遵循以下八项原则：

1）组织层级扁平化，以减少管理层级。

2）部门设置综合化，通过合并相关联的管理岗位和部门，提升岗位工作饱和度，减少部门墙。

3）职能部门价值化、专业化、少人化。

4）业务部门业务知识多元化、岗位多能工化。

5）以结果好坏来认定相关管理职责履行的完全责任（预测、预防、快速处理、推进解决、持续改善）。

6）一个业务或管理任务项目或一个工作流程可以是多部门多岗位参与分担责任，但承担主要责任的只能是一个部门或岗位。

7）业务和管理部门既是一个任务中心，也是一个财务架构下的经济责任中心，它把业务活动与财务管理高度融合，让业务活动同时满足业务和财务需求成为可能。

8）精益的组织必须服从于战略，有利于战略部署和战略目标的达成；必须与人力资源相匹配，有利于组织功能的实现；必须与管控模式相匹配，有利于组织绩效的完成。

二、精益化组织架构建设

（一）共享职能支持下的战略控制型管控模式的组织架构及特征

共享职能支持下的战略控制型管控模式的组织架构如图 16-2 所示。它的特征如下。

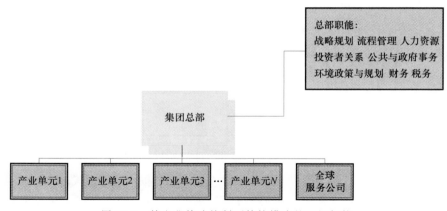

图 16-2　某企业战略控制型管控模式的组织架构

1. 总部集权的战略决策体制

集团总部负责最终决策所有重大发展战略，各业务单元（事业部）在决策筹备及计划的过程中起到重要作用，但最终决策权仍在集团总部。

2. 总部通过统一的政策和标准化的作业流程实现对运营管理的参与

总部不但关注战略规划，而且对于业务单元的运营，通过制定相关政策、标准化的流程和系统来施加影响。运营管理的范围涉及管理层领导力、责任与义务，风险评估和管理，设施设计和建设，信息化与文档管理，员工培训，运营与维护，第三方服务，事故调查与分析，社会责任与紧急状况处理，运营整合评估和提高等。总部通过组织内部及外部双向评估以提高整体的运营效率。负责政策制定及标准化的流程设计职能不属于任何一个职能管理部门，而是站在整个公司发展的视角来开展工作。各业务单元统一执行总部设计的政策及流程。这样不仅可以减少部门设置，还可从总部及业务单元层面大幅减少运营管理人员与运营管理成本，将管理变得简单。

3. 通过强大的共享职能来支持总部相对集权的管理

建立除产业单元外的共享服务业务，职责包括：信息技术、地产与配套设施、全球采购及业务支持中心四大核心职能，并为所有业务单元提供相应的共享服务。强大的共享职能可以帮助总部快速准确了解信息，为决策提供支持。

4. 按价值链整合业务单元，充分发挥协同效应

在进行业务整合的过程中，纵向将业务单元的上下游整合在一条价值链上，具有较强的协同效应。同时，通过战略控制型管控模式，横向协调多个业务单元的关

系，使得协同效应能够得到最大限度的发挥，并促进集团整体绩效提升。

（二）战略规划管控型组织架构

战略规划管控型组织架构中总部职能定位集中于高级别的管控职能，业务单元自主运营。

1. 总部高级别的管控职能

总部高级别的管控职能体现在设定战略方向、与业务单元共同进行战略规划、资金分配、关键人力资源决策等，对于业务单元的运营则涉足很少。业务单元需要根据总部提出的战略框架制订自身的战略计划，经总部批准后即可实施。业务单元需要自行负责本单元的市场营销与客户开发、研发、生产、销售与客户服务等全流程的工作，同时，还需要配合总部进行人员的绩效考核与人才的识别与推荐。

2. 总部对业务单元的考核主要是财务绩效

总部通过建立强有力、透明、高度严谨的会计和财务系统，并把投资回报率和现金流作为两个最主要的考核指标。由于运营由各业务单元自主进行，集团总部不对下属单位进行运营指标的考核。

3. 适度的共享职能

该组织架构下的共享职能主要体现在人力资源管理、研发、财务、IT 等支持性职能上。例如，全球研发中心是跨业务集团、跨研究领域的集团内共享的研发机构，它主要为各业务集团提供基础科学研究、新产品开发、工程开发等。各业务单元内部还有自己的开发团队，专注于应用型的研发，与研发中心之间是合作关系。

（三）以产品战略规划为主导、以产品实现为中心的面向客户的组织架构

在企业的组织架构设计过程中，以市场为导向，聚焦产品战略规划，通过资源线的能力打造，以支撑和服务产品线的顺畅运作，确保产品成功（见图 16-3）。

建立以产品为中心，面向客户的组织架构，要进行以下职能分离：

1. 技术开发与产品开发和预研分离

技术体系的核心业务包括构建技术平台，形成技术储备和技术货架，发现新的技术增长点；建立技术标准和技术规划，形成核心技术，主动引导客户，并在技术上领先竞争对手，同步培养优秀的技术人员，提高行业影响力。

产品体系的核心业务包括以成熟技术和平台，快速、低成本地满足客户的要求；在交付周期、成本和可靠性、可生产性和可保障性上领先对手，在市场和财务指标上构建核心竞争力。

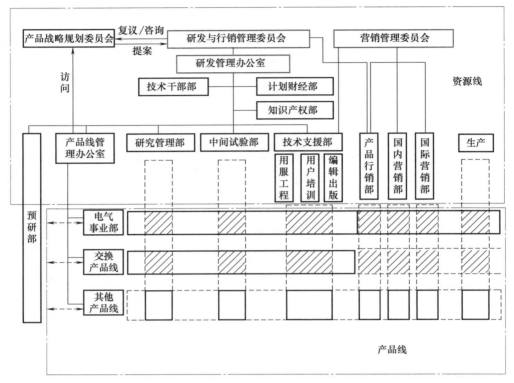

图 16-3　某企业以产品实现为中心的面向客户的组织架构

预研体系的核心业务包括对未来的技术和产品进行探索和研究，形成企业的技术储备；提高企业技术领域的影响力。

2. 市场体系与销售体系分离

市场体系的业务包括营造好的市场环境，做好路标规划和产品规划，主动引导客户，并做好产品的市场需求分析，拉动研发开发新产品，制定营销策略。

销售体系的业务包括客户关系管理、销售过程管理、服务管理和市场管理。

3. 产品线与资源线分离

明确不同类型的产出模式和产出流程。产品线对产出负责，按照项目方式运作资源线对人的培养、成长、知识积累和职业通道负责。由于产品线有项目、有预算，资源线有人，产品线通过项目方式与资源线签订资源承接或任务外包合同，资源线在年底进行核算其从产品线获取的内部收入以实现内部虚拟盈亏平衡。

4. 决策与职能体系管理及职能体系执行分离

委员会是指进行决策的机构。职能部门是指进行体系建设和决策支持、组织监

控以及绩效管理的部门。业务部门不仅要完成本部门的业务工作，还要完成本部门的管理工作，即执行人力资源管理、财务管理、质量管理等相关部门在本部门的直接管理工作。

第五节 精益文化生态建设

企业文化是一个组织或团队共同遵守的价值观与行为准则，它是企业在长期的管理实践中形成的、深入组织所有成员的感知、思考甚至感觉之中的、具有自身特点的、本质性、内涵性的东西，一旦形成，就会对企业产生长久深远的影响。

精益文化作为一种价值取向与行为准则，与企业文化有一定的联系又相互区别。精益文化强调减少一切浪费，提倡以最少的资源投入来创造最大价值；企业文化注重企业的经营理念、科研理念、用人理念等，覆盖面更为广泛。精益文化包含于企业文化之中，是企业文化的重要组成部分和重要表现。

一、精益文化建设的目的

没有精益文化的企业缺少精益管理的灵魂，精益管理难以持续。为了能够实现企业在精益化的道路上行稳致远，精益文化建设显得尤为迫切。

为实现公司整体运营愿景目标，我们需要通过精益文化引发员工情感共鸣，统一全体员工思想，形成团队行为共识，明确组织及团队应共同遵守的精益价值取向与行为准则，以驱动行为转变，帮助企业迈向卓越目标。

二、中国中车精益文化的核心内容

中国中车在持续的精益推进过程中，逐步形成具有自身特色的精益文化，具体体现为"四个价值倡导"和"八种行为准则"。

（一）四个价值倡导

1. 保持增长

增长是企业实现可持续发展的基础，持续驱动业绩增长是我们共同的使命和目标。为此，我们应关注增长的三个核心内容：

1）每天为更好地服务客户而杰出地完成工作。

2）持续提高运营能力和水平，打造核心竞争优势，为业绩增长提供支持。

3）树立全球观念和全球化视野，确保核心竞争能力始终处于行业领先地位。

2. 提高生产力

通过持续改善活动不断提高生产力，从而保持高绩效，为及时满足客户和业绩增长奠定基础。

3. 关注现金流

在增加可用现金的同时，努力降低营运成本和费用；可用现金越多，用于再投资和改善业务的机会就越多。

4. 消除一切浪费

用客户价值的眼光看待各类问题，通过减少或消除一切无效劳动和浪费，在满足客户需求的前提下，为企业创造价值；一切不增值的活动和未完全利用的资源都是浪费；浪费无处不在，形式多样，识别出浪费才能采取行动去消除浪费；降成本就是要消除隐藏在成本中的浪费；市场竞争是识别和消除浪费的竞争。

（二）八种行为准则

1. 关注客户

外部客户是提供企业生存发展的基础前提，无论何时何地都应把满足客户需求作为第一要务。要以提高客户满意度和忠诚度为目标，通过建立以客户为中心的反馈流程，时刻关注并倾听客户需求，不断改善自身做法，在全面满足客户需求的前提下使自己获得成功。内部客户是改善的起点，每项业务活动或管理行为，应充分识别流程上下游环节的业务需求，建立并形成下一个流程或下一道工序，即客户的意识。

2. 以人为本

人是企业的第一资源，任何管理或业务活动都要考虑人的因素，除了雇佣好的员工加入企业，还要注重在工作中尊重员工的智慧和能力，充分发挥人的主观能动性，通过有效的激励和培训机制，培养并支持员工获得成功，为企业提供人才支持。激发人的潜力、活力、创造力是精益管理的核心工作，"以罚代管"与精益文化背道而驰，只要出现问题就进行罚款会因避害心理而掩盖问题、推卸责任，而忽视了问题背后管理责任的分析、改善与提升，以及防止问题的再发生。

3. 体现精益领导力

改善是每位员工精益领导力的具体体现。所有的领导者都应该能运用 X 矩阵工具将战略方针和突破性的战略目标有效地部署到日常工作中，运用管理者标准化

工作，进行培训和指导，激发一线员工的潜力，表现出他们对工作的热情和对组织中人员的关心，并为其提供所必要的资源支持。所有的员工都应该像领导者一样思考，表达自己的承诺，成为他人的学习典范，把承诺目标、推动改善、培养下属作为精益领导力打造的核心要务。

4. 暴露问题

敢于暴露问题，才能解决问题。无论是谁都要有正确看待问题的态度，具备思考问题、分析问题、解决问题的能力。建立并营造易于暴露问题的氛围，敢于直面问题，善于分析问题，才能够快速解决问题。看不到问题就是最大的问题。

5. 团队协作

个人英雄主义不能适应市场需求和环境的变化，管理目标的达成依赖于团队的有效沟通与通力合作，每位员工都应具有团队精神，并积极履行其在团队中的角色和任务，通过团队之间的高效协同来实现整体目标。

6. 有效沟通

在组织各个层级中都应该展开适当的沟通。为他人提供及时而又简明的信息，运用明晰而又周全的口头或者书面沟通方式，有效地施加影响，真诚地协商与合作。领导者与员工应该了解有效的沟通技巧，既要善于倾听，也要善于劝导他人，尽管每一次并不一定能达成一致。

7. 持续改善

通过持续改善使企业不断适应市场需求和环境产生的新变化，要关注趋势，更要关注变化的趋势和趋势的变化。"标准化"是持续改善的基础。每一级组织、每一位员工都要形成持续改善的能力，组织的能力才能提高。只有不断建立更高质量的工作标准，才可能不满足于暂时的成功，持续改善，永无止境。"问题精神"是持续改善的核心。任何工作都有理想状态，理想状态与现实之间的差距就是问题。要视问题为财富，只有不断挖掘问题、解决问题，组织才有可能不断进步，追求卓越。"工作＝作业＋改善"是持续改善的基本要求，秉持"工作＝作业＋改善"的精神，不止于常规作业，积极致力于改善进步，要尊重和激励员工的智慧贡献，追求每天进步一点点。

8. 学习与共享

员工必须清楚知道自己的优势和劣势，并采取必要的行动去改进。要通过不断学习来改善思维方式，转变对待事务的态度，最终驱动行为转变。不断吸收好的经

验和做法，结合自身实际来推动改善，并将好的经验和做法进行固化和共享，影响他人转变行为。企业应搭建员工学习、共享和展示的平台，为每位员工跨出舒适区并挑战自我提供平台。

三、精益文化培育的方式方法

文化形成不会一蹴而就，需要在管理实践中通过宣传贯彻、培训、实践去感知、认知和达成共识，最终融入心灵深处，成为组织所有成员的行为习惯。精益文化的培育方法多种多样，各企业可以根据自身实际选择推进。

（一）以培训宣传为手段，深度共识精益文化

精益文化要落地，营造良好的文化氛围极为重要。精益文化理念的认知、认同、实践。认知是行为转变的基础，但接受知识转化为行为改变是一个复杂的过程，只有从实现内心认可到行为改变，精益文化建设才能真正落地。要采取各种方式进行宣传贯彻，通过精益文化手册、精益知识看板、内部刊物、海报、征文、知识竞赛等渠道，对精益理念进行广泛宣传和动员，大力营造精益管理的良好氛围。让精益文化根植于员工心灵，通过内化于心的精益思想推动精益行为外化于行。

（二）以体系建设为支撑，促进精益文化落地实施

为了避免精益文化"喊在口头上，飘浮在空中"现象的发生，在精益文化建设推进过程中需要依靠体系建设进行支撑，以固化管理行为，促进价值流动。建设体系的过程如下：第一步，通过对精益文化模型中核心内涵逐步分解，建立支撑精益文化内涵实现的评价准则及评价标准，指导全员开展精益管理实践活动；第二步，将模型中精益文化的内涵与评价准则及标准进行整合，形成易于全员理解的精益文化手册及培训课件，分层级进行培训及宣传贯彻；第三步，指导各部门按照评价准则和评价标准开展精益管理实践活动；第四步，组织开展精益管理评价活动，通过评价再次宣传贯彻和深化对精益文化的理解；第五步，持续改善，对评价过程中发现的问题进行改善。通过开展以上活动使全体员工发生对精益文化的认知从理论务虚到行动务实，再到实践创新的转变。

（三）以创新为动力，提升精益文化建设

企业管理实践中，精益管理不是一成不变的。为了更好地进行生产经营，需要对企业制度、工具、方法进行持续改善。它已经从单纯的生产管理模式发展为着眼

于全系统、全价值链的企业管理模式。它既是一种消除一切浪费、赢得企业长远发展的经营哲学与理念，又是一种全员参与、持续改善的企业文化。必须依据企业生产经营的实际不断创新，用先进的思想、文化和管理实践来推动精益文化建设，持续提升精益文化水平。

（四）以精益领导力建设为重点，提升精益文化的影响力

在精益文化建设、落地的过程中，企业主要领导和各单位主要领导是精益文化落地的关键因素。须从领导力建设做起，转变思想观念，加强顶层设计，制定理性务实的"路线图"。以企业文化建设为支撑，以领导表率作用为引导，通过企业领导的亲口宣传、亲身示范、表彰奖励等，形成精益文化对企业员工的正面影响力，带动身边的员工主动学习精益文化，传播精益文化，践行精益文化，推动精益管理工作开展。

案例　以"三个领先"为目标的，构建与实施精益绿色制造管理体系

一、现状分析

中国中车某子公司明确提出"到2025年，成为国际一流的绿色和智能化电气系统提供商"的愿景，精益管理理所当然地成为助力企业实现绿色化、智能化的强劲支撑。精益化是实现绿色和智能化的前提条件，是实现全价值流、精益的必然选择。如果不能有效解决当前精益推进过程中存在的问题，则精益将难以支撑该公司实现绿色化与智能化发展。

二、目标设定

系统构建精益绿色制造管理体系建设模型、体系架构、层级结构及逻辑架构，形成由代表企业精益文化的价值创造模型、《精益绿色文化手册》《精益绿色制造管理体系成熟度评价标准》《精益工具应用指南》、精益管理数字化平台、精益人才育成体系等组成的一套完善的、可实现自改善良性循环的体系标准，为离散型制造企业可持续发展提供系统的方法论、实践论。

三、具体做法

体系构建主要从以下立标、对标、寻差、建模、规划、创建、运行、改善等八

个方面着手开展工作。

（一）立标——确定体系构建的三大原则

在体系建设过程中，为了确保能够将正确的事做正确，确立了体系建设的三大原则，即要高定位、高标准；要富有轨道交通装备制造企业的特色；要全面统筹，系统融合。这些原则是未来工作的指针与方向，引领体系构建工作不走偏、不走错。

（二）对标——全面了解世界一流离散制造型企业的先进做法

项目初期，组织开展广泛的调查研究及对标学习活动。一是对标西门子、宝马、博世、阿尔斯通、古德里奇、GE 等世界一流企业；二是研究这些世界一流公司的精益制造与绿色制造管理体系建设及运行状况；三是组织开展对标成果交流、学习研讨活动。

（三）寻差——充分认知自身体系建设推进工作存在的差距

组织开展全价值链的精益制造及绿色制造调研工作，充分掌握企业的发展现状及运行情况，形成精益绿色制造管理体系建设方案，并在该公司中层正职以上领导、管理专家参加的战略研讨会上进行方案评审。针对方案评审会上提出的改善意见对方案进行修订后，着手开展体系建设工作。

（四）建模——构建引领公司聚焦客户价值的行动纲领与行为准则

聚焦客户需求，以企业当前管理过程中存在的问题为出发点，构建以"精益＋绿色"发展战略为引领，通过"领导力、全员参与、激励与认同、持续改善"四大行动领域建设为核心的生态环境建设，推进"标准化、准时化、协同化、透明化"四大精益管理原则在全价值链的运用，构建形成以"节拍、一个流、拉动"为特征的高效运行的精益绿色制造管理体系（见图16-4），实现"三个领先"指引下的高质量、低成本、短交付周期的企业高质量发展目标。

（五）规划——系统策划精益绿色制造管理体系

体系建设过程中以精益管理为基础框架，将绿色思维融入精益管理，继而打造基于"精益＋绿色"的精益绿色制造管理体系（见图16-5）。

以"正确的行动准则必将产生正确的结果"为思想，从文化理念的塑造、行为准则的落地实施及主力行为准则实现工具应用指南、精益人才育成方案、精益改善激励措施，打造精益绿色制造体系数字化管理平台等方面系统搭建体系架构。

图 16-4　精益绿色制造管理体系建设模型

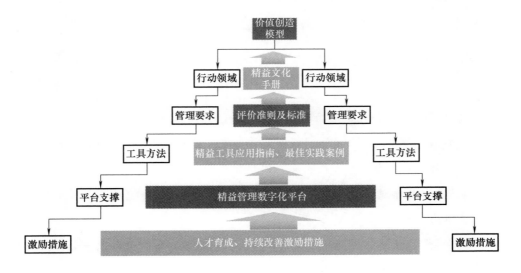

图 16-5　精益绿色制造管理体系逻辑架构

（六）创建——系统构建精益绿色制造管理体系

1. 提炼、落地精益文化，实现"让文化可以执行"

（1）《精益绿色文化手册》第 1 部分行动领域篇。解读 17 个行动领域的文化内涵，形成共识，明确是什么、为什么、做什么、怎么做。

（2）《精益绿色文化手册》第2部分"点"改善工具篇。主要以个人或者班组为单位的改善，它的工具也是日常工作中最常用的改善工具。这些工具通常需要基层员工掌握，并且熟练应用，例如5S、可视化等共计20项。

（3）设计制作宣传海报。为确保精益思维能够以更为直观的方式被员工理解和认同，设计制作与现场制造、业务过程密切相关的宣传海报12份，制定张贴标准，在适当的工作场所进行张贴和应用。

2. 创新形成《精益绿色制造管理体系成熟度评价标准》

从使命与愿景、组织环境、高效运行及业务流程运行准则四个方面、17个行动领域构建一套支撑该公司建设精益企业的"发现问题、持续改善"的"自诊断"的《精益绿色制造管理体系成熟度评价标准》（见图16-6）。

业务领域	评价维度																
	使命与愿景			组织环境				高效运行							业务流程运行准则		
	精益战略	绿色思维	数字赋能	领导力	全员参与	激励与认同	持续改善	短交期	高质量	低成本	一个流	节拍	拉动	标准化	准时化	协同化	透明化
客户需求识别 ↓ 客户服务	价值流 成熟度评价																

图 16-6　评价标准涵盖的内容

3. 总结提炼一套适用的践行精益、落地精益的精益工具及方法论

精益的工具与方法十分丰富，根据工具与方法应用的层面和被员工掌握的难易程度，将工具方法分为"点、线、面、体"四大类，共计64项。

（1）"点"改善通常是指以个人或者班组为单位的改善，它的工具也是日常工作中最常用的改善工具，共计20项。

（2）"线"改善通常是指的一定区域内、一个班组或多个班组或一个部门内部一起完成的改善，共计18项。

（3）"面"改善通常是指跨部门的改善，且需要专业的理论导入和管理层的全力支持，共计18项。

（4）"体"改善通常是指的组织变革与组织环境改善的工具，通常由高层管理者发起，由专业人员与专业团队根据企业的具体情况进行设计实施，共计8项。

4. 建成促进工作效率提升的精益管理数字化平台

精益管理数字化平台主要包括以下内容：

1）日常管理工作模块，主要负责年度、月度计划、重大专项改善、精益月报的跟踪及落实。

2）全员共创平台，它是指员工改善提案提报、改善过程跟踪及改善成果评价、展示的平台。

3）即时积分平台，它对员工提案及改善情况通过获得积分、兑换奖励的激励形式，通过激励提升员工精益改善的参与度。

4）精益管理体系运行数字化对标平台，它可实现横向对标、纵向对表，促进最佳实践在该公司内的复制与平移。

5. 形成精益人才育成体系

1）建立精益人才梯度建设管理办法，形成由初级精益管理师到首席精益管理专家六个层级的精益人才成长通道。

2）建立精益管理课程体系，形成精益基础、精益制造、精益供应链、精益研发及改善工具应用等五类 33 门课程。

3）建立内训师评价标准，选拔评价精益管理体系内训师 15 人。

6. 建立形成高度认同的多层级的激励机制

先后下发精益改善激励管理办法、即时积分管理办法、基础性改善激励方案及重大精益改善激励方案，覆盖了战略层、职能层及全员改善三个层级（见图 16-7），以激励机制的建设确保体系持续、有效地运行。

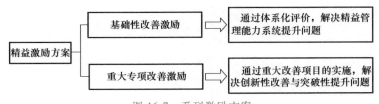

图 16-7　系列激励方案

（七）运行——以全员激励为抓手推进体系全面落地实施

1. 领导重视

该公司总经理高度重视体系建设工作，充分发挥领导作用，一是从组织保障上建立精益管理委员会，明确委员会决策七大管理原则；二是从工作抓手上，策划构建"增量性激励"措施，引导全员积极参与精益管理，共享改善成果，加速精益

思想与业务过程的深度融合；三是从体系推进层面上积极督促、落实精益激励方案的落地实施，定期组织召开精益管理委员会会议，解决推进过程中出现的问题与遇到的困难，为体系的落地、实施提供了坚实的组织保障。

2. 试点推进与常态化运行

在推进过程中选取各业务板块试点单位先行试行体系，落地体系要求，探索推进路径。通过试点推进启动会、试点推进经验分享、试点推进成果总结等方式，查找体系运行过程中存在的问题，积极进行补强与完善。

试点推进成功后，在该公司进行全面推进。每季度开展一次管理体系的成熟度评价工作，通过体系的常态化评价与运行，持续深化对精益理念思维的理解与深化，并落实在实际的行动中。

（八）改善——建立持续引领组织发展的体系改善机制以确保体系的良性运行

体系运行标准的建设不是一成不变的。随着企业的发展及管理水平的持续提升，标准将不能适用于组织发展的需要。为了确保体系标准的引领性，建立体系持续改善实施指南，指引在正确的道路上持续地修订、完善标准，确保实现"三个领先"目标。现行标准为 1.0 版本。

四、效果描述

（一）专业自主管理、持续改善能力显著增强

体系的建立通过"精益+绿色"思维的深度融合及应用结构化解决问题方法，为价值创造核心业务与支撑流程上的管理动作、管理行为提供行动指南、实施标准、评价准则、改善策略，加速推进精益与绿色思想、文化的全面落地，助力该公司在效率、效益、品质领先的基础上，为企业可持续发展提供全方位的管理支撑。体系运行一年来，各业务部门能够积极应用体系标准开展业务过程优化，质量、成本、交付周期指标均得到优化。

1）过程质量：业务域的综合一次通过水平提升 34.7%。

2）产品质量：产品制造直通率提升 6.3%。

3）成本指标：同等技术条件产品实现的年度总成本优化比率（物料、制造、存货优化、服务、质量等方面）较之前提升 13.6%；技术革新带来的年度总成本优化比率（价值工程、设计变更、工艺革新等方面）较之前提升 28.3%。

4）交付指标：准时交付率（达到第一次承诺的交付时间）较之前提升

25.6%；准时交付率（达到最终客户要求交付时间）较之前提升35.2%。

5）通过体系的运行，在同等产出的情况下，资源消耗降低4.32%。

6）企业综合客户满意度水平提升7.3%。

（二）企业发展稳健前行，对标提升成效显著

以"三个领先"为目标，融合多家世界一流公司的管理思想，结合自身实际，进行系统策划、运行和实践，体系的内容和内涵具有首创性、领先性和前瞻性。

通过体系的运行，该公司全面完成高质量发展各项指标，业务结构不断优化，轨道交通、风力发电、工程机械、电力电子、国际经营等业务板块相互补充，共同发展，规模效益持续增长，连续2年荣获中车"突出贡献奖"，经营业绩再创新高，经营品质稳步提升，为今后更长时期的高质量发展奠定了坚实基础。

（三）文化引领辐射渗透，体系标准现场落地成效显著

在体系建设过程中，该公司在注重文化引领作用的同时，更加强文化的辐射渗透能力与落地执行能力。体系的逻辑理论清晰、执行标准明确，能够在离散型制造企业间进行快速的平移与复制。

（四）形成一套完善的、可实现自改善良性循环的体系标准

通过体系建设，形成一套完善的、可实现自我改善良性循环的体系标准，这些标准包括：代表该公司精益文化的价值创造模型、《精益绿色文化手册》第1部分行动领域篇、《精益绿色文化手册》第2部分"点"改善工具篇、《精益绿色制造管理体系成熟度评价标准》及数字化体系对标平台、精益工具、精益管理数字化平台、人才育成体系和系列精益改善激励制度等。

第十七章
全面精益管理的未来展望

价值创造是企业生存发展的根本所在，是企业管理现代化的本质要求，精益的核心目标是价值最大化。中国中车经过多年的精益管理实践，精益共识得以加强，精益体系基本建立，精益制造富有成效，精益领域不断拓展，精益理念落地见效，形成了可复制、可平移、可输出的具有大型轨道装备企业集团特色的精益管理模式，有力地支撑和助推了企业的高质量发展，并成为未来打造世界一流企业的管理核心。实践证明，全面深度协同的精益实践符合世界一流企业成长路径和管理需要。

第一节　高质量发展赛道激发企业竞争新优势

近百年来，世界发达经济体无一不长期咬定发展目标，经历数次动力转换，从而实现数十年中高速增长。从历史经验看，一个大国实现工业化和经济发展的过程，必然是以国内企业管理创新与发展为基础的。日本在第二次世界大战以后推进了快速工业化进程，在 20 世纪七八十年代跨入发达国家行列。日本管理方式形成及一系列管理研究成果被世界管理学界认可，正是以战后日本快速工业化进程和经济发展为背景的。这启示我们，必须打破阶段性局限性认识，用历史的眼光去深刻理解企业高质量发展的艰巨性和长期性，在认识上解放思想，在实践中与时俱进，在进取中开拓创新。

中国企业综合实力整体提升也是有目共睹的。1991 年《财富》世界 500 强中的中国企业只有中国银行 1 家，2000 年为 9 家，2020 年为 133 家，2022 年则达到

145 家。中国中车位列 2022《财富》世界 500 强第 385 位，品牌价值持续位居机械类中央企业首位，中国中车产品服务全球 112 个国家和地区。中国中车只是中国企业发展壮大、变革发展的缩影和代表。量变引起质变，中国企业的发展模式、治理模式及由此带来的"量、质、能"的变化，被国外企业瞩目。

回望百年，从 1881 年中国修建的第一条官办铁路——唐胥铁路，到雅万高铁全系统、全要素、全生产链走出国门的"第一单"；从自主研制零的突破，再到世界最先进水平。中国中车从无到有、由弱到强、从"跟跑"到"领跑"，每一次新突破，都是中车人不断更新认识的积累；每征服一座高山，都更加筑牢中车推动高质量发展的底气；每闯出一条新赛道，都在不断增强企业持续"强基、赋能、攀高"的管理自信。

管理学是一门学以致用的科学，更加注重理论与实践的结合。中国企业的创新活动是在中国国家创新体系下发展起来的，中国企业的快速发展为现代管理学的发展提出了新的研究课题。中国经济快速发展的背后是中国企业的丰富实践，丰富的企业实践又为管理学理论研究提供了丰富的研究依据。过去 30 年，中国企业，乃至国家的创新发展基本采取了引进、吸收、消化、再创新的方式，实现了技术、产品、管理的跨境转移和应用，形成了具有中国特色的管理经验和模式。中国企业创造了大量的管理经验，进行了大量的管理创新实践，这对于提升我国企业管理现代化、科学化水平发挥了巨大作用。亲历中国轨道交通装备发展史的中国中车，与时代同行，坚持创新驱动，已发展成为全球规模最大、产品最全、技术领先的轨道交通装备供应商，探索出一条中国装备制造业自主创新的特色发展模式，是中国装备制造业的典型代表。中国中车注重从管理实践中归纳管理理论，同时致力于应用管理科学理论指导管理实践，推动着中国中车管理体系的理论化、结构化和模型化。中国中车通过借鉴创新、管理复盘、持续改善、厚植创新土壤，持续探寻卓越企业行稳致远的管理基因和运行法则，寻找企业成长密码，提炼中国中车管理创新之道，从技术的制高点，走向管理的新高地。中国中车全面精益管理之策，可以为不同制度环境、文化背景和发展阶段的企业提供管理启示。

"犯其至难而图其至远"。在这个时代背景下，大国博弈、贸易争端、地缘政治角逐等给实体经济造成的冲击和带来的压力比以往更大。中国中车同国内企业一样，需要在"十四五"时期，乃至更远的未来，紧扣高质量发展这条主线不动摇，坚守中国企业治理新模式、新理念、新方法的塑造及应用，围绕"一核两商一流"

的战略定位、"一核三极多点"的业务结构和"双赛道双集群"的产业格局,坚守本土特色管理理念,依托变革引领,用好矛盾、竞争及内生发展需求催生的动力,推动制造业的质量变革、效率变革、动力变革,全力打造具有全球竞争力的轨道交通装备和清洁能源装备制造体系,更需要从创新中赋能,从产业链供给端、制造中间过程、运营的流程协同、面向用户的生命周期管理等价值循环过程,锤炼更强的综合实力,扩大管理创新理论、创新成果应用转化,从社会价值驱动、资源能力突出、产品服务一流、透明开放运营、管理机制高效、综合绩效卓越、社会声誉良好等方面着力提升企业竞争优势。全面构建管理价值创造、价值增值、价值共享新生态,在加快建成受人尊敬世界一流企业的战略目标指引下,以管理实践的升华和管理理论、体系、模型的迭代创造新优势,持续向世界一流企业新征程阔步前行。

第二节　迈向"中国式"企业管理现代化新征程

当前,世界正处于百年未有之大变局,世界之变、时代之变、历史之变正以前所未有的方式展开。国际形势具有不稳定性、不确定性,国内经济环境面临"需求收缩、供给冲击、预期转弱"三重压力,企业面临国际市场风险壁垒增多、预期波动较大、盈利空间变窄等新挑战。面向未来,无论是国内国际双循环的宏观大背景,还是行业变化与生存需求的客观现实,都需要坚定发展方向,革故鼎新,创新突破,在不确定中把握确定的有利机遇,在风云变幻中迎接各种挑战,持续锻造企业现代化管理根基,持续探究企业现代化治理的客观规律,顺势而为、乘势而上。

一、运用好"强基、赋能、攀高"迭代方法

"善战者,求之于势"。世界上只有尚未认识的事物,未来没有不可认知的事物。技术创新和管理创新是企业获得持久竞争优势的关键因素,也是推动经济发展和社会进步的主要力量。未来,企业既要强基固本,也要登高望远,推进以精益管理为主线的"强基工程"和以对标世界一流为主的"管理提升"工作,要不断增强"聚势"之能,提高"乘势"之法、实现"强势"之质。具体应做到以下几点:

一是要注重精益聚势强基。精益追求永无止境的改善,精益永远在路上,加强管理是企业发展的永恒主题,是企业基业长青的重要保障。聚势就是要把握发展脉

络，把握国内外发展形势、技术发展趋势、潜在的利弊因素变化走势，对企业发展所处的经营环境和面临的机遇挑战，始终保持清醒洞察。面对新形势、新经济、新业态、新发展，与时俱进，建立与新的发展模式、新的商业模式匹配的管理标准、管理体系和管理文化，推动管理模式不断复制、延展和迭代。强基就是筑基提质，深化"强基工程"和"管理提升"行动，把它视为加强企业管理体系和治理能力建设的必由路径，持续补强优化管理体制，构建系统完备、科学规范、运行有效的制度体系和管理范式，构建更加顺畅的管理结构、更加扁平的管理层级和更加规范的治理体系。

二是要注重协同赋能。把握管理提升工作的正确方向，瞄准世界一流企业定位，追溯过往，着眼未来，以战略赋能、体系赋能、数字赋能为主轴，激发企业精益改善内生动力，构筑具备"战略定力、改善合力、融合能力、内生动力、文化引力"为特征的精益改善系统。在具体方式上，可采用"揭榜挂帅""赛马"等机制方法，最大限度地激发组织的创新活力，凝聚组织的创新合力，提升组织的创新动力。通过标杆打造，管理体系品牌创建，营造外美内实、更加自信的管理体系环境。

三是要注重价值攀高。要汇聚企业内部的全员管理智慧，集聚多方资源，聚合行业优势，持续释放自身技术优势、产业优势、制造优势、管理优势、市场优势、人才优势等，破壁图强，站在世界一流的坐标系、指标系中去思考、定位、推演，解决企业全价值链、全产品链、全供应链存在的短板和弱项。坚持企业管理创新体系建设与原创技术策源地、现代产业链链长、交通强国试点任务一体推进，打造与价值流程匹配的管理范式，培育与世界一流企业匹配的先进管理理念、管理标准和管理文化，依托"产品+""系统+"为用户提供高端、高质、绿色、低碳的系统解决方案。以制造、运营和全系统流程优化为重点，应用信息技术固化改善成果，实现管理要素的系统集成和价值攀高，构筑持久的竞争优势。价值攀高还要突出品质第一、效益优先，将精益体系向研发源头、供应链拓展，推动龙头和优势企业打造标杆。从量变到质变，筑牢"根"和"魂"，强化精益管理体系和管理能力建设，助力企业经营业绩持续提升。

二、用好"对标"改善行动方法

执简御繁、对标改善是管理提升行之有效的工作方法，也是企业快速识别企业管理短板、实现能力赶超的重要途径。对标改善从方法论的层面解决怎么突破的举

措问题，从实践论的层面解决不能、不会突破的能力问题，从效果论的层面解决什么是价值突破、成效突破的结果问题。具体应做到以下几点：

一是要找准对标对象，解决"跟谁对"的问题，坚持高标准、高起点对标，精准定位世界一流企业、行业先进企业，有针对性地找准细分领域冠军，对标行业典范和最佳实践，实现自我提升。

二是要聚焦关键要素，解决"对什么"的问题。既要突出与经营绩效、运营效率等相关的主要量化指标，包括净资产收益率、收入利润率、成本费用率、流动资产周转率、全员劳动生产率等，又要考虑这些量化指标背后的驱动因素，通过对标、树标、建标、达标、创标引领，全面提升管理水平和能力。

三是要把握对标方法，解决"怎么对"的问题。紧紧围绕本企业确定的重点管理领域和目标，把存在的短板和弱项细化、实化、具化，并分解为精确的专业化要素指标，确保对标措施可操作、对标效果可量化、对标过程可检查。将对标内容与后续的改进措施紧密衔接，促进对标内容、对标方法、对标效果的一体化，提升对标工作针对性、实效性，搭建全价值链、全流程、全方位的科学的可衡量财务收益的绩效指标体系，结好精益之"果"。

全面精益管理体系是几代中车人管理经验的继承，是"实践—理论体系—实践"的过程。面向未来，中国中车将围绕"产品卓越、品牌卓著、创新领先、治理现代"的世界一流企业定位，持之以恒，久久为功，践行全员、全面、全过程的精益管理，在全产线价值创造、全项目体系覆盖、全流程价值挖掘上，推动精益制造、精益运营、精益研发、精益供应链建设，全面构建治理现代、管理一流的世界级企业。

第三节　数智化转型打造世界一流企业新引擎

新一轮信息技术革命倒逼企业管理升级，传统的产业结构受到了前所未有的冲击。在数字经济时代，越来越多的企业意识到数字技术已经成为企业发展的一部分，企业的数字化水平越高，制定的发展战略就越精准，企业的潜能就越大，在激烈的市场竞争中越能争取有利和主动，数字化俨然成为企业从"近海"走向"深蓝"的核心驱动力。数智化是数字化的高级阶段，通过智能技术的深度应用，实现以"数据、算法、服务"三要素为核心的新发展范式，推动数字化的全面转型

升级。企业推动数字化过程中，对数字化转型带来的机遇、需注意的误区及未来变革方向要有正确认知和基本把握。

一、抓住数字化转型带来的机遇

数字化转型关乎企业未来的生存与发展，产品和服务只有实现了数字化，才能跟上时代前进的步伐，才能分享到数字经济的红利，否则将会被数字经济时代所淘汰。企业要精准把握数字时代的特征，持之以恒地向落后的经营理念、技术短板发起挑战，不断筑牢、筑高企业管理平台，发挥数字化效能，推动各项数据的统筹与整合，利用数字化转型的优势引领企业的未来。具体应做到以下几点：

一是数字化服务，驱动企业精准营销。企业以"服务数字化场景应用"为突破口，通过数字技术，完成对客户服务全过程中的数据采集与分析，形成更加完整的客户画像，让产品能够更精准地服务客户需求，实现服务的高质量、高效率、低成本，进而拓展市场和业务空间。针对用户个性化需求，能够做出快速响应，提供智能、敏捷的服务，培育新的业务增长极。

二是数字化生产，实现企业降本增效。在产线实现制造过程标准化的基础上，应用信息化手段和先进装备，将新一代通信技术与先进制造技术深度融合，构建生产制造数据采集、存储、分析、评价和优化体系。逐步推动产品级、设备级、工厂级的互联互通，让各种生产、库存数据、设备、人员状态、能源情况透明可见，推动生产透明化，并在各部门、各层级之间打通信息流，进一步提高管理效率、能源效率，循序渐进地向绿色智能制造迈进。

三是数字化管理，实现企业智能化决策。通过数字化升级，整合企业内外部数据，企业可以洞察自身的经营管理情况。一方面可以促进流程优化，另一方面可以驱动智能化决策。通过数字化转型，完成企业由个人经验到智能决策的转变，能够为企业运营提供更深刻的业务洞察，提升决策的质量和效率，从多重结果中推演出最优的决策方案，让运营更加高效、精细。

二、需要警惕数字化转型的几个误区

数字化转型只是企业发展壮大的手段之一，而不是企业发展的根本目的。许多企业都希望借助数字技术增强竞争优势，革新现有业务水平，实现利润持续、稳定增长，但也应该警惕数字化转型过程中的陷阱。一是没有进行数字化顶层设计；二

是没有进行全业务、全流程的数字化转型；三是数据垄断不是数字化转型；四是盲目依赖数字化工具；五是急于数字化转型立竿见影。

数字化转型是一个动态的过程，在短时期内产生大量直接效益的概率很小，这也使得相关部门及员工在数字化转型的过程中面临极大的业绩压力。当然，如果将数字化转型和企业的业务进行有机结合，经济效益也将会在后续的项目中慢慢得到体现。

三、把握未来数字化转型的基本方向

我们倡导精益赋能的数字化转型，即以精益思想为基础，将价值创造过程逐级分解为数字化表示的操作单元。通过算法、模型、精益工具，对数字化支撑的生产经营活动进行全面价值优化，以达到缩短交期、降低成本、提高效率、提升质量、助推人才育成的管理目标。制造业的数字化转型一定要在精益生产强力推进的基础上，在"数据化、信息化、智能化"三个方面扎实做好迭代积淀工作，才能实现数字化转型"效益化"的最终目标。数字化不仅是技术的更新，还是全方位的变革。面向未来，企业需要从顶层设计、制造升级、数据治理、数字化运营、数字化产业升级等多方面进行系统化推进。

一是注重数字化顶层设计。制造型企业可按照标准化、精益化、数字化、网络化、智能化的实施路径，将精益思想、工具和方法深度融入企业数字化转型升级全过程。精益解决的是管理和业务流程的问题，数字化主要是为业务和流程赋能，精益和数字化相辅相成。通过数字化转型，让数据在产品研发、制造、运营、服务全生命周期数据贯通，以线上保线下，促进实现"两线运行"，不断提高效率效益和经营品质。没有高质量的精益管理，就没有高质量的数字化；没有深度融合的精益和数字化，就没有高质量发展。要以产品装备、研发设计、经营管理、生产制造、客户服务数字化为重点，实现生产透明化，数据分析高效化，迭代升级持续化，提高过程精准管控、系统集成应用、业务协同融合水平。围绕"产品、研发、制造、服务、管理、生态"等领域，全面构筑数字化转型创新机制、智能产品创新工程、产业数字化赋能工程、数字技术创新工程、数据治理工程、数字化转型示范工程等。

二是注重精益数字化制造升级。深化 APS、MRP、MES 等生产管理信息系统集成应用，以推进智能制造为主攻方向，紧扣关键工序智能化、关键岗位以机代

人、生产过程智能优化控制、供应链优化，以及智能工厂、数字化车间等建设内容，实现生产制造全过程产品质量、设备状态、生产节拍等动态监控和协同管理。以离散型制造企业的数字化车间为例，首先，实现全车间数据的透明化，人员、设备状态、订单进度等一系列数据实时展现调用。其次，车间的人员配置，设备的启停，可以根据高级排产功能提前在计算机环境中模拟仿真，得到最优化的配置，以实现人员、设备的最高利用率。在这个过程中用数字来监控各生产过程的 KPI，省去各种烦琐、易出错的人工监控。

三是注重数据的治理。数字化转型的基础是数据，数字化转型是将科技与业务深度融合的一种创新方式，它的核心是数据要素。数据已经同土地、劳动力、资本、技术一起成为一个重要的生产要素。主要的手段是通过信息系统和算法模型，将数据由生产资料变为生产力，实现业务流的提质增效、降本增利。数字化技术在流程和场景的应用会持续为企业积累数字化资产和沉淀数字化能力，积累的数字化资产会为数字化战略提供决策依据，沉淀的数字化能力将为数字化组织建设和岗位设定提供依托。以数据为驱动，是企业数字化转型成功的"秘密武器"。

四是注重数字化运营升级。企业数字化转型是一个长期、持续迭代的过程，数字化系统仅仅是载体，企业通过持续的运营源源不断地产生业务价值才是数字化转型的首要任务。企业应推进业务全过程数据化，以数据驱动业务实现精准管控，加大数据在生产制造、经营管理、客户服务等产品全生命周期内各阶段的运用，形成"算法+算据+算力"模型，为企业开展科学高效的运营管理决策提供支撑。同时，可以利用数字化工具固化项目管理流程，实现对过程的实时掌握，使项目成本清晰可控，实现项目运营成本降低、产品生产周期缩短、不良品率降低的目的。

五是注重数字化产业升级。产业是支撑经济增长、推进国家治理现代化、保障国家安全的核心力量，更是大国竞争的根基所在。产业数字化主要抓手是智能产品打造，源头是研发数字化，它支撑生产和服务，体现在经营绩效上。研发的数字化体现在构型管理和模块化设计中。构型是用于智能产品配置控制和管理的技术；模块化是面向研发、生产、运维和不同应用场景打造智能产品的最优化设计方法，模块化面向不同的边界和场景，立足于"提效率、优质量、降成本"。企业应把握数字化、轻量化、绿色化、智能化、模块化、平台化发展趋势，系统推进新材料、新能源、智能产品、产品平台、先进成型和智能制造等领域前瞻、基础、共性技术的研究。

　　面向未来，中国中车将加快现代数字技术与产业的深度融合，以智能制造为主攻方向，以数字技术与制造融合为主要路径，通过数字技术创新应用实现更高效能运营、更高质量供给和更优化生态；不仅要在模式创新、体系构建和实践路径上突破，还要在数字孪生技术应用、数字化产业链协同研发、柔性化智能化制造、数据要素创新、服务模式创新、工业互联网创新和制造业高端化智能化绿色化等方面取得突破，形成以数字化平台为基础的全球化运营能力，促进企业管理体系和管理能力现代化，为高质量发展注入新动能，以高质量数字化转型成果擦亮"国家名片"。

附录
精益管理体系标准

引　言

制定本标准是为了统一推进思路和工作标准，实现全过程、全系统的精益改善，搭建起可平移、可复制、可推广的管理模式和标准体系。不同企业可根据产品特点和实际管理需要，选择采用本标准中适宜的条款。

中国中车精益管理遵循以下原则：

1）聚焦客户的价值观。

2）持续优化价值链。

3）创新变革。

4）拉动与高度协同。

5）全员参与，追求尽善尽美。

第1部分　总　　则

1　范围

本部分规定了精益管理体系的组织环境、领导作用、策划、支持、运行、绩效评价、改善等内容。本部分适用于中国中车所属制造企业。

2　规范性引用文件

下列文件对于本文件的应用是必不可少的。凡是注日期的引用文件，仅注日期的版本适用于本文件。不注日期的引用文件的现行版本（包括所有的修改单）适用于本文件。

GB/T 19000—2016《质量管理体系　基础和术语》（ISO 9000—2015，IDT）

3　术语和定义

GB/T 19000—2016界定的以下术语和定义适用于本文件。

3.1　价值（Value）

价值就是对顾客有利的活动，只能由最终客户来确定。价值只有在由具有特定价格、能在特定时间内满足客户需求的特定产品（商品或服务，而经常是既是商品又是服务的产品）来表达时才有意义。

3.2　价值流（Value Flow）

价值流是指企业为实现某一特殊结果的一连串活动过程，该活动将特定的结果送给特定类型的客户。

3.3　工位制节拍化流水生产线（Takt Time of Production Line-based Workplace）

产品按照工艺流程在生产工位之间按照生产节拍进行单件连续流动，并且由若干连续的生产工位组成的生产线。

3.4　模拟生产线（Simulated Production Line）

模拟生产线是工艺管理线的最终输出，是按照产品量产时生产工位"六要素"运行的实际管控要求，进行的模拟仿真运行，形成现场工位量产运行的管理标准。

3.5　模拟配送线（Simulated Distribution Line）

模拟配送线是采购物流管理线的最终输出，是按照产品量产时生产工位外部物流和内部物流的模拟仿真，形成物料按工位配送的标准或要求。

3.6　准时化（Just-in-time，JIT）

准时化又叫实时化，即在需要的时间按照需要的量完成客户所需要的产品。

3.7　自働化（Jidoka）

自働化而非"自动化"。自働化是让设备或系统拥有人的"智慧"。当被加工零件或产品出现不良时，设备或系统能即时判断并自动停止。

3.8　6621运营管理平台（6621 Operation Management Platform）

"6621运营管理平台"是指由6个管理平台（市场管理平台、人力资源管理平台、资产管理平台、安全环境管理平台、售后管理平台和信息管理平台）、6条管理线（设计开发、工艺管理、计划控制、采购物流、质量管理和成本管理）、2条模拟线（模拟生产线和模拟配送线）和1条生产线（工位制节拍化流水生产线）

组成的管理体系。

4　组织环境

4.1　理解组织及其环境

企业应确定与其宗旨和战略方向相关，并影响其实现精益管理体系预期结果的能力的各种内部和外部因素，包括但不限于以下内容：

1）企业文化。

2）发展战略。

3）组织架构。

4）企业绩效。

5）市场需求。

6）供应商能力。

7）法律法规等。

企业应对这些内部和外部因素的相关信息进行监视和评审。

4.2　理解相关方的需求和期望

企业应确定与精益管理体系有关的相关方及其要求，包括并不限于：客户、员工、政府、股东、供应商、竞争对手、社会等。由于相关方对企业稳定提供符合顾客要求及适用法律法规要求的产品和服务的能力具有影响或潜在影响，因此企业应监视和评审这些相关方的信息及其相关要求。

4.3　确定精益管理体系的范围

应明确精益管理体系在企业应用的边界和适用性，以确定其范围。在确定范围时，组织应考虑以下内容：

1）4.1中提及的各种外部和内部因素。

2）4.2中提及的相关方的要求。

3）企业的产品和服务。

4）实施控制和施加影响的权限和能力。

企业的精益管理体系范围应作为成文信息，可获得并得到保持。

4.4　精益管理体系建立

企业应根据本标准的要求策划、实施、保持并持续改进精益管理体系，包括所需的过程及其相互作用。

5　领导作用

5.1　领导作用和承诺

高层管理者应通过以下方面，证实其对精益管理体系的领导作用和承诺。

1）推动精益变革，始终致力于使利益相关方满意度提高。

2）确保制定精益方针及目标，并与企业环境相适应，与战略方向相一致。

3）确保精益管理体系要求融入组织的业务过程。

4）促进使用过程方法和基于风险的思维。

5）确保精益管理体系所需的资源是可获得的。

6）沟通推行精益管理的重要性。

7）确保精益管理体系实现预期结果。

8）推动全员改善，指导和支持他们为精益管理体系的有效性做出贡献。

9）支持其他相关管理者在其职责范围内发挥领导作用。

5.2　方针

中国中车精益管理方针为：客户至上、价值引领、全员参与、臻于至善。

方针应在企业内得到沟通、理解和应用。

5.3　组织内的角色、职责和权限

最高管理者应确保组织内相关角色的职责、权限得到分配、沟通和理解。

最高管理者应分配职责和权限，需做到以下几点：

1）确保精益管理体系符合本标准的要求。

2）确保各过程获得其预期输出。

3）报告精益管理体系的绩效及其改进机会，特别是向最高管理者报告。

4）确保在整个组织推动以价值提升为出发点。

5）确保在策划和实施精益管理体系变更时保持完整性。

6　策划

6.1　总则

企业应对本体系从发展战略、业务运营和基础支撑三个层面进行策划。利用精益管理的理念、方法及工具开展不同层面的改善工作，保证各层面的工作定位清晰、工作目标明确、工作流程标准、工作输出规范，形成逐级分解、逐级反馈、相互印证、协同改善，是统一整体。

6.2　精益管理战略目标的策划

6.2.1　企业应根据制造过程、业务流程等优化、变革、创新的需求，明确精

益管理体系的战略目标。

6.2.2　战略目标应覆盖精益制造、精益运营、精益研发、精益供应链等全价值链。

6.3　业务运营的策划

企业应以目标为导向，强化系统主导，以不断提升业务协同能力为目标进行对业务运营的策划。

企业进行业务运营的策划时应考虑以下内容：

1）构建全价值链的"6621运营管理平台"协同改善模式。

2）工位制节拍化流水生产的制造模式。

3）实施端对端的全流程管理。

6.4　基础支撑的策划

企业应建立助推精益战略目标和阶段性目标实现的机制，企业应考虑以下内容：

1）完善机制体制，突出评价激励的导向作用。

2）构建全员参与的持续改善机制。

3）提升企业和员工改善能力的人才育成机制。

4）搭建精益管理信息化平台，实现精益管理状态的及时分析及监控。

7　支持

7.1　人员

企业应配备满足精益管理体系运行所需人员，并明确其与职责权限，以保证以下两点：

1）精益管理体系得以有效运行和控制。

2）形成有效的责任机制，明确精益管理工作的"一把手工程"属性。

7.2　能力

企业应做到以下几点：

1）确定其配置人员有能力确保精益管理体系的有效运行及目标实现。

2）明确精益人才选拔、培养、使用、发展通道。

3）完善精益内训体系，理论与实践结合，使人员有机会获得必要的能力。

4）培养涵盖各专业领域的精益改善专家队伍。

5）建立精益知识共享平台，拓宽人员获得改善能力的途径。

企业应当保留与能力管理活动相关的文件化信息。

7.3 意识

企业应确保员工掌握如下内容：

1）精益管理方针。

2）与其本职工作相关的精益目标。

3）他们对精益管理体系有效性的贡献，包括实施改善对提高企业、部门和岗位工作绩效的益处。

4）对异常控制不良的后果。

7.4 沟通

建立沟通机制，确保工作得到落实，企业应考虑以下内容：

1）建立各层次的定期例会制度，通报和点检精益改善项目的进展信息。

2）建立日常点检机制，验证工作有效性。

3）建立快速响应机制，快速处置来自市场、客户、生产现场等渠道的相关信息。

7.5 成文信息

企业根据精益管理体系运行需要建立必要的成文信息，必要时目视化。

1）成文文件的创建与更新应在充分沟通基础上，严格评审和批准，保证适宜性、可行性及充分性。

2）在需要的场合和时机，均可获得和适用。

3）做好成文文件的发放、使用、保管、防护、保留及废止等处置。

8 运行

8.1 运行过程策划

企业应建立、实施、控制并保持按第6章策划的要求建立的精益管理体系所需的过程，并对这些过程进行控制，至少应做到以下几点：

1）建立过程的运行准则。

2）按照运行准则实施过程控制。

3）保持适当的成文信息。

4）保留适当的成文信息。

8.2 价值链的优化

8.2.1 精益制造

企业应建立"工位制节拍化流水线生产"为核心的精益制造模式，实现高品质、高效率、低成本的精益制造。精益制造过程包含但不限于以下内容：

1）建设标准工位、精益示范区（线）、精益车间等工作载体。

2）仓储工位化、配送准时化。

3）形成以现场工位为圆心的快速响应机制。

4）保障产线高效运行的管理机制、指标体系和评价标准。

8.2.2　精益运营管理

企业应建立以"6621运营管理平台"为核心的精益运营管理体系，实现管理协同及高效。

精益运营管理体系建设包含但不限于以下内容：

1）以项目执行为载体的价值链梳理及管理流程。

2）模拟生产线、模拟配送线。

3）6条管理线和6个管理平台。

4）精益工具在产品开发、工艺策划、生产制造、成本管控、售后服务等全方位的应用准则。

5）供应商战略协同业务合作模式及双赢机制。

6）精益改善与信息化系统融合机制。

8.2.3　精益研发

企业应建立产品谱系化、模块化、标准化、数字化的精益研发平台、管理机制及运行准则，缩短研发周期，提高产品设计的可靠性，降低产品设计成本。

精益研发管理体系建设包含但不限于以下内容：

1）建立产品平台库，实现产品谱系化。

2）基于工位制模块化设计技术的运用。

3）开展系统设计、区域设计、位置设计、数字化设计、结构设计应用。

4）优化研发流程，研发流水作业模式。

5）研发与信息化手段的集成运用。

8.2.4　精益供应链

企业应建立供应链管理机制及运行准则，提高供应链的响应速度与运行效率，实现物料供应的准时化。

精益供应链管理体系建设包含但不限于以下内容：

1) 以客户为中心，与供应商战略协同、协作，建立双赢模式。

2) 以客户订单为导向，与供应商同步协作，建立快速响应机制。

3) 基于工位工序的产品、物料储运一体化工装的运用。

4) 与供应商的业务、信息流程优化及信息化平台的共享运用。

5) 供应链可靠性、响应性、柔性、成本等绩效指标的建立与运用。

8.3 高效协同的实现

8.3.1 客户导向的同心化

企业应将管理起点前移，将管理流程向市场延伸，建立起从市场开拓到售后服务的端到端的管理主线。

企业应以客户需求为中心，所有的业务流程都围绕客户需求展开。

1) 项目执行主流程准时，以项目执行的时间轴为主线，以项目终端为起点，倒推项目关键流程的控制时点。

2) 流程路径明确，流程输入输出时间定量化，输入输出内容规范化。

8.3.2 运营流程的同步化

企业应保证以下几点：

1) 部门内部资源匹配均衡。

2) 职能部门内部的相互协同。

3) 整体运营流程之间相互协同。

8.3.3 流程时间的节拍化

企业应做到以下几点：

1) 实现生产实物流的节拍化。

2) 实现业务流程的节拍化。

3) 业务流程、制造过程都必须按照流程时间节点兑现输出。

8.3.4 信息化支持

企业应将信息化手段应用于运营流程的高效协同，应确保以下内容：

1) 管理信息平台能支持企业运营系统的高效运行。

2) 工位化信息管理系统得到逐步应用。

3) 消除信息孤岛。

4) 信息技术满足对精益管理体系的监视与测量的需求。

5) 生产现场安东系统、异常信息反馈系统有效支持异常处置的快速响应。

8.4　标准化

8.4.1　管理要素标准化

企业应把产品形成过程价值链上管理要素标准化，对价值链上的相关过程进行持续优化，内容包括以下几点：

1）管理要素标准齐全、规范。

2）管理要素之间的输入输出明确，接口清晰。

3）管理要素分工明确，责任落实。

4）遵循"SDCA—PDCA—SDCA"的循环对价值链上的管理要素进行持续优化。

注：PDCA 指计划（Plan）、执行（Do）、检查（Check）、改善（Action）；SDCA 指标准（Standard）、执行（Do）、检查（Check）、改善（Action）。

8.4.2　职能部室对生产工位支撑标准化

企业应做到以下几点：

1）职能部室对生产工位服务和指导的内容必须标准化。

2）建立职能部室和生产工位之间持续、畅通、有效的双向信息通道。

3）职能部门必须根据管理要素标准，对生产现场管理数据实际进行采集、汇总、分析、反馈，并提出优化完善的对策。

8.4.3　工位的标准化

企业应把工位标准化贯穿于生产线设计、运行、管理全过程，从根本上保证生产线运行的稳定、高效。

8.4.3.1　生产工位的标准化

生产工位的标准化包括基础管理和作业管理的标准化，企业应保证以下几点：

1）生产工位资源配置必须标准化。

2）生产工位资源运行必须标准化。

8.4.3.2　管理工位的标准化

比照生产工位，管理流程可视作管理流水线，企业应做到以下几点：

1）对应管理线的流程设计管理工位。

2）将管理工位的工作流程、工作内容、输入、输出等标准化。

3）明确管理工位与生产工位协同的节拍化标准。

8.5　不符合过程的控制

当运行过程发生偏离时，企业应识别、记录和分析偏离的根本原因，如果过程不符合，则应采取适当措施纠正。

不符合过程的纠正应保留成文信息。

9 绩效评价

9.1 监视、测量、分析和评价

9.1.1 总则

企业应对精益管理体系的绩效和有效性进行评价。评价活动的策划应确定以下内容：

1）需要监视和测量什么。

2）需要用什么方法进行监视、测量、分析和评价，以确保结果有效。

3）何时实施监视和测量。

4）何时对监视和测量的结果进行分析和评价。

企业应保留适当的成文信息，作为结果的证据。

9.1.2 监视与测量

企业应对精益管理体系运行的关键指标进行定期监测，并做分析，应包括以下内容：

1）关键指标的实现程度。

2）精益管理体系要求的执行情况。

3）按照策划的要求，资源配置、管理职责、运行控制等方面的改善和提升情况。

企业应制订和实施监视与测量计划，并保存记录。

注：关键指标由精益管理体系的各支持体系确定并文件化，以监视和改进其过程、产品、项目和服务的绩效。

9.1.3 分析与评价

9.1.3.1 数据收集和分析

为确保评价的有效性，企业应确定、收集和分析所需的数据。

9.1.3.2 评价与诊断

企业应依据分析结果开展以下评价：

1）产品和服务的符合性。

2）精益管理体系的绩效和符合性。

3）持续改进精益管理体系所实现的价值增值。

4）策划是否得到有效实施。

5）针对风险和机遇采取措施的有效性。

6）精益管理体系改进的需求。

9.2 内部审核

9.2.1 内部审核要求

企业应按照策划的时间间隔进行内部审核。

企业可根据策划的审核方案开展内部审核，为精益管理体系提供以下信息：

1）是否符合：企业自身的精益管理体系要求、本标准的要求。

2）是否得到有效的实施和保持。

9.2.2 审核方案

企业应策划、制定审核方案，并规定以下内容：

1）策划及实施审核、报告审核结果、保存相关记录的职责和要求。

2）审核的准则、范围、频次和方法。

9.2.3 审核员

企业应确保审核员符合以下要求：

1）具备精益思想、方法和工具的相应知识和技能。

2）审核员的选择、审核的实施确保客观公正。

9.2.4 纠正和预防

企业应对审核中发现的不符合采取适当的纠正和预防措施。

9.3 管理评审

9.3.1 总则

最高管理者应按照策划的时间间隔对精益管理体系进行评审，以确保其持续的适宜性、充分性和有效性。

9.3.2 管理评审输入

管理评审的输入至少应包括以下内容：

1）所形成的持续改善能力对于获取可持续竞争优势的符合性。

2）评估与诊断结果。

3）监视与测量结果。

4）审核结果。

5）考核结果。

6）相关方反馈。

7）可能影响精益管理体系的内外部环境变化。

8）以往管理评审的后续措施。

9）改进建议。

9.3.3 管理评审输出

管理评审的输出应包括以下事项相关的决定和措施：

1）改进的机会。

2）精益管理体系所需的变更。

3）资源需求。

4）企业应保留成文信息，作为管理评审结果的证据。

10 改善

10.1 改善目标

企业应选择和确定改进机会，并采取必要措施，以实现精益管理体系的预期目标。应包括以下内容：

1）当未能达到所策划的结果时，应采取的措施。

2）评估分析过程现状以识别改进领域，提出改善需求。

3）确定具体的改善方向和改善目标。

4）确定改善方案并进行评审。

5）在改善实施过程中应用适宜的精益方法和工具确保改善目标的实现。

6）通过有组织的、全员参与的、多层次的改善活动提升持续改善能力。

10.2 改善能力

企业应把消除浪费，创造价值，持续提升改善能力作为精益管理体系运行的重要目标，改善能力管理应包括以下内容：

1）识别现有能力与实际需要的差距。

2）为改善提供必要的资源。

3）根据需求组织精益思想、方法、工具的培训。

4）开展全员改善活动。

5）必要时，对相关方进行能力培训。

6）应用信息化、智能化等手段提升持续改善能力。

10.3 改善组织

企业应有组织地开展改善活动，组织形式包括但不限于以下内容：

1）项目改善，如指令性或指导性项目。

2）团队改善。

3）专业改善。

4）员工自主改善。

10.4 改善方法

企业应采用适宜、正确的改善方法，提高改善效率、改善水平，以确保改善的有效性，应包括以下几点：

1）选择适用的精益改善工具。

2）注重改善的系统性。

3）保证工具应用的适用性、正确性。

10.5 改善评价

企业应形成文件化的制度，对改善过程、改善效果进行评价，内容至少应包括以下几点：

1）评价组织、职责与分工。

2）评价标准。

3）激励机制。

10.6 改善固化

企业系统改善、专业改善、自主改善的成果应确保以下几点：

1）适时固化为流程、规范、制度、作业指导书、先进操作法等。

2）标准化。

3）推广和应用。

10.7 改善文化

10.7.1 改善意识

企业应使员工做到以下几点：

1）深入了解推行精益管理体系的目标、愿景和使命。

2）认识到所从事的岗位生产活动与实施本体系的相关性和重要性，并自觉为改善目标达成做贡献。

3）了解参与精益改善的途径。

4）自觉学习和掌握精益改善所需的知识和能力。

10.7.2 改善环境

企业应建立全员改善环境，改善环境包括以下几点：

1）党政工团形成推进精益管理体系的合力。

2）营造积极的推进氛围。

3）树立先进典型。

4）确保 BI（Behaviour Identity，行为识别）在工位落地。

10.7.3 精益改善文化

企业应按"内化于心"的要求，形成具有企业特点的精益改善文化。

后　记

本书的编撰得到了中国中车集团有限公司董事长、总经理及相关领导的直接关怀和大力支持，得到了中国中车各子公司精益办的鼎力相助，我们对此深表感谢！

本书编撰过程中，浦镇公司温奇、邱志勇、张征雨，四方股份公司刘显峰、南喜旺、耿义光、刘锐，长客股份公司赵振兴、陈雨赓，永济电机公司潘成、戈璞，株机公司胡冰，唐山公司冯孝忠，戚墅堰所徐晓明，株洲电机公司张峰飞、肖林，四方所张丰，株辆公司龚晓玲，齐车公司刘广志、黄海涛，眉山公司代长春、熊波，沈阳公司王恩阳，贵阳公司胡德友，大同公司赵小华，太原公司高大威，山东公司姜超，中车电动刘化冰，资阳公司吴向京，研究院邵邦、刘衡等，以及中国中车成员企业提供了大量翔实且丰富的案例材料。在此，对本书编写做出贡献的所有人员表示衷心感谢！

天津大学管理与经济学部党委书记毛照昉教授，中车工业研究院有限公司龚明院长、刘国岩书记对该书进行了悉心指导，深表感谢！

因水平有限，本书难免有疏漏和不足之处，敬请批评指正。我们也将恪守初心、探索实践、不断创新，为中国装备制造企业管理现代化建设贡献中车力量！